UTB 3447

Eine Arbeitsgemeinschaft der Verlage

Böhlau Verlag · Köln · Weimar · Wien
Verlag Barbara Budrich · Opladen · Farmington Hills
facultas.wuv · Wien
Wilhelm Fink · München
A. Francke Verlag · Tübingen und Basel
Haupt Verlag · Bern · Stuttgart · Wien
Julius Klinkhardt Verlagsbuchhandlung · Bad Heilbrunn
Lucius & Lucius Verlagsgesellschaft · Stuttgart
Mohr Siebeck · Tübingen
Orell Füssli Verlag · Zürich
Ernst Reinhardt Verlag · München · Basel
Ferdinand Schöningh · Paderborn · München · Wien · Zürich
Eugen Ulmer Verlag · Stuttgart
UVK Verlagsgesellschaft · Konstanz
Vandenhoeck & Ruprecht · Göttingen
vdf Hochschulverlag AG an der ETH Zürich

Andreas Böss-Ostendorf
Holger Senft

Einführung in die Hochschul-Lehre

Ein Didaktik-Coach

Mit Illustrationen von Lilian Mousli

Verlag Barbara Budrich
Opladen & Farmington Hills, MI 2010

Bibliografische Information der Deutschen Nationalbibliothek
Die Deutsche Nationalbibliothek verzeichnet diese Publikation in der Deutschen
Nationalbibliografie; detaillierte bibliografische Daten sind im Internet über
http://dnb.d-nb.de abrufbar.

Gedruckt auf säurefreiem und alterungsbeständigem Papier.

Alle Rechte vorbehalten.
© 2010 Verlag Barbara Budrich, Opladen & Farmington Hills
Verlags-ISBN 978-3-96649-806-8
www.budrich-verlag.de

UTB-ISBN 978-3-8252-3447-8

Lektorat & Satz: Susanne Albrecht, Opladen – www.lektorat-albrecht.de
Umschlaggestaltung: Atelier Reichert, Stuttgart
Druck: Friedrich Pustet, Regensburg
Printed in Germany

Inhalt

Kurzer Überblick für eilige Dozenten 7

Einleitung. Am Anfang steht der Showdown 11

1. Teil: Lehren aus der Lernperspektive
1. Lehren mit Lerneffekt 23
2. Lernhindernisse in Lehrstrategien verwandeln 27
3. Lernprozesse fürs Lehren nutzen 61
4. Die Phasen des Lehr-Lern-Prozesses im Überblick 75

2. Teil: Lehren mit dem Kontaktmodell
1. In Kontakt treten 79
2. Das Kontaktmodell der Lehre 81
3. Das Lehr-Lern-Dreieck: Wie D, S, T und das Umfeld
   zusammenhängen 95
   D – Der Dozent 95
   S – Die Studenten 105
   T - Das Thema 118
   Das Umfeld 126

3. Teil: Lehren mit der Gruppe
1. Gruppen brauchen Leitung 139
2. Die Gruppe entdecken 149
3. Die Gruppe nutzen 157
4. Die Gruppe leiten 167
   Leitungsaufgabe 1: Die Ziele der Gruppe im Blick behalten 167
   Leitungsaufgabe 2: Auf den Gruppenrahmen achten 179
   Leitungsaufgabe 3: Die Kommunikation in Gang halten 190
5. Die drei Leitungsaufgaben und der „Lehr-Lern-Vertrag" 209

4. Teil: Lehren mit der passenden Methode
1. Lehren – aber wie? 213
2. Grobe Planung: Auswahl der geeigneten Lehrformen 215
3. Semesterplanung: Zusammenstellung eines Curriculums 237
4. Durchführung: Gestaltung einer Lehrveranstaltung 243
5. Reflexion: Sicherung des Erfolgs 267
   A Eine Feedbackkultur entwickeln 267
   B Erfolge sichern mit Noten 272
   C Erfolgssicherung durch Evaluation 279
   D Erfolgssicherung durch Reflexion des Lehrverhaltens 283

Lehren will gelernt sein. Statt eines Schlusswortes 287

Literatur 289

Angaben zu den Autoren und der Grafikerin 293

Kurzer Überblick für eilige Dozenten

Um was geht es in diesem Buch?

Der Einstieg in die Hochschullehre kommt für die meisten Dozenten ziemlich unerwartet. Sie müssen – zusätzlich zu anderen Anforderungen wie Promotion, Habilitation, Familie und Beruf – ziemlich rasch in eine Rolle schlüpfen, auf die sie nicht richtig vorbereitet wurden und die sie verunsichert. Deshalb ist es verständlich, dass der Ruf nach *Tools für die Lehre* an den Hochschulen weit verbreitet ist. Nicht nur Lehr-Neulinge erhoffen sich von Methoden eine Entlastung von den vielen Anforderungen des Lehr-Berufs. Mit unserer *Einführung in die Hochschul-Lehre* wollen wir einerseits diesem Wunsch nach methodischen Kenntnissen entsprechen. Andererseits möchten wir den auf Methoden eingeengten Blick vieler Dozenten erweitern. Um das „Handwerk des Lehrens" zu erlernen, bedarf es mehr als nur eines gut gefüllten Werkzeugkastens. Es geht um den Erwerb einer hochschuldidaktischen Kompetenz, welche die Entwicklung der eigenen Person mit einschließt. Die Wenigsten lernen das Lehren hierzulande durch langwierige theoretische, pädagogische, psychologische oder didaktische Studien. Die meisten Dozenten gehen durch die „harte Schule" der Praxis. Und sie entwickeln sich zu richtig guten Hochschullehrern, weil sie aus ihren Erfahrungen lernen. Und weil sie ständig neue Anregungen aufgreifen und praktisch umsetzen. Das vorliegende Buch möchte als *Didaktik-Coach* diesen Prozess unterstützen.

Was bedeutet „Didaktik-Coach"?

Wir unterstützen Ihren Entwicklungsprozess in der Lehre theoretisch, vor allem aber ganz praktisch. Wir führen Sie an vielen Beispielen in den Seminarraum hinein und zeigen Ihnen vor Ort die Möglichkeiten einer effektiven Hochschul-Lehre. Die vorliegende Einführung versteht sich als anwendungsorientierte Hochschuldidaktik, die ihren Lesern in prägnanter Form die Grundlagen für erfolgreiches Lehren im Hochschulkontext zu vermitteln versucht. Mit vier Schwerpunktthemen möchte der Didaktik-Coach den kritischen Blick für die eigene Lehrpraxis schärfen und dabei helfen, die eigene Lehr-Leistung zu optimieren. Die vier Schwerpunkt-Themen im Überblick:

- Lehre, die zum Lernen führt
- Mit dem Thema und den Studenten in Kontakt kommen
- Souverän die Gruppe leiten
- Die geeignete Methode finden

An wen wendet sich diese Einführung?

Dozenten, die noch am Anfang ihrer Lehrtätigkeit stehen, möchten wir genauso ansprechen wie „alte Hasen", die ihre in die Jahre gekommene Lehrpraxis auffrischen wollen und deshalb nach neuen Anregungen suchen.

Wie kompetent sind die Autoren?

Diese Einführung profitiert von der Erkenntnis, dass moderne, zeitgemäße Lehre auf die Lernbedingungen von Studenten reagieren muss, um die Zielgruppe überhaupt zu erreichen. Seit vielen Jahren begleiten wir Studenten bei ihrem Bemühen, Lernprozesse effizient zu gestalten und sich optimal auf Prüfungen vorzubereiten. Im Prüfungscoaching (Böss-Ostendorf/Senft 2005) und in Seminaren zur Vermittlung von Schlüsselqualifikationen im Studium haben wir erfahren, was Studenten brauchen, um erfolgreich zu lernen und sich optimal auf Prüfungen vorzubereiten. Dieser Didaktik-Coach richtet deshalb den Fokus nicht mehr auf den Lehrstoff, sondern auf den Lernprozess der Studenten. Für unsere Arbeit in Seminaren und Coachingsitzungen wurden diese Erfahrungen so wichtig, dass wir sie an andere Lehrende weitergeben möchten. Entstanden ist eine anwendungsorientierte Hochschuldidaktik aus der Sicht der Lernenden. Alle hier dargestellten Beobachtungen, Reflexionen und Anregungen

sind in der Lehrpraxis erprobt worden. In einer Reihe von hochschuldidaktischen Seminaren und Trainings haben wir sie Lehrenden zur
Diskussion gestellt und weiterentwickelt.

Welches Know-How vermittelt das Buch?

Anhand vieler konkreter Beispiele aus dem Hochschulalltag haben
wir in den einzelnen Kapiteln das für die Hochschul-Lehre grundlegende Fachwissen für Sie aufbereitet. Diese Einführung verbindet dabei die neuesten Erkenntnisse aus den Gebieten

- Gehirn- und Gedächtnisforschung
- Erwachsenenbildung
- Kommunikations- und Gruppentheorien
- Allgemeine Didaktik und Hochschuldidaktik

Ist das Buch auch für mein Fachgebiet geeignet?

Unsere *Einführung in die Hochschul-Lehre* ist ein Didaktik-Coach für jede
Form von Hochschullehre. Für Universitäten *und* Fachhochschulen, für
naturwissenschaftliche *und* geisteswissenschaftliche Fächer. Die Beispiele, die Sie im Buch finden, sind aus vielen verschiedenen Fächern
gewählt. Die Interdisziplinarität entsteht aber vor allem durch den Leser. Denn Sie sind eingeladen, mitzuwirken und die didaktischen Hinweise und Anregungen in Ihrem Fachgebiet umzusetzen.

Welche konkreten Hilfen bekomme ich?

Die Praxisbeispiele, Fragebögen und Grafiken, die Sie in diesem Buch
finden, wollen Anregung dazu geben, die eigene Lehrpraxis zu reflektieren und zu verändern. Sie werden immer mehr Sicherheit gewinnen, Ihre anstehenden Lehr- und Lernprozesse zu gestalten. Das letzte
Kapitel bietet für die einzelnen Schritte des Lehrprozesses eine Fülle
von Methoden an.

Muss ich jetzt noch ein Fachbuch lesen?

Wir wissen, dass Dozenten keine Zeit und meistens auch keine Lust haben, sich mit trockenen pädagogischen Grundlagentheorien zu beschäftigen. Wir versuchen das umzusetzen, was wir uns selbst von Dozenten wünschen: Dass sie in lebendiger Sprache die interessanten Seiten des Themas anschaulich darstellen. Uns unterstützt dabei die Comiczeichnerin Lillian Mousli. In ihren Zeichnungen drückt sie die wichtigste Qualität des Lehrens aus. Nämlich mit Spaß bei der Sache zu sein.

Noch eine Anmerkung zur gewählten Anredeform

Aus Gründen der Lesbarkeit verwenden wir die maskuline Form und bitten Sie, die feminine Form mit einzuschließen.

Einleitung. Am Anfang steht der Showdown

Lehren ist großartig!

Elke F. ist Assistentin am Fachbereich Geophysik. Neben der wissenschaftlichen Forschung gehört auch die Wahrnehmung eines Lehrauftrags zu ihren Aufgaben. Dieser Herausforderung widmet sie sich mit Eifer. Und mit großer Anspannung.
Zunächst hatte das Hauptseminar „Das Klimasystem und seine Modellierung" sehr viel versprechend angefangen. In einer der ersten Sitzungen stellte sie nach 90 Minuten befriedigt fest, dass die Seminarteilnehmer immer noch voll im Thema steckten und engagiert ihre Arbeitsergebnisse austauschten. Sie hatte sich

schon längere Zeit nicht mehr einschalten müssen und verfolgte mit Faszination den Gesprächsverlauf. Ihr Eindruck: nahezu alle hatten mit den neuen Inhalten etwas anfangen können und sich beteiligt. Für sie selbst war die Sitzung ebenfalls anregend, denn in der Diskussion hatten sich unvermutete Zusammenhänge ergeben, die ihr neue Aspekte des Themas erschlossen haben. Ein Blick auf die Uhr – die Zeit war längst um. Sie beendete die Gruppendiskussion und beschloss die Sitzung. Ein wenig verlegen war sie, als sie das verabschiedende Tischklopfen der Studenten hörte. Sie bedankte sich kurz, packte ihre Sachen zusammen und dachte noch auf dem Flur: Was für ein toller Beruf. Lehren macht Spaß.

Lehren ist die Hölle!

Eine Woche später. Die gleiche Veranstaltung zur gleichen Zeit. Elke F. ist bereits ein paar Minuten früher erschienen, hat ihre Handouts geordnet und sich gut auf die Sitzung vorbereitet. Insgeheim freut sie sich schon sehr, denn sie scheint mit ihrem Lehrstoff gut durchs Semester zu kommen.
Aber schon zu Seminarbeginn erhält sie den ersten Dämpfer. Die Studenten tröpfeln nur allmählich ein. Immer wieder öffnet sich die Tür und fällt quietschend ins Schloss, eine permanente Störung. Es fällt ihr schwer, sich zu konzentrieren. Aber auch die inhaltliche Gestaltung des Seminars misslingt. Ihr erster thematischer Input verhallt ungehört. Keine Reaktion. Auch ihre Fragen bleiben unbeantwortet. Ganz selten nur wird ihr suchender Blick von einem Augenpaar erwidert. Und das eher irrtümlich. Die Teilnehmer blättern lieber in ihren Skripten oder starren auf die Bildschirme ihrer Laptops, die sie wie Kontaktsperren vor sich aufgebaut haben. Enttäuscht und ein wenig wütend beschließt Elke F., die inhaltliche Gestaltung des Seminars nun komplett in die eigene Hand zu nehmen. Sie biegt die Seminarsitzung in eine Vorlesung um. Fast ein wenig überpünktlich beendet sie die Sitzung, sie will einfach nur raus. Aber dann ist sie überrascht, denn am Ende hört sie wieder das wohlvertraute Tischklopfen. Waren die wirklich zufrieden? Oder haben sie nur aus Gewohnheit geklopft? Sie eilt ins Büro zurück und flucht. Darüber, dass sie Dozentin

sein muss, wo sie doch eigentlich nie so richtig dazu ausgebildet worden ist. Sie ist nun mal keine Pädagogin. Wie abhängig von den Reaktionen und der Teilnahme der Gruppe sie sich heute gefühlt hat. Als richtig demütigend empfand sie die Sitzung. Ob sie wohl härter durchgreifen muss? Oder ob es doch an ihr lag? Zumindest an ihren Entertainer-Qualitäten beginnt sie so langsam zu zweifeln.

Von der Unplanbarkeit der idealen Lehr-Veranstaltung

Die Dozentin hat die beiden Seminare mit dem gleichen Aufwand vorbereitet und trotzdem nehmen sie einen völlig unterschiedlichen Verlauf. Sie macht auch keine erkennbaren Anfängerfehler. Lehren ist einfach ein unsicheres Terrain: Der Einfluss der Studierenden und der Rahmenbedingungen, die auf den Ablauf einer Lehrveranstaltung einwirken, ist so komplex und dominant, dass nicht nur Neulinge Respekt vor der Lehre haben.

Manche Dozenten tun etwas sehr Menschliches, um ihrer Verunsicherung beizukommen. Im Seminar blenden sie das Auditorium aus ihrem Blickfeld einfach aus. Im Extremfall lesen sie nur den Vorlesungstext ab. Das gibt ihnen eine gewisse Sicherheit und tatsächlich verleiht das dem Seminar auch eine Form, die inhaltlich „geplant" und durchgeführt werden kann. Nicht wenige Seminare laufen nach diesem traurigen und wenig abwechslungsreichen „Fahrplan" ab. Aus Lehren wird Dozieren. Die reine Informationsvermittlung scheint doch ein todsicheres Konzept zu sein. Was sollte beim *Dozieren* auch schief gehen?! Na schön, bis auf die Möglichkeit, dass das Licht in der Veranstaltung ausfallen könnte. Aber da ruft man halt den Hausmeister. Oder dass einem als Dozent plötzlich die Stimme versagt. Gut, das ist wirklich blöd, aber dann nimmt man halt einen Bonbon oder macht eine kurze Pause. Wird schon wieder klappen. Oder, wenig wahrscheinlich, aber möglich, vor dem versammelten Seminar stellt man plötzlich fest, dass das Manuskript noch zu Hause liegt. Dumm gelaufen. Oder, und da steckt man ja nie drin, dass während des Vortrags ein Störer aufsteht und einem mit schrägen Thesen ins Wort fällt. Oder, auch wenn die Wahrscheinlichkeit nicht hoch ist, ...

Abschied vom wandelnden Lexikon

Was aber bedeutet „Lehren"? Wenn Sie darunter die *primäre Form der Wissensvermittlung* verstehen, sollten Sie sich darauf einstellen, dass das „Lehren" in absehbarer Zeit überflüssig werden wird. Denn „Lehren" als Tätigkeit, die sich ausschließlich auf Wissensvermittlung konzentriert, ist unter starken Konkurrenzdruck geraten. *Zu* starken, wie das Beispiel von Frank illustriert:

> Frank studiert BWL. Seine erste Tat nach dem Aufstehen morgens gegen 11 Uhr: Mails checken. Sehr gut, seine Ausarbeitung für das Onlineseminar ist in Oregon angekommen. Mit Feedback kann er in zwei Tagen rechnen. Aus dem BWL-Chatroom hat er zwei Literaturhinweise für sein aktuelles Projekt bekommen. Und Maren aus Zürich schickt ihm ein super kompaktes und dennoch verständliches Skript, mit dem man garantiert überall in Europa den Schein in Mikroökonomie schafft. Das Terminkalenderprogramm erinnert ihn daran, dass heute Abend um 23.30 wieder die Onlinekonferenz des Londoner Europaseminars stattfindet. Dafür muss er noch die Unterlagen im Netz bearbeiten. Schnell schreibt er noch Mails an Klara, Jasmin und Basti und überlegt sich dann, ob er sich die Vorlesung in Europarecht sparen soll. Leisten kann er sich das eigentlich nicht, denn er hat schon drei Mal gefehlt. Und die Prüfungsordnung des Bachelorstudienganges schreibt ihm eine Anwesenheitspflicht von 75% vor. Irgendwie lästig, das Ganze. Nach einer Tasse Kaffee und ausgiebiger Lektüre in der Onlinezeitung wird er sich entscheiden.

Ein Blick auf die Zielgruppe – also die „Konsumenten" von Lehre – kann hilfreich sein. Denn hier wird deutlich, dass sich unsere Bildungslandschaft angesichts von Internet, „Selbstgesteuertem Lernen" und „E-Learning" tiefgreifend verändert hat. Studenten sind „Digital Natives" (Palfrey/Gasser 2008). Digitale Medien sind für sie selbstverständlich und ein Leben ohne sie kaum vorstellbar. Hochschullehrer und Dozenten der Erwachsenenbildung sind als *Wissensspeicher* immer weniger gefragt. Die Zielgruppe zapft viel lieber das Internet an oder holt sich Rat in gut gemachten Lehrbüchern. Das geht schneller und ist viel effektiver. „Warum morgen die Vorlesung besuchen? Ich kann doch alles im Skript nachlesen." – „Warum das Skript *meines* Profs durcharbeiten?

Im Netz steht das Skript eines anderen Professors, das viel kürzer und verständlicher geschrieben ist". Und die Möglichkeiten, schnell und effizient an Informationen zu gelangen, potenzieren sich in unserer „Wissensgesellschaft" immer weiter. Als exklusive Wissensspeicher haben Hochschullehrer jedenfalls ausgedient.

Alte Zöpfe in der Krise

Was bedeutet das aber fürs Lehren? Wenn Lehren sich als überflüssiger Zopf erweist, der längst abgeschnitten gehört, warum gibt es dann immer noch Vorlesungen und Seminare? Warum studieren die jungen Leute dann nicht am besten gleich von zu Hause aus und treffen sich nur noch virtuell in fachbezogenen Chatrooms?

Dass dem Lehren an Hochschulen die ebenso traditionsreiche wie zentrale Funktion der Informationsvermittlung abhanden gekommen ist, muss ja nicht automatisch bedeuten, dass Lehre *in toto* abgeschafft werden sollte. Zugang zu Informationen verschaffen sich Studierende zwar auf vielen, selbst bestimmten Wegen. Das Lehren kann sich dadurch aber auf andere Aufgaben konzentrieren. Und das ist eine große Chance für Universitäten, Hochschulen und andere Bildungseinrichtungen. Endlich kann die Lehre das Lernen unterstützen. Und zwar ohne zu viel Zeit mit der Bereitstellung von Informationen zu verlieren. Wenn die Lehre diese Chance ergreift, wird sie sich verändern. Und zwar positiv.

Warum die Lehre sich verändern muss

Wer heute als Dozent neu in die Hochschullehre einsteigt, betritt ein Feld, das zurzeit sehr starken Veränderungen unterworfen ist. Und diese Veränderungen der Lehre werden sowohl von hochschulpolitischer, als auch von studentischer Seite gefordert, wenn nicht sogar herbeigesehnt.

Die *Dozenten* erleben und erleiden den Funktionswandel ihrer Lehrtätigkeit hautnah in Seminaren und Vorlesungen. Viele haben sich bereits damit abgefunden, dass die Studenten sich kaum mehr binden lassen und oft nur noch sporadisch an den feilgebotenen Wissensschätzen bedienen: in vielen Veranstaltungen herrscht ein ständiges Kommen und Gehen. Nur selten bleibt die Tür des Seminarraums mal für wenige Minuten geschlossen. Als lästig empfinden es die Dozenten, wenn sie sich dann auch noch um die vorgeschriebenen Anwesenheitskontrollen kümmern müssen.

In *Hochschulen* wird auf Leitungsebene häufig davon ausgegangen, dass die Lehre wie selbstverständlich funktioniert. Deshalb werden auch die Studiengänge so konzipiert, dass die Regelstudienzeit nur mit hohem Engagement der Studierenden und unter den idealen Bedingungen eines reibungslosen und störungsfreien Betriebsablaufs eingehalten werden kann. *Wie* das erreicht werden soll, ist Sache der Professoren, Dozenten und Lehrbeauftragten.

Für die *Studierenden* sieht die Lehre im Uni-Alltag häufig sehr trostlos aus. Immer noch ist es üblich, dass in so genannten „Pflichtveranstaltungen" Lehrbuchtexte vorgelesen werden. Immer noch dürfen in Seminaren stundenlang und ungebremst Fachartikel von Studierenden nacherzählt werden – getarnt als Referat und als solche von Professoren geduldet. Und immer noch gibt es Übungsseminare, in denen der Tutor an der Tafel steht und die Aufgaben selbst löst, die für die Studenten gedacht waren. Diese Beispiele deuten darauf hin, dass der Qualitätsförderung der Lehre im Uni-Alltag immer noch sehr wenig Aufmerksamkeit geschenkt wird. Noch immer gibt es an Hochschulen unzählige Lehrpraktiken, die dem Lernen der Studenten eher schaden, statt zu nutzen.

Und wenn Studierende in Lehrveranstaltungen am Lernen gehindert werden, stellen sich bei Ihnen Frustration und Langeweile ein. Diese wiederum können sich rasch zur persönlichen Abneigung gegenüber dem Thema und zum handfesten Lernhindernis auswachsen. Mal ganz abgesehen von dem großen Frust vieler Dozenten, einem unmotivierten Haufen beteiligungsresistenter Studierender gegenüberzusitzen. Ein großer Teil der real stattfindenden Lehre ist tatsächlich überflüssig.

Lehren – ein Entwicklungsprozess

Das Lehren an den Hochschulen ist eine abenteuerliche Tätigkeit auf einem „multifaktoriellen" Feld. Als reine Informationsvermittlung hat es ausgedient. Und schließlich wird es auch noch von allen Seiten kritisch beäugt und mit Forderungen nach immer höheren Qualitätsstandards belastet. Nicht ohne Grund betreten Neueinsteiger den Seminarraum deshalb mit einem mulmigen Gefühl. Die Frage ist, ob sie sich auf den Entwicklungsprozess in der Hochschullehre einlassen können.

Professoren, die vor der Emeritierung stehen, lehren anders als Berufseinsteiger – aber auch besser? Zumindest unterscheiden sich beide in ihrem Lehrstil, in ihrer Grundhaltung zur Lehre, in der Form ihrer Kontaktaufnahme zu den Studierenden etc. Woher kommen diese Unterschiede? Aus dem Generationsabstand? Oder sind es Unterschiede der Persönlichkeit? Vielleicht befinden sie sich auch in unterschiedlichen Phasen des Lehrberufs?

Tatsächlich durchläuft jeder Dozent typische Entwicklungsphasen (Winteler 2004, S. 17), in denen er das Lehren lernt. Unserer Erfahrung nach lassen sich fünf Phasen einer Dozenten-Laufbahn unterscheiden.

Die 5 Entwicklungsphasen eines Dozenten

Phase1: „Hauptsache überleben"

In der Einstiegsphase dreht sich für Lehr-Neulinge fast alles um die eigene Person und die neue Rolle, die sie nun gegenüber den Studenten und im Kontext der Hochschule haben. Im Hörsaal ist das Lampenfieber ein ständiger Begleiter und Selbstvertrauen wird von ihnen oft nur als ein theoretisches Konstrukt erlebt. Es ist vor allem *eine* Frage, welche die Einsteiger umtreibt: *Akzeptieren mich die Studenten?* Je nachdem, wie ihre Antwort ausfällt, schließen sich dann weitere Fragen an: *Was ist, wenn ich nicht akzeptiert werde?* Auch die eigene Beziehung zum Lehrthema ist in dieser Phase oft von Unsicherheit geprägt: *Wie kann ich verhindern, dass jemand meine Wissenslücken bemerkt?* Diese Sorgen und Gedanken sind normaler Bestandteil der ersten Entwicklungsphase. In der Entwicklung ihrer Lehrkompetenz geht es für sie tatsächlich erst einmal um sie selbst. Das sehen übrigens auch die Studenten so, die den neuen Dozenten erst einmal neugierig beäugen.

Phase 2: „Es geht nur um den Stoff"

Schon bald erkennt der Dozent, dass er nicht ausgebuht oder aus dem Raum gejagt wird, sobald er vor der Gruppe steht, und dass niemand nach seinen Wissenslücken fahndet. Die Studenten haben nicht nur ihn im Blick, sondern richten ihre Aufmerksamkeit auch auf das Thema, das er ihnen präsentiert. Sie wollen ja schließlich von der Veranstaltung profitieren. Für den Dozenten ist das eine große Entlastung, weil er nicht mehr mit seiner Person im Vordergrund steht. Er kann jetzt die „sachlichen" Inhalte nach vorne schieben und sich selbst hinter dem Thema verstecken – mitsamt seinen immer noch virulenten Unsicherheiten. Das Thema der Lehrveranstaltung gibt ihm außerdem einen inneren Halt, schließlich kennt er sich darin ja aus. In dieser Phase dreht sich alles um den dozentenzentrierten Informationstransfer.

Phase 3: „Hört mir denn keiner zu?"

Der dozierende Hochschullehrer, der seinen „Stoff" hoch konzentriert herunterspult, merkt in aller Regel irgendwann, dass die Aufmerksamkeit der Studenten nicht mehr bei ihm und dem Thema liegt. Er realisiert zu irgendeinem Zeitpunkt, dass die Teilnehmer sich mit anderen Dingen beschäftigen oder einfach der Veranstaltung fernbleiben. Dieser Moment ist wichtig, denn nur dann, wenn ein Dozent das bemerkt und sich davon verunsichern lässt, kann er in die nächste Entwicklungsphase eintreten. Dann stellt er fest, dass er die Studierenden durch seine eigene Fixierung auf den „Stoff" abgehängt hat. Und nun ist er am ehesten bereit, sich einer Frage zu stellen: *Mit welchen Mitteln und Methoden kann ich die Studenten besser erreichen?* Es geht ihm nun also nicht mehr nur um die Präsentation seiner fachlichen Kompetenz – hier ist er mittlerweile sicherer geworden. Er kann auch die Selbstfixierung aufgeben und allmählich das Umfeld, die anderen Personen, in den Blick nehmen. Der dozentenzentrierte Informationstransfer kann aufgegeben werden.

Phase 4: „Was braucht ihr zum Verstehen?"

Sobald ein Dozent seine Fixierung auf die eigene Lernstoffpräsentation und das Darstellen seiner Fachkompetenz hinter sich gelassen hat, kann er in eine neue Phase eintreten. Idealerweise wendet er sich nun den Studenten und ihren Lernprozessen zu. Der erfahrene Dozent achtet mit der Zeit immer stärker auf das Lernen. Sein Lehrstil ist entspannter und kooperativer. Er weiß, wie die Studenten lernen. Und er weiß, dass er in seinen Veranstaltungen nur so viel behandeln muss, wie seine Studenten auch verarbeiten können. Das verleiht ihm größere Selbstsicherheit. Und er scheut den Kontakt zu den Studierenden nicht mehr. Gleichzeitig vollzieht sich bei ihm selbst ein Wechsel: Er orientiert sich jetzt stärker an der Qualität seiner Lehre und richtet sich nicht mehr so stark an der Stoffmenge aus. Der erfahrene und gute Hochschullehrer lehrt komplexer, dynamischer und anspruchsvoller. Er stöhnt jetzt auch nicht mehr unter der Last, so viel Stoff in so kurzer Zeit „rüberbringen" zu müssen.

Phase 5: „Das braucht ihr, um selbst darauf zu kommen"

Dozenten, die diese Phase der persönlichen Lehr-Entwicklung erreichen, haben selbst erfahren, dass es beim Lernen besonders auf die Aha-Erlebnisse der Studenten ankommt. Am besten prägt sich eben das ein, was man selbst entdeckt hat. Und diese Erkenntnis können erfahrene Dozenten in ihrem Lehrkonzept berücksichtigen. Sie achten nicht so sehr auf die Stoffmenge, die behandelt wird, sondern legen ihren Schwerpunkt vor allem auf das konzeptionelle Lernen. Sie stellen sich die Frage, wie sie die Studenten dabei unterstützen können, unabhängig zu denken und zu lernen (Winteler 2004, S. 17). Sie nehmen die Studenten als Gruppe wahr und nutzen die Kommunikation unter den Teilnehmern zum Erreichen ihrer Lehrziele. Ihre Lehrveranstaltungen zeichnen sich durch Methodenvielfalt, klugen Medieneinsatz und motivierte Studenten aus.

Wer Lehren lernt, wird Lernen lehren

Mit diesem Satz lässt sich der ganze Lernprozess eines guten Lehrers zusammenfassen. Wer in der fünften Phase der Dozenten-Entwicklung angelangt ist, wird vor allem die Studenten in ihren Lernprozessen unterstützen. Er wird ihnen Methoden und Arbeitsweisen zur Verfügung stellen, mit denen sie sich eigene Zugänge zu den Stoffgebieten verschaffen können. Lehre an den Hochschulen begleitet das Lernen nach diesem Ansatz so, dass es dem Dozenten gelingt, Lernhindernisse zu identifizieren. Und die ins Stocken geratenen Lernprozesse der Studenten wieder in Schwung zu bringen. Wer Lehren lernt, wird Lernen lehren. Mit der Zeit.

Entwicklungshilfe für Entwicklungshelfer

Aber gelingt das alles so einfach? Entwickelt man sich automatisch vom Anfänger der Lehre zum gefeierten Starprofessor mit vollen Hörsälen? Verlassen Sie sich nicht allzu sehr darauf. Nicht jeder Lehrende erreicht die letzte Stufe seines Entwicklungspotenzials. Sehr viele bleiben vorher stecken und orientieren sich weiter am dozentenzentrierten Informationstransfer. Bei diesen Dozenten bricht der persönliche Entwicklungsprozess meistens in der zweiten Phase ab. Es gelingt ihnen nicht, die Studierenden als Lernende zu begreifen (oder zu ertragen), die selbstständig aktiv oder sogar unabhängig sind. Der Frontalunterricht, den sie aus ihrer eigenen Lernbiografie zur Genüge kennen, gibt ihnen eine Sicherheit, die sie nicht verlieren möchten.

Wenn Sie aber als Lehrer bereit sind, selbst zu lernen, verschaffen Sie sich Feldvorteile. Dann werden die dargestellten Entwicklungsphasen der Lehrkompetenz für Sie Herausforderung und Anreiz zugleich sein. Und wer sich auf diesen Weg begibt, sollte bereit sein, die eigene Lehrpraxis immer wieder zu reflektieren. Momente des Unbehagens beim Lehren oder gar Misserfolge sind gute Impulsgeber für Veränderungen des eigenen Lehrverhaltens. Neue Ideen entstehen oft dann, wenn man mit der bisherigen Lehrpraxis nicht (mehr) zufrieden ist. Hier können Ihnen sogar die Studenten weiterhelfen. Fragen Sie doch mal in die Runde, wie Ihre „Lehre" angekommen ist. Lassen Sie sich Feedback geben. Und tauschen Sie sich auch mit Kollegen aus. Sie werden wichtige – und vor allem wirksame – Anregungen erhalten, wie Sie Ihre Lehrpraxis weiterentwickeln können, um in die nächste Entwicklungsphase zu kommen. *Docentia* ist ein Entwicklungsland.

1. Teil
Lehren aus der
Lernperspektive

1. Lehren mit Lerneffekt

Lehren und lernen – ein ideales Zwillingspaar

Geschliffene Rhetorik, präzise Fachsprache, eloquente Formulierungs-
künste, korrektes Auftreten und aktuellste Fachkenntnisse – was viele
Hochschuldozenten an Kompetenzen und Ressourcen mitbringen, ist
schon beeindruckend. Aber leider nur die halbe Miete. Wenn sich zu
diesem Arsenal geballter Qualitäten nicht auch die Fähigkeit gesellt,
andere zum Lernen zu bewegen, bleibt das Lehren wirkungslos. Lehren findet nur dann statt, wenn auch *gelernt* wird.

Wer erfolgreich lehren möchte, wird das Lernen nicht ignorieren
können. Lehren und Lernen sind in einer Art und Weise aufeinander
bezogen, bei der das Lernen der primäre Vorgang ist und Lehren der
sekundäre. Denn logisch betrachtet ist das Lernen auch ohne Lehren
möglich. Genau genommen ist das sogar die Regel. Das menschliche
Gehirn lernt meistens, ohne dass gelehrt wird. Und Lernen „geschieht" permanent. In jeder Sekunde unseres Lebens. Wenn wir unter Lernen „die Verhaltensänderung des Menschen auf Grund der
Verarbeitung von Wahrnehmungen zu Erfahrungen" (Meyer 1997,
S. 118) verstehen, dann können wir gar nicht anders, als ständig zu
lernen. Wir wären ziemlich arm dran, wenn wir nur das gelernt hätten, was wir durch Belehrung wissen. Und auch die ruft oft nur Widerstand auf den Plan. In der Regel kommt der Mensch ganz gut ohne
Belehrungen durchs Leben. Wer trotzdem lehren möchte, muss das
Lernen berücksichtigen.

Lehren macht abhängig – vom Erfolg

Skifahren ist das, was der Skifahrer tut. Schwimmen ist das, was der
Schwimmer tut. Lehren ist das, was der Lehrer tut. – Leider sind nur
die ersten beiden Sätze ohne Einschränkung richtig. Inhaltlich korrekt

muss der dritte Satz lauten: Lehren ist das, was der (Hochschul-)Lehrer tut, wenn Studenten dadurch etwas lernen. Das grundlegende Kriterium für Lehren lautet: Es muss dabei gelernt werden. Das gilt ohne Einschränkung: Es darf nicht nur *möglich* sein, beim Lehren zu lernen. Es muss auch tatsächlich geschehen.

Genau hier liegt für viele Hochschuldozenten die Ursache großer Verunsicherungen. Denn was tun sie eigentlich in ihren Veranstaltungen? Wenn in einer Vorlesung niemand dem Professor zuhört und dadurch auch nichts lernt, kann man nicht sagen, dass der Professor lehrt. Er tut irgendetwas. Er spricht nur vor sich hin oder liest etwas ab – sonst geschieht nichts. Lehren aber gibt es nicht ohne Lernen. Sehr zu ihrem Leidwesen können sich Dozenten nie sicher sein, ob das, was sie gerade tun, Lernen verursacht. Ungewissheit ist Bestandteil des Dozentendaseins. Der Lehrer, dem niemand zuhört oder den niemand versteht, ist zum idealen Angriffsziel zahlloser Karikaturen geworden. Aber nicht nur Neulinge im Lehrbetrieb haben hier so ihre Probleme. Auch Lehrer, die das Infotainment perfekt beherrschen und sich darauf verstehen, die Aufmerksamkeit ihres Publikums zu wecken, fragen sich oft, ob der zentrale Lerninhalt „rüber" gekommen ist. Nicht selten mischt sich in den Applaus am Ende einer Vorlesung ihre leise Befürchtung, dass die bunten Videoanimationen den Kern der Sache eher verdeckt haben.

Erfolgreiche Lehre – eine Sache für Provokateure

Was sich zunächst sehr negativ anhört, kann aber für Dozenten sehr entlastend sein. Sie *müssen* nicht charmant und bei allen Studenten beliebt sein, Allwissenheit ausstrahlen und als Medienmagier stundenlang die Menge unterhalten. Es kommt auf den Perspektivwechsel an: die Studenten müssen in Ihren Veranstaltungen etwas lernen. Ihr Erfolg als Dozent misst sich an diesem Kriterium.

Hochschullehrer, die erfolgreich lehren wollen, brauchen die Fähigkeit, „provozieren" zu können. Und zwar in der lateinischen Ursprungsbedeutung des Wortes. Sie müssen das Lernen „hervorrufen". Wer als Dozent geschickt provoziert, regt Lernprozesse an.

Weil zeitgemäßes Lehren direkt aufs Lernen zielt, könnte man Lehren definieren als themenbezogene Kommunikation, bei der gelernt wird. So verstanden, entspinnt sich aus der lernorientierten Interaktion zwischen Dozent und Studenten ein Lehr-Lernprozess. Statt als unerschöpfliche Wissensspeicher aufzutreten, kommt es immer mehr darauf an, dass Dozenten sich öffnen für das Wechselspiel zwischen Lehren und Lernen. Lehrer sind heute gefragt als „Lernbegleiter", „Lernmoderatoren" und „Lernprozessdesigner". Sie müssen nicht nur fachlich fit sein, sondern sich auch hervorragend mit dem Lernen auskennen, um es gezielt zu fördern.

Lernexperte aus eigener Erfahrung

Wie aber werde ich Lernexperte? Zunächst einmal möchten wir Sie daran erinnern, dass Sie ja bereits Experte sind – in Ihrem Fachgebiet. Andernfalls wären Sie vermutlich gar nicht in die Verlegenheit gekommen, lehren zu dürfen. Genau hier liegt Ihre Chance. Die Erinnerung an Ihren eigenen Lernprozess kann Ihnen helfen, die Lernprozesse der Studenten zu verstehen und zu unterstützen. Auch dann, wenn Ihre eigene Studienzeit schon lange zurück liegt. Sie kennen die Ecken und Kanten Ihres Fachgebietes, die sich dem Aufnehmen, Behalten und Abrufen hartnäckig widersetzen.

Um Lernexperte zu werden, können Ihnen die neuesten Erkenntnisse aus Neurobiologie, der Lern- und Gedächtnisforschung sowie der allgemeinen Didaktik weiterhelfen. Diese Wissenschaften vermitteln uns immer genauere Informationen darüber, was beim Lernen im Gehirn geschieht. Sie bieten Ihnen eine Grundlage dafür, Ihre Lehrveranstaltungen effizient zu planen und erfolgreich durchzuführen. Sie müssen sich nur mit Zell-Kulturen auskennen.

Zell-Kulturen im Seminar

Unser Großhirn besteht aus etwa 20 Milliarden Zellen, den Neuronen. Jede dieser Zellen ist ihrerseits mit jeweils 10 000 anderen Zellen verbunden. „Alle zusammen bilden ein unüberschaubares Netzwerk, das alles Denken, Lernen, Fühlen und Handeln hervorbringt", erklärt der Neurodidaktiker Herbert Beck. „Das Gehirn ist damit das anpassungsfähigste Organ des Menschen und zugleich das komplexeste Gebilde des Universums" (Beck 2003). Das Schwärmen des Neurodi-

Stichwort „Gehirnforschung"

Seit den frühen 1970er Jahren hat sich die Gehirnforschung rasant entwickelt. Mit zentralen Erkenntnissen nahm sie auch Einfluss auf die Lernforschung und Didaktik. Viele didaktische Theorien der 1990er Jahre konnten von der modernen Gedächtnis- und Gehirnforschung weitgehend bestätigt werden. Zum Beispiel die Konstruktivistische Pädagogik. Die Gehirnforschung selbst ist bis heute auf Modelle angewiesen, um ihren Gegenstand beschreiben zu können. Begriffe wie *Kortikale Karten, Botenstoffe, Synapsengewichte* verraten, dass es sich um modellhafte Annäherungen an eine komplizierte Wirklichkeit handelt. Weder gibt es echte „Landkarten" im Gehirn, noch „Boten" oder messbare Gewichtsunterschiede bei Synapsen. Das menschliche Denken und Lernen ist derart komplex, dass die Gehirnforschung versucht, sich über Computersimulationen ein Bild von der Arbeitsweise des Hirns zu machen. Gehirnforscher programmieren relativ einfache künstliche Netzwerke, um Aufschluss über komplexe Netzwerke wie unser Gehirn zu bekommen (Shacter 2001, Spitzer 2000).

daktikers für seinen Fachgegenstand ist nachvollziehbar. Vielleicht auch für Sie als Dozent? Schließlich werden Ihnen in Ihrem nächsten Seminar gleich mehrere dieser neuronalen Wunderwerke der Schöpfung gegenübersitzen. „Das menschliche Gehirn ist für das Lernen optimiert und kann nichts besser und tut nichts lieber", als ständig zu lernen, ermutigt der Gehirnforscher Manfred Spitzer (Spitzer 2002, S. 14). Perfekte Voraussetzungen also für Ihre nächste Vorlesung? Nicht ganz. Wie immer gibt es eine Einschränkung. Und die ist gravierend: Unser Gehirn will nichts lieber, als ständig zu lernen, „vorausgesetzt man geht ‚richtig' mit ihm um und liefert ihm die richtigen Sachverhalte" (Beck 2003). Dieser Zusatz hat es in sich, denn er zielt auf bestimmte Lernhindernisse, die von der Gedächtnisforschung entdeckt und beschrieben worden sind. Wenn diese Hindernisse von der Lehre nicht beachtet werden, kann nicht gelernt werden. In diesem Fall würden Sie sich als Lehrer selbst das Leben schwer machen.

Um Gegenstrategien für Ihre Lehrpraxis zu entwickeln, müssen Sie die Hindernisse erst einmal kennen. Diese Arbeit haben wir Ihnen schon mal abgenommen. Im Folgenden möchten wir Ihnen sieben der am weitesten verbreiteten Lernhindernisse vorstellen, mit denen Studierende heute zu kämpfen haben. Anhand zentraler Begriffe der Gedächtnisforschung werden wir sie beschreiben, um daraus wirksame Lehrstrategien zu entwickeln.

2. Lernhindernisse in Lehrstrategien verwandeln

1. Lernhindernis: Man kann nichts völlig Neues lernen

 Angenommen, Sie geraten beim Erforschen Ihrer neuen Hochschule versehentlich in einen Vorlesungsraum. Er ist gut gefüllt, ein Kollege aus dem Fachbereich Maschinenbau ist gerade dabei, eine Vorlesung zu halten. Weil Sie das aber zu spät bemerkt haben und weil zweihundertundeins Augenpaare auf Sie gerichtet sind, tun Sie das einzig Richtige. Sie setzen sich hin und hören zu. Und das, obwohl Sie keinen blassen Schimmer von der Materie haben. Nachdem der Kollege Sie also mit einem tadelnden Blick bedacht hat, setzt er seinen Vortrag fort und sagt: „Eine harmonische Schwingung lässt sich allgemein wie folgt darstellen...", und er malt ominöse Zeichen an die Tafel:

$$q(t) = A \sin(\omega t + \varphi) = C1 \cos\omega t + C2 \sin\omega t$$

Wie den allermeisten Menschen (inklusive denen im Hörsaal) wird Ihnen die Formel vermutlich unbekannt sein. Und wahrscheinlich würden Sie es als eine Zumutung empfinden, wenn man von Ihnen verlangte, dass Sie sich die Formel aus dem Stand auch noch merkten. Sagen wir, es gelänge Ihnen, den außerordentlich starken Impuls zu unterdrücken, den Raum eben doch noch zu verlassen. Sie halten also weiter in der fremden Vorlesung aus. Nun werden Sie Zeuge, wie der Kollege die Bedeutung der Parameter an die Tafel schreibt: A: Amplitude, ω: Frequenz, $\omega t + \varphi$: Phase, φ: Nullphase. Spätestens jetzt hätten Sie die Chance, sich an Ihren Physikunterricht aus der Schulzeit zu erinnern. Und um nicht völlig in den Stand-by-Modus zu verfallen, würden Sie wohl versuchen, mit Hilfe langsam auftauchender Erinnerungsspuren, Licht ins physikalische Dunkel zu bringen.

Würden Sie nach diesem Beispiel unserer These zustimmen, dass der Mensch nichts völlig Neues und Unbekanntes lernen kann? Das Beispiel bestätigt eine Erfahrung, die Sie vielleicht kennen: Wenn wir unbekannte, neue Sachverhalte nicht von vornherein bei Seite schieben, sucht unser Gedächtnis fast automatisch nach Bekanntem und nach möglichen Ansatzpunkten, um sie zu verstehen.

Dabei baut es an das gesammelte Vorwissen an. Es sucht nach vorhandenen Analogien, die zu den neuen Erfahrungen passen könnten. Das Gedächtnis versucht einzuschätzen, wie die neuen Informationen von ihrer Wichtigkeit oder ihren Zusammenhängen her zueinander passen könnten, bzw. sich zum bereits vorhandenen Wissen verhalten (Spitzer 2000, S. 143). Wie bei einem Puzzle kann das neue Informations-Teil erst dann eingesetzt werden, wenn es zu den anderen passt. Andernfalls muss nach den Verbindungsteilen gesucht werden. Im Fall der obigen Formel müssten Sie wohl erst einmal im Vorlesungsskript nachschlagen, warum bei einer Schwingung plötzlich Sinus und Kosinus auftauchen. Erst dann kann die Information allmählich als Wissen aufgenommen werden. Selbst wenn Sie seit Ihrer Schulzeit nicht mehr mit Mechanik in Kontakt gekommen sind, hätten Sie die Möglichkeit, die Gleichung der harmonischen Schwingung zu verstehen und zu behalten. Sie müssen sie sich erst vertraut machen – auch wenn das Zeit und Geduld erfordert. Sie müssten die Bedeutung der einzelnen Parameter in Erfahrung bringen und ausführlichere Erklärungen nachlesen. Und vor allem: Beispiele finden. Wenn Sie den Sachverhalt und die Gleichung in der geschilderten Weise bearbeitet haben, können Sie sich die Formel aneignen. Sie ist ihnen dann nicht mehr fremd. Es bleibt aber bei der Erkenntnis: Wir können nichts völlig Neues lernen.

1. Lehrstrategie: Aktivieren Sie das Vorwissen Ihrer Studenten und führen Sie sie an neue Zusammenhänge heran.

Die Tatsache, dass das menschliche Gehirn nichts völlig Neues lernen kann, bedeutet aber nicht, dass Sie ab sofort nur noch Bekanntes lehren müssen. Von „Lehren" könnte in diesem Fall gar nicht mehr gesprochen werden. Studenten, die lernen möchten, langweilen sich, wenn sie nur mit Bekanntem konfrontiert werden. Reizvoll sind die *neuen* Zusammenhänge. Optimal wäre deshalb eine Form des Lehrens, bei der das Vorwissen der Studenten zum Ausgangspunkt für die Thematisierung neuer Inhalte wird. So überfordern Sie Ihre Teilnehmer nicht und sorgen gleichzeitig für Aufmerksamkeit *und* Motivation.

Als Dozent bauen Sie an „Landkarten" mit

Während Sie als Lehrender sprechen, findet in den Köpfen Ihrer Zuhörer ein intensiver Datenaustausch statt. Zwischen den verschiedenen Arealen des Großhirns (Kortex) beginnt ein aufwändiger Abgleichprozess (Spitzer 2000, S. 147): Das Gehirn durchsucht sein vorhandenes Wissen nach vertrauten Strukturen. Bei dem Versuch, diese Vorgänge darzustellen, bewegen wir uns in Kategorien der modellhaften Beschreibung. Das „Vorwissen" lässt sich dabei als eine Art Landkarte denken. Diese Wissenslandkarte enthält lauter thematische Wissens-„Regionen", die vielfältig miteinander verknüpft sind. Wenn ein Lernender neue Informationen bekommt (etwa in einer Vorlesung), sucht sein Gehirn nach einer schon vorhandenen Karte (bzw. Wissensregion) und versucht, sie durch die neuen Inputs zu ergänzen (Spitzer 2000, S. 256). Diese können neue Informationen zu dem schon vorhandenen Wissen oder aber auch neue Einsichten und wiederkehrende Gesetzmäßigkeiten enthalten. Wenn das Gehirn keine „passende" Wissenskarte finden kann, weil der Student in eine völlig unbekannte Wissensregion vorstößt, wird das Lernen schwer. Neue Informationen, die nirgendwo passen, kann das Gehirn nicht verknüpfen und auch nicht lernen.

Wenn der Dozent seinen Lehrbeitrag darauf beschränkt, einen Input abzuliefern, um alles Weitere dann den Studenten zu überlassen, besteht die Gefahr, dass die Informationen nicht verstanden werden und auch alle folgenden Inputs nicht verknüpft werden können. Je besser Sie aber die Lernenden kennen, desto genauer können Sie die Inputs auf das Vorwissen einstellen. Unterstützen Sie aktiv die Lernbemühungen der Studenten. An ihren Reaktionen können Sie ablesen, welches Zwischenstück an Information sie noch brauchen, um die neuen Daten in die vorhandenen „Karten" zu integrieren. Sie können die Lernprozesse beschleunigen oder verlangsamen. Indem Sie mehr konkrete Beispiele einstreuen, geben Sie den Studenten Zeit und Gelegenheit dazu, selbst auf Problemlösungen, Mechanismen und Regeln zu kommen. Wenn Sie dagegen die Regeln, Prinzipien oder Theorien selbst vorgeben, beschleunigen Sie damit den Lernprozess – vorausgesetzt, die Studierenden können Ihnen folgen. Dozenten, die sich am Lernen ihrer Studenten orientieren, gehen zielbewusst und effizient vor. Sie aktivieren das Vorwissen und machen den neuen Stoff schrittweise bekannt.

Fragen Sie direkt nach dem Vorwissen

Um Ihren Studierenden – und sich selbst natürlich auch – den Einstieg in ein Seminar oder eine Vorlesung zu erleichtern, sollten Sie in der ersten Sitzung zu Semesterbeginn ganz konkret nach dem Vorwissen fragen. Der Aufwand lohnt sich. Aber Vorsicht: wenn Sie keine schwammigen Antworten erhalten wollen, sollten Sie auch keine schwammige Fragen stellen. Verzichten Sie auf Halbherzigkeiten wie „Kennen Sie sich im frühen Mittelalter aus?", oder: „Rechnungen mit Matrizen kennen Sie doch aus der Oberstufe, nicht wahr?". Solche Fragen riechen nach Vermeidung. Sie erwecken den Eindruck, als wollten Sie sich im Zweifelsfall nicht wirklich auf die vorhandenen Wissenslücken Ihrer Lerngruppe einlassen. Außerdem können Ihnen Ihre Studenten keine verlässlichen Antworten geben. Das liegt weniger an ihrem bösen Willen, als an der menschlichen Gedächtnisstruktur allgemein. Studenten wissen nicht, was sie alles wissen, weil das Vorwissen seiner Natur nach vorbewusst ist. Erst wenn sie die vorhandenen Gedächtnisinhalte brauchen, werden sie aktiviert. Ein mit Bedacht ausgearbeiteter Fragebogen oder eine mündliche Umfrage in der allerersten Sitzung helfen hier weiter. Damit können Sie feststellen, ob das vorhandene Vorwissen für Ihre Planungen ausreicht oder ob die von Ihnen präparierten Inhalte bei Ihren Studenten vielleicht schon bekannt sind. Solche Vortests sollten aber nur für die Diagnose des Vorwissens und nicht für Beurteilungszwecke genutzt werden. Wenn Sie schon zu Beginn die Prüferrolle einnehmen, riskieren Sie einen Vertrauensverlust und belasten den persönlichen Kontakt zu den Studenten.

Starten Sie mit einem Rückblick

Zu Beginn jeder Veranstaltung werden die Studierenden – und Sie selbst vielleicht auch? – ganz andere Dinge im Kopf haben, als den Stoff der letzten Sitzung. Deshalb sind sie dankbar für einen kurzen Rückblick, eine Einleitung oder eine Zusammenfassung. Für den Rückblick müssen Sie aber nicht unbedingt selbst sorgen. Wenn einer der Teilnehmer diesen Part übernimmt und ein Kurzprotokoll zur letzten Sitzung vorträgt, hat das für alle Seiten Vorteile. Sie fördern die studentische Beteiligung und können sich dadurch selbst in das Thema einstimmen lassen. Darüber hinaus bekommen Sie auch noch mit, was (und wie) von dem Referenten verstanden wurde. Außerdem gibt Ihnen das Verhalten der Gesamtgruppe Aufschluss darüber, wie sehr sie sich aufs Thema einlassen kann oder wo vielleicht noch Verständnislücken sind. Statt also zu fragen „wo bin ich das letzte Mal stehen geblieben?", sollten Sie sich besser die Frage stellen: „Bis wohin haben die Studierenden mich verstanden und erinnern sich heute noch daran?"

Einstiegshilfe ins Lernen

Langeweile ist ein Todfeind des Lernens. Sie entsteht, wenn längst bekannte Inhalte vom Dozenten auch noch in stets gleicher Weise wiederholt werden. Sie kann aber auch einsetzen, wenn seine Inputs komplett unbekannt sind. Dann sind die Zuhörer geradezu gezwungen, irgendwann abzuschalten, weil sie den Anschluss verloren haben. Nicht wenige werfen die Flinte gleich ins Korn und tauchen nicht mehr in den Veranstaltungen auf. Auch das ist ein wichtiges Argument, warum Sie Ihre Inputs schon zu Semesterbeginn am Vorwissen der Studierenden orientieren sollten. Wenn Sie einschätzen können, wie weit das vorhandene Wissen reicht, wird Ihnen auch die Entscheidung leichter fallen, ob Sie Ihre Lehrinhalte beim „kleinsten gemeinsamen Nenner" beginnen lassen. Aber vielleicht stellen Sie auch fest, dass die inhaltlichen Grundlagen für Ihre Veranstaltung überhaupt noch nicht vorhanden sind. In diesem Fall kann es sich lohnen, wenn Sie gleich am Anfang ein Skript mit den Voraussetzungen des Seminars zur Verfügung stellen. So haben die Studenten die Chance, sich das nötige Vorwissen selbst anzueignen.

Als Lernmoderator Verständnislücken schließen

Eine Seminarsitzung, die ganz zu Beginn des Semesters abgehalten wird, verläuft erfahrungsgemäß holpriger und verhaltener als eine Sitzung in der Semestermitte. Zu Beginn des Semesters sind die Studenten noch damit beschäftigt, ihr Vorwissen mit den neuen Lerninhalten in Einklang zu bringen – mit mehr oder weniger qualmenden Köpfen. Als Lernmoderator sollten Sie diesen Prozess unterstützen. Machen Sie es sich zur Aufgabe, den Suchprozess nach dem *missing link* zu begleiten und aktiv zu unterstützen. Geben Sie Ihren Studenten Empfehlungen, welches Grundlagenwissen außerhalb der Veranstaltung präpariert werden müsste. Schon in der Seminarankündigung können Sie erwähnen, welche inhaltlichen Voraussetzungen für das Verstehen der Seminarthemen notwendig sind. In der Semestermitte dagegen ist die Gruppe voll im Arbeitsprozess. Sie profitiert davon, dass es jetzt ein gemeinsames Vorwissen als Lerngrundlage gibt, das schneller erweitert werden kann.

Entlasten Sie sich vom Druck, Lernerfolge erzeugen zu müssen

Zu Ihrer Entlastung sei darauf hingewiesen, dass das Lernen ein autonomer Akt ist, der von den Studenten selbst gestaltet wird. Lernerfolge sind Ihrem direkten Einfluss entzogen! Jeder Student wird etwas Eigenes aus den Informationen und Verknüpfungen machen, die Sie präsentiert haben. Das neue Wissen wird ans *eigene* Vorwissen geknüpft. Es wird auf der „Karte", die der Lernende *selbst* dafür ausgewählt hat, verortet und mit den Verknüpfungen versehen, die *er* für sinnvoll hält. Deshalb werden sich die Lernergebnisse der einzelnen Teilnehmer am Ende eines Seminars auch sehr stark von einander unterscheiden. Sie werden genauso individuell sein, wie auch die neuronalen Netzwerke bei allen Menschen sehr unterschiedlich aufgebaut sind.

2. Lernhindernis: Lernen ist gefährlich

Wenn das Gehirn nichts lieber macht als zu lernen, wie Gehirnforscher behaupten (Spitzer 2006, S. 23), müsste das Lernen doch ganz einfach sein. Jede Minute im Wachzustand nimmt es neue Informationen auf und verarbeitet sie – manchmal sogar im Schlaf oder wenn wir mit Routinedingen beschäftigt sind. Manchmal aber lässt es uns einfach im Stich. Dann sperrt es sich dagegen, einen neuen Sachverhalt auf- oder eine neue Sichtweise einzunehmen. Ganz so, als führe es ein Eigenleben und verweigere den Dienst.

Ein Gedächtnis im Widerstand erkennen Sie daran, dass es sich vor dem Lernen drückt. Von einem zum nächsten Moment ist das Gesehene oder Gehörte wieder weg. Oder noch einfacher: der Lernsituation wird aus dem Weg gegangen. Anstatt endlich den wichtigen Artikel zu lesen, wird das Bücherregal mal wieder gründlich abgestaubt. Oder der Arzttermin wird ausgerechnet so gelegt, dass der Student das Seminar schwänzen muss. Der Lernende kann sich also nur bedingt auf sein Gehirn verlassen. Fintenreich, wie dieses neuronale Wunderwerk nun mal ist, hat es das Kommando übernommen. Und wer folgt nicht gerne den Verlockungen der eigenen Bequemlichkeit?

Wo aber liegen die Ursachen für derartige Lernwiderstände? Im Lernen selbst. Neurologisch betrachtet, vollzieht sich der Lernprozess nämlich nicht in Form einer simplen Faktenaddition. Das Wissen bekommt stattdessen eine neue Qualität. Und diese schlägt sich in organischen Veränderungen des Gehirnaufbaus nieder. Ein Beispiel: Wenn jemand beginnt, Gitarre oder Geige zu lernen, wird es in seinem Gehirn nachweislich zu Veränderungen kommen. Im genannten Fall vergrößert sich die Hirnregion, die für die Steuerung der linken Handfinger zuständig ist (Spitzer 2000, S. 182). Immer dann, wenn wir neuen Stoff lernen, verändern sich die Verbindungen zwischen den Nervenzellen. Unser Wissen ist in Gestalt von Verbindungsstärken (den so genannten Synapsengewichten) zwischen den Neuronen gespeichert und diese verändern sich ständig (Spitzer 2000, S. 212). Auf den Lernprozess bezogen bedeutet das: Wir bauen beim Lernen nicht einfach an unser Vorwissen an, wie man etwa eine Garage an ein Haus baut. Wir geben gleich dem *gesamten* Gebäude eine neue Gestalt. Und das setzt die Lernenden unter Stress. Verständlich. Denn – um im Bild zu bleiben – wer hat schon Lust, ständig sein ganzes Haus umzubauen? Sich einmal einrichten und in den vertrauten vier Wänden einfach nur wohl fühlen, ist zwar ein schönes Ideal. Aber als innere Haltung dem Lernen gegenüber ist dieses Bild kontraproduktiv – und veraltet. Lebenslanges Lernen ist angesagt. Einen Endzustand, an dem wir „ausgelernt" hätten, gibt es nicht. Unser Hirn lernt ständig.

Wie integrationsbereit sind Studenten?

Man kann sich die genannten neuronalen Umbauten gar nicht tief greifend genug vorstellen. Aus der Sicht eines Studierenden kann die geforderte Lernbereitschaft schnell bedrohliche Züge annehmen. Plötzlich berühren die neuen Wissenszusammenhänge nicht nur meinen Erfahrungsschatz (und widersprechen ihm eventuell), sie stellen vielleicht sogar mein ganzes Weltbild in Frage, das ich mir über viele Jahre und über Krisenzeiten hinweg halbwegs konsistent erhalten habe. Neues Wissen kann unter Umständen das Potenzial haben, meine Persönlichkeit, mein ganzes Selbst, in Frage zu stellen. Und wer lässt sich das so einfach bieten? Manche stellen sich der Veränderung – und „wachsen" mit. Andere, die keinen Ausweg sehen, halten die neuen Informationen und ihr persönliches Weltbild fein säuberlich auseinander. Innere Parallelwelten.

So jedenfalls kann es passieren, dass Sie sich als Hochschullehrer oder Erwachsenenbildner häufig wie Kopernikus oder Galileo fühlen. Sie bekommen die Widerstände zu spüren, die Menschen äußern, wenn sie gezwungen sind, umzudenken.

Umdenken müssen Medizinstudenten im ersten klinischen Semester, sobald sie vor dem Krankenbett stehen. Vorher haben sie sich fast ausschließlich mit Multiple-Choice-Fragen beschäftigt. Systematisch verunsichert werden auch Maschinenbaustudenten, wenn sie plötzlich in Softskill-Seminaren über Kommunikation sprechen sollen. Etwas Zeit brauchen Pädagogikstudenten, die sich bisher mit dem psychoanalytischen Denken vertraut gemacht haben und nun mit systemischen Analysemethoden konfrontiert werden. Geschockt sind Erstsemester, die sich durch die Leistungskurse in der Schule gut auf das Mathematikstudium vorbereitet gefühlt haben und nun die Einführungsveranstaltung besuchen. Sie müssen mit ansehen, wie der Professor den Stoff der gesamten Oberstufenzeit in den ersten 35 Minuten ihrer ersten Vorlesung abhakt, um sich dann im fachlichen Neuland zu verlieren. Lernen ist gefährlich. Es erfordert eine Grundhaltung der Lernbereitschaft. Sind Sie als Dozent in der Lage, eine solche Lernhaltung in Ihrem Seminar anzuregen?

2. Lehrstrategie: Unterstützen Sie den Wissensumbau aktiv. Und mit Geduld.

Dozenten merken relativ schnell, wenn etwas bei den Studenten nicht ankommt. Viel zu oft reagieren sie auf diese Lernwiderstände, indem sie einfach die „Reverse-Taste" drücken und das gerade Gesagte noch einmal abspulen. Sie glauben, dass sie einfach nicht verstanden worden sind. Nur die wenigsten Dozenten haben ein Gespür dafür, welchen Aufwand Studenten betreiben müssen, um ihre bisherige Wissensstruktur umbauen zu können. In dieser

Phase besteht für sie die akute Gefahr, den Lernprozess nicht bis zum „Schluss" durchzuhalten. Wenn sie ihn aber einfach abbrechen, ist es ihnen nicht gelungen, ihr Gedankengebäude „fertig" umzugestalten. Sie laufen mit einer Bauruine im Kopf herum. Vielleicht werden Studenten einfach viel zu selten dazu angespornt, gegen alle Widerstände dran zu bleiben und weiter zu lernen. Wer Lernprozesse abbricht, wird leider auch nicht erfahren, wie allmählich etwas Neues in ihm entsteht.

Identifizieren Sie „Parallelwelten"

Dass unser Gehirn die Tendenz hat, bereits Gelerntes zu schützen und zu bewahren, ist im Alltag sehr sinnvoll. Sonst würden wir alle Informationen, die uns begegnen, ungefiltert aufnehmen und wüssten bald gar nicht mehr, was davon stimmt. Sobald wir aber durch die Inhalte des Studiums unser Denken erweitern wollen, wird dieser mentale Bewahrungsmechanismus zum Problem. Studierende lernen dann häufig so, dass sie sich den neuen Stoff zwar merken, sie setzen sich aber nicht *persönlich* mit ihm auseinander. Genau genommen halten sie ihn sich vom Leib, statt ihn sich „einzuverleiben". Sie betrachten ihn als „externes" Faktenwissen, das nichts mit ihnen zu tun hat und dem gegenüber sie im Grunde eine neutrale Position einnehmen. So entsteht eine schräge Situation: Unterschiedliche Vorstellungen von ein und demselben Gegenstand existieren nebeneinander her. Studierende sagen dann, sie hätten alles verstanden. In „Anwendungssituationen" behält jedoch die alte Denkstruktur weiter die Oberhand. Um der Entstehung von „Parallelwelten" vorzubeugen, empfehlen wir, sie direkt anzusprechen. Erst die Konfrontation initiiert dann die eigentlichen Verknüpfungsprozesse, die bisher noch nicht stattgefunden haben.

Bringen Sie Vorwissen und neue Sichtweisen in einen Dialog

Neue Erkenntnisse stellen sich erst dann ein, wenn alte Vorstellungen direkt auf neue Sichtweisen treffen. Was wie eine Binsenweisheit klingt, ist für das Gehirn ein Problem. Es weiß nicht, was es mit einer neuen Information machen soll, die es zu einem vertrauten Thema erhält. Was wir bereits wissen, determiniert unser Denken (Schacter 2001, S. 80). Die neue Info gehört ja eigentlich an den betreffenden neuronalen Ort, der schon von einer anderen Erfahrung besetzt ist. Jetzt muss eine Lösung her, denn das Gehirn mag keine Widersprüche. Es wird versuchen herauszufinden, wie die neue Information zu den bisherigen Erfahrungen passen könnte. Ein Lernprozess beginnt. Ihre Interventionen können jetzt helfen, Lernwiderstände abzubauen. Konkret heißt das: benennen Sie „alte" Sichtweisen und konfrontieren Sie diese mit neuen Erkenntnissen und Informationen.

Lernen verbeult das Gehirn!

Zunächst eine gute Nachricht für Sie: Ihr nächstes Seminar wird nachweisbaren Einfluss auf das Gehirn Ihrer Studenten haben. Das Gehirn ist nämlich ein plastisches Gebilde und ändert beim Lernen

ständig seine Form. Und jetzt die schlechte Nachricht: Sie werden davon wahrscheinlich nichts merken, denn die Verformung erfolgt nur sehr langsam (Spitzer 2000, S. 212). Diese Veränderungen hängen außerdem auch vom jeweiligen Lerngegenstand ab. Das Gehirn eines Juristen unterscheidet sich von dem eines Soziologen – aber erst nach einigen Semestern. Falls Sie sich aber schon darauf gefreut hatten, die Früchte Ihrer Lehrbemühungen durch das Aufzeichnen von Hirnströmen oder das Vermessen von Gehirnstrukturen direkt nachzuweisen, müssen wir Sie enttäuschen. Der *direkte* Einfluss Ihrer Lehrinhalte geht leider gegen null. Das Gehirn ist beim Lernen nämlich vor allem mit sich selbst beschäftigt. Etwa 99,9% aller Neuronen erhalten ihren Input von anderen Neuronen im Gehirn. Und diese geben ihren Output wiederum an andere Neuronen im Gehirn weiter. Nur ein verschwindend geringer Teil der verarbeiteten Informationen gelangt direkt von „außen" hinein und wieder hinaus (Spitzer 2000, S. 146). Der für das Lernen zentrale Gestaltbildungsprozess im Kopf ist viel aufwändiger. Er beschränkt sich jedenfalls nicht auf die bloße Wahrnehmung Ihres Inputs. Da kann man als Dozent üben, demütig zu werden. Und zu warten – auf den entscheidenden Moment. Der ist dann gekommen, wenn der Student Sie verstanden hat. Gehirnphysiologisch betrachtet, ist das auch der spannendste Moment. Denn jetzt stellt sich die Frage: Was wird der Lernende nun mit dem anfangen, was er von Ihnen als Input bekommen hat? Wie wird er sich dadurch verändern? Und welche Beule bekommt sein Hirn?

Den „Work in Progress" aktiv begleiten

In aller Regel ist es nicht nötig, den Umstrukturierungsprozess des Lernens im Unterricht direkt zu thematisieren. Formulierungen wie: „Vergessen Sie alles, was sie über Newton wissen, jetzt kommt Einstein" liegen einem vielleicht auf der Zunge, verängstigen aber und sind darüber hinaus falsch. Es soll ja nichts vergessen, sondern ergänzt und neu verbunden werden.

Entwickeln Sie ein Gespür dafür, was der von Ihnen präsentierte Lernstoff bei Ihren Studenten auslöst. Dazu ist eine besondere Aufmerksamkeit für die Reaktionen der Gruppe nötig. Wie viel Zeit brauchen die Studenten, um Ihren Impuls aufzunehmen und das vorübergehend „gestörte" neuronale Netz wieder zu stabilisieren? In dieser Phase des Vermittelns und Lernens können Sie Ihren Studenten eine große Hilfe sein. Unterstützen Sie sie mit einer Reihe anschaulicher Beispiele. Bringen Sie neue Aspekte ein, die auf Problemlösungen zielen und bitten Sie ganz direkt um ein Feedback. Was wurde bisher verstanden und wo haben sich plötzlich neue Unklarheiten ergeben? Häufig reicht es auch schon, wenn nur ein einzelner Student aus der Gruppe eine Rückmeldung gibt. Die anderen Teilnehmer erhalten dadurch ein weiteres Beispiel, wie sich die neuen Informationen verknüpfen lassen.

Auch Dozentenhirne verändern sich

Ach, übrigens: Auch Ihr Gehirn ist ein plastisches Gebilde. Und Ihr Lehren ist kein regelhaftes Hantieren mit statischen Symbolen, sondern ein Prozess, in dessen Verlauf sich die inneren Repräsentationen des Lehrstoffes verändern werden. Am Ende des Semesters werden auch Sie nicht mehr derselbe sein. Auch Sie werden einen etwas anderen Bezug zum Stoff haben als noch zu Semesterbeginn. Und das kann ja auch ein positiver Nebeneffekt sein.

3. Lernhindernis: Lernen ist frustrierend

 Lernen ist wie das Aufpusten eines Luftballons in einem großen Raum (Mittelstraß 2003). Der erste Luftstoß ist mit dem stärksten Widerstand verbunden. Aber schon der zweite Puster geht etwas einfacher. Und schließlich macht das Aufpusten gar keine Probleme mehr – bis der Ballon an seine Kapazitätsgrenzen kommt. Jetzt wird es nicht nur schwerer, noch mehr Luft hineinzubekommen, man muss auch noch ständig aufpassen, dass die Luft nicht wieder entweicht oder einem das Ding platzt. Diese Erfahrung eignet sich gut als Beispiel für das dritte Lernhindernis. Denn wenn man Wissen wie Luft in einem Ballon ansammeln könnte, würde beim Lernen die Ballon-Oberfläche immer größer werden. Das hätte aber zur Folge, dass, im übertragenen Sinne, nicht nur unser Wissen zunimmt, sondern dass sich auch die Berührungspunkte mit dem Nichtwissen vermehren. Je mehr wir also wissen, desto mehr Anknüpfungspunkte zu Unbekanntem haben wir auch. Wer lernt, stößt ständig auf neue, unbekannte Aspekte. Aspekte, die er kennen sollte? Oder sogar kennen muss?! Eben dies verunsichert und frustriert. Sogar dann, wenn wir etwas erfolgreich gelernt haben, bleibt das Gefühl: Ich hätte noch mehr lernen können.

Erfolgsdruck – alles geben, nur keine Blöße

In den Seminaren herrscht oft ein enormer Leistungsdruck. Viele Studenten sind zudem von ihren eigenen Ansprüchen, alles gleich verstehen zu wollen und professionell mit dem neuen Wissen umgehen zu können, wie gelähmt. Wer aber an die Grenzen der eigenen kognitiven Fähigkeiten stößt, macht sich selbst oft Vorwürfe: „Mensch bin ich blöd! Die anderen haben bestimmt alles sofort kapiert." Der Frust darüber, dass man prinzipiell nie genug gelernt hat, weil immer noch viele offene Fragen existieren, wird an den Hochschulen gerne kaschiert. Sowohl von Dozenten als auch von Studenten. Viele Studierende vermeiden es deshalb, Referate zu halten, weil sie Angst haben, man könnte ihre Wissenslücken entdecken. Andere sind ständig damit beschäftigt, durch raffinierte Rückfragen die Wissenslücken von Kommilitonen und Professoren aufzudecken. Auf diese Weise glauben sie, ihre eigenen Lücken besser verbergen zu können. Der amerikanische Psychologieprofessor Irvin D. Yalom berichtet von einem interessanten Experiment, der so genannten „Top-Secret-Aufgabe" (Yalom 2007, S. 30). Er bat die Teilnehmer verschiedener universitärer Gruppen, auf einem Zettel anonym ihr größtes Geheimnis niederzuschreiben. Und was schrieben die meisten Teilnehmer auf? Nein, weder Sex noch Crime. Das meist genannte Geheimnis bestand in der Sorge, jemand könnte die eigene Unfähigkeit entlarven und alle würden plötzlich sehen, dass man im Grunde nur blufft.

Das Wissen – unendliche Weiten?

Der universitäre Erfolgsdruck und das Gefühl der eigenen Unzulänglichkeit basieren aber auf zwei unrealistischen Annahmen: dass das Fachwissen begrenzt ist und dass man prinzipiell irgendwann alles wissen kann. Anders gesagt: am Ende des Lernens gibt es kein Nichtwissen mehr. Auf das Bild mit dem Ballon übertragen würde dies bedeuten, dass sich die gesamte Luft des Raums im Ballon befindet. Was wie ein akademisches Arkadien klingt, könnte sich auch auf die Nerven der Studierenden beruhigend auswirken. Die Fantasie, wenigstens der Professor beherrsche den Stoff vollkommen, hat für das lernende Gedächtnis angenehme Seiten. Wenn es möglich wäre, irgendwann einmal alles in einem bestimmten Fachgebiet zu wissen, dann braucht man sich nur den Professor zum Vorbild zu nehmen. Und wenn dann mal eine knifflige Frage auftaucht, kann er sie einem ja problemlos beantworten. Das professorale Wissen als Ruhekissen.

Lernen aber ist ein endloser Prozess und sein „Ziel" – wenn man denn überhaupt davon sprechen kann – liegt nicht im Erreichen der Allwissenheit. Grundsätzlich ist die Menge an Informationen und Daten unendlich groß und das Fachwissen unbegrenzt. So betrachtet, ändert sich die Perspektive grundlegend. Niemand kennt die Grenzen des Wissens, auch der Hochschullehrer nicht. Auch er musste seinen Wissensballon durch Lernen füllen. Zugegeben: er hatte schon einen Vorsprung. Sein Ballon ist zwar größer, weil er auch schon länger mit dem Aufblasen beschäftigt ist. Andererseits hat er durch seine enorme Größe auch noch mehr Berührungspunkte zum Unbekannten als der Ballon des Studenten. Auch Professoren könnten noch beliebig weiter lernen.

3. Lehrstrategie: Richten Sie die Stoffmenge am Lernfortschritt aus.

Das Lehren kann entspannter werden, wenn man weiß, dass Lernen im Prinzip ein endloser Prozess ist. Kein Hochschullehrer braucht mehr sein Nichtwissen vor Studenten und Kollegen zu verstecken. Weil Lernen nie abgeschlossen sein wird, kann auch niemand von Ihnen Allwissenheit erwarten. Wenn Studenten merken, dass sogar das Wissen ihres Professors begrenzt ist, werden sie sich gelassener um ihr eigenes, begrenztes Wissen und um die Lernprozesse kümmern. Als Resultat des Lernens gilt schließlich nicht das, was Sie durch Ihre Inputs „gelehrt" haben, sondern dasjenige Wissen, das bei den Studenten „durch die interne und subjektive Konstruktion von Ideen und Konzepten entsteht" (Stelzer-Rothe 2005, S. 44).

Learning by growing

Wenn Sie sich beim Lehren an den bereits vorhandenen „Wissensballons" orientieren, sind Ihre Studenten der Angst vor dem Unbekannten nicht mehr hilflos ausgeliefert. Sie werden stärker darauf vertrauen, dass sie mit dem bereits vorhandenen Wissen das neue bewältigen können.

Diese Chance verspielt zum Beispiel der Dozent eines Anfängersprachkurses im Grundstudium Französisch, der zu Beginn jeder Sitzung auflistet, wie viele neue Grammatiklektionen und Vokabeln er jeweils durchnehmen will. Stattdessen könnte er seinen Studenten ab und zu vor Augen führen, wie viele neue Wörter und Grammatikelemente sie bereits verstanden und gelernt haben. Dadurch würde er ihr Selbstbewusstsein stärken und sie zum weiteren Lernen motivieren.

Warten, bis der Groschen fällt

Geduld am Anfang zahlt sich später aus. Anstatt die Studenten mit dem Füllhorn Ihres Fachgebietes zu überschütten, sollten Sie besser dosiert vorgehen. Lernen geschieht zunächst in kleinen Schritten. Deshalb lohnt es sich, gerade am Beginn eines Semesters darauf zu warten, bis der sprichwörtliche Groschen gefallen ist. Wenn der Fortschritt einer Lehrveranstaltung sich an der Lerngeschwindigkeit der Studenten orientiert, werden die Lernprozesse zuverlässig voranschreiten und kaum jemand wird zwischendurch wegen Überforderung aussteigen.

Aber kostet Sie das nicht zu viel Zeit? Werden Sie am Ende vielleicht auf Ihrem Semesterstoff sitzen bleiben? Wenn Sie am Anfang geduldig vorgehen, wird sich das Lerntempo stetig erhöhen. Besonders zu Beginn eines neuen Themengebietes braucht das Gehirn mehr Zeit, weil ja nicht nur Einzelheiten gelernt werden, sondern überwiegend Zusammenhänge und Strukturen (Spitzer 200, S. 54). Sobald sich die neuen Denkmuster aber in den Köpfen Ihrer Studenten entwickelt haben, erweisen sie sich als wunderbare Beschleuniger des Lernens. Dann fällt auch das Mehr an Zeit nicht mehr ins Gewicht, das Sie in ihren Aufbau investiert haben. Die Kapazität des Gehirns entwickelt sich beim Lernen weiter, weil das plastische Gehirn kein begrenzter Automat ist. Haben Ihre Studenten zum Beispiel die Grundregeln einer neuen Sprache einmal begriffen, dann werden sie neue Wörter und Redewendungen viel rascher lernen. Leisten Sie daher sorgfältige Grundlagenarbeit. Auch wenn Ihre Zeit und Geduld begrenzt sein mögen, lassen sich komplexe Inhalte auf Dauer viel einfacher vermitteln, wenn die Basis stimmt (Spitzer 200, S. 198).

Dosierte Erfolge

Der Mensch ist von Kindesbeinen an gewohnt, in einer komplexen Umwelt und ohne Lehrer zu lernen. Die Muttersprache etwa erlernen Kleinkinder wie „von selbst". Jedenfalls ohne dass sich dabei jemand um die wohldosierten und in ihrer Komplexität dem Lernstoff angemessenen Inputmuster gekümmert hätte (Spitzer 200, S. 198). Warum klagen aber erwachsene Studenten, sie seien frustriert angesichts der erschlagenden Fülle des Lernstoffes? Hat ihr Frust vielleicht auch damit zu tun, dass der Lernstoff fast immer an Lernkontrollen gekoppelt ist und an der Hochschule immer mit Zeitplan gelernt werden muss? In Vorlesungen und Seminaren drohen sogar Sanktionen und Misserfolge in Form von verpatzten Prüfungen. Der Erfolgsdruck, der in jeder Lehrveranstaltung unterschwellig immer präsent ist, steht häufig dem Wunsch der Studenten entgegen, Anerkennung für ihre Leistung zu erhalten und den Anschluss an die Lerngruppe nicht zu verlieren. Einen solchen

Druck verspüren Kinder beim Spracherwerb nicht. Lehre, die sich am Lernen orientiert, dosiert den Lernstoff deshalb möglichst so, dass das Lernen stressfrei und ohne Zeitdruck erfolgen kann. Das muss nicht auf Kosten der Stoffquantität gehen. Aber die Dynamik Ihrer Lehrveranstaltungen wird sich ändern: mit der Zeit kommt der Zug ins Rollen. Und es bleiben weniger Leute auf der Strecke.

Das Dosieren von Inhalt und Menge des Lernstoffes gehört zu den wichtigsten Aufgaben der Lehre. Wie bei der medizinischen Medikation führt eine ungünstige Dosis „Lehre" auch schon mal zu unangenehmen Nebenwirkungen. Die harmloseste davon: das Medikament wird einfach abgesetzt. Dann sitzen Sie im Extremfall vor leeren Bänken (falls Sie nicht durch „Sitzscheine" vorgebeugt haben).

4. Lernhindernis: Jeder lernt nur, was ihn interessiert

Es ist doch eigenartig: Manche Nebensächlichkeiten gehen einem nicht mehr aus dem Kopf, während die wirklich wichtigen Dinge zuweilen spurlos an einem vorüber gehen. Wenn etwas meine Aufmerksamkeit reizt – ein Bild, ein Klang oder ein bestimmter Geruch –, bleibt es in meiner Erinnerung haften. Das nutzt die Werbung und versucht, immer intensivere Reize zu setzen.

Wenn aber das Interesse am Lerngegenstand völlig fehlt, reicht auch ein Reiz alleine nicht mehr aus, um sich etwas sicher zu merken. Damit ich mir aus den vielen Texten, die sich auf einer einzigen Zeitungsseite befinden, einen ganz bestimmten heraussuche, muss mich eine Überschrift, ein Bild oder ein Schlüsselbegriff so ansprechen, dass ich mich unbedingt mit ihm befassen möchte. Unter all den Reizen, die mir auf der Zeitungsseite begegnen, ist mir dieser Text besonders aufgefallen. Irgendetwas signalisierte mir, dass es sich lohnt, mich gerade mit ihm zu befassen. Für Ihr Lehrverhalten spielt der Zusammenhang von Reiz und Interesse eine große Rolle. Ihre Lehrpräsentation konkurriert nämlich mit vielen Reizen um die Aufmerksamkeit der Studierenden. Hat sie eine Chance? Ist sie aufmerksamkeitsstark und nachhaltig?

Intensive Reize versprechen meistens einen Lustgewinn. Die Hochschullehre scheint auf diesem Gebiet jedoch gehandicapt zu sein. Welche Lustbefriedigung könnte Mikrobiologie oder Statistik schon bieten? Wenn aber hier schon kein Hunger, kein Durst und kein sexuelles Bedürfnis gestillt werden, dann muss zumindest mein persönliches Interesse angesprochen sein, damit ich das Thema wahrnehme und gezielt lernen kann. Die neue Information muss für mich bedeutsam sein oder ich muss zumindest einen Nutzen in ihr erkennen können. Der neueste Eintracht-Frankfurt-Witz wird mir dann besser im Gedächtnis bleiben, wenn ich mir vornehme, ihn gleich am nächsten Tag meinem Kollegen zu erzählen, der OFC-Fan ist.

Neugier – eine unzuverlässige Trüffeljägerin

Die beste Komplizin des Lernens ist bekanntlich die Neugier. Sie mobilisiert Antriebskräfte, die in der Lage sind, Unbekanntes aufzuspüren. Dabei speist sie sich aus der Vorahnung, dass das Neue erstrebenswert sei. Wer neugierig ist, will mehr über die bestimmte Sache erfahren, die sich da unmittelbar vor der eigenen Nase befindet. Und wenn die Infos, die unsere Neugier auftut, spannend genug sind, um die Neugier am Leben zu erhalten, kann sie sich zu echtem Interesse wandeln. Bei der Gestaltung Ihrer Lehrinputs spielt die Neugier Ihrer Studenten eine nicht zu unterschätzende Rolle. Denn Neugier ist ein Antrieb, der sich zunächst auch nicht daran stört, wenn mal etwas kompliziert wird. Gelingt es Ihnen, mit Ihren Lehrinhalten und Ihrer Präsentation Neugier zu wecken? Und schaffen Sie es, bei Ihren Hörern die Neugier so lange am Leben zu halten, bis sie daraus echtes Interesse für „die Sache" entwickeln können und sich selbst auf die Suche nach den Trüffeln machen?

Allerdings sollten Sie berücksichtigen, dass das Bedürfnis nach Sensationen und Herausforderungen bei Menschen sehr unterschiedlich ausgeprägt ist. Es wird Ihnen kaum gelingen, alle Teilnehmer einer Lerngruppe gleichermaßen neugierig zu machen. Neugier ist auch kein zuverlässiger Garant für Lernerfolge, denn sie kann im Laufe des Lernprozesses wieder abflachen oder sogar ganz verschwinden. Es bleibt dabei: Wer lehrt, ist abhängig vom Interesse der Lernenden.

4. Lehrstrategie: Wecken Sie Interesse.

 Wie kann ich das Interesse meiner Seminarteilnehmer wecken? Muss ich dazu Werbeprofis konsultieren? Glücklicherweise kommt es beim Lehren nicht auf das Erzeugen kurzfristiger Begeisterung an. In Ihrem Seminar sollten die Studenten mit vollem Bewusstsein immer tiefer und nachhaltig in das neue Thema einsteigen. Studenten spüren, ob ihr Dozent den Gegenstand selbst spannend findet, von dem er da erzählt. Ihre Lehrveranstaltung wird nur dann spannend sein, wenn Sie bei Ihrem Lehrthema selbst noch eine Spannung verspüren. Für manche Seminarteilnehmer kann das sogar von existenzieller Bedeutung sein. Die BWL-Studentin zum Beispiel, die sich nach dem Abi an der Uni einschreibt und plötzlich wieder ihrem Horrorfach Mathe begegnet, hat nun erneut die Chance, ihr Interesse für das Fach zu entdecken. Was würde ihr da mehr helfen, als ein motivierter, kreativer Dozent und eine interessierte Lerngruppe?!

Interessante Atmosphäre

Die Atmosphäre in Ihrer Veranstaltung beeinflusst auch das fachliche Interesse der Studenten. Unsere Motivation und Bereitschaft, sich mit schwierigen Themen auseinander zu setzen, hängt von den Gegebenheiten ab, in denen sich die Lernsituation ereignet. Und darauf haben Sie als Dozent Einfluss. Stellen Sie sich vor, Sie befinden sich in einer Ausstellung von Werken zeitgenössischer Kunst. Ihr „Führer" trottet durch einen renovierungsbedürftigen Ausstellungsraum und lotst Ihre Gruppe dabei viel zu schnell von Objekt zu Objekt. Und beim Erzählen schaut er keinen wirklich an und referiert mit völlig interessefreier Stimme irgendwelche Langweiligkeiten, die sich der Künstler bei der Gestaltung seines Werks garantiert nicht gedacht hat. Ein verstohlener Seitenblick verrät Ihnen, dass die anderen Gruppenteilnehmer im Ausstellungskatalog rumblättern. Löst dieses Szenario ein Gefühl von Spannung bei Ihnen aus? Hoffentlich nicht.

Der Name der Wissenschaft

Wie gestalte ich Hochschullehre so, dass sie für andere interessant ist? Indem ich *wissenschaftlich* werde. Für den Semiotik-Professor und Romanautor Umberto Eco muss eine Aussage, die den Anspruch hat, wissenschaftlich zu sein, vier Kriterien erfüllen. Sie muss (1.) einen „erkennbaren Gegenstand" haben und über diesen (2.) nachprüfbar (3.) „Dinge sagen, die noch nicht gesagt worden sind". Darüber hinaus muss sie immer auch (4.) von Nutzen sein (Eco 1988, S. 39ff.). Diese vier Kriterien sind nicht nur Garanten für die Wissenschaftlichkeit eines Themas. Sie sind auch Grundvoraussetzungen für die Möglichkeit, beim anderen Interesse zu wecken.

Die Liquidität zweiten Grades und das monetäre Umlaufvermögen

Wenn Sie sich mit dieser Überschrift etwas schwer tun, sind Sie mitten im Lernprozess. Sie stellt nämlich in unserem thematischen Zusammenhang keinen erkennbaren Gegenstand dar. Vermutlich werden nur die Leser, die sich gut in BWL und mit dem Geldfluss in Unternehmen auskennen, wissen, was hinter diesen Begriffen steckt. Aber auch sie werden irritiert sein, denn die Aussage ist im Kontext dieses Buches nicht von Interesse. Anders formuliert: Wenn Sie es mal darauf abzielen, den natürlichen Wissensdurst Ihrer Studenten abzuwürgen, müssen Sie Ihr Lehrthema nur völlig unvermittelt, verklausuliert oder mit schwammigen Formulierungen einführen. Wenn die Inhalte unklar sind und Sie das Thema vielleicht noch dazu mit missverständlichen Begriffen formuliert haben, erschwert das Ihren Studenten die Aufnahme. Das Thema verliert nicht nur seine Prägnanz, sondern auch sofort an Reiz. Kann die Lerngruppe die Aussagen nicht „nachprüfen"(Kriterium 2) oder zumindest nachvollziehen, wird ihr die neuronale Verknüpfung kaum gelingen. Dagegen stechen die Vorteile eines klar formulierten Themas sofort ins Auge. Es „reizt" das neuronale Netz; ganz verschiedene Areale des Gehirns können tätig werden. Die betreffenden Synapsen sind dadurch in ihrer Übertragungsleistung stärker aktiv. Und das führt dazu, dass mehr gelernt wird (Spitzer 200, S. 54). Ob das, was Sie vermitteln wollten, auch wirklich angekommen ist, werden Sie erfahren, wenn Sie sich bei den Studenten erkundigen. Stellen Sie Verständnisfragen an die Gruppe und lassen Sie sich überraschen, ob und wie sie beantwortet werden.

Neue Zusammenhänge sind anregend

Natürlich sind die Inhalte, die Sie lehren, für Sie selbst als Dozent nicht mehr neu. Aber ein alter Hut kann doch auch einem neuen Kopf gut stehen. Vielleicht verfolgen deshalb so viele Dozenten immer wieder mit Interesse, wie die Studenten in ihren Kursen mit dem für sie neuen Stoff umgehen. Ihre Studierenden werden ständig mit ganz vielen Neuigkeiten konfrontiert und versuchen, diese Informationen wie Wissenschaftler der ersten Stunde zu begreifen und einzuordnen.

Eine gute Möglichkeit, Neues aufzunehmen, ist das Lernen mit Orientierungsaufgaben. Gedächtnisforscher haben herausgefunden, dass die Erinnerungsfähigkeit ihrer Probanden dadurch gesteigert wurde. In einem Versuch, bei dem sie sich Worte einprägen sollten, wurde den Probanden vorher die Aufgabe gestellt, alle Vokale in den Worten zu zählen. Die Ergebnisse zeigten, dass die Gedächtnisleistung besser war, wenn mit Orientierungsfragen gelernt wurde, die zum Nachdenken über die Bedeutung der Worte auffordern (Shacter 2001, S. 78). Es kommt also beim Lernen auf die Bedeutung an, die sich aus der neuen Information ergibt. Neues, relevantes Wissen bleibt nicht passiv. Es wird nicht einfach nur im Gedächtnis abgelegt, sondern führt ein Eigenleben. Wie ein Lauffeuer breitet es sich im neuronalen Netz aus und sorgt für neue Bedeutungsverknüpfungen und zusätzliche Erkenntnisse.

Vielen Dozenten fällt auf, dass sich die Frage nach dem Interesse im Laufe eines Semesters verändert. Wenn sich die Studenten eine gewisse Kompetenz auf dem Gebiet angeeignet haben und sie das Erlernte auf eigene Fragestellungen anwenden können, ist das Interesse ganz selbstverständlich vorhanden. Nun sind fast alle bei der Sache („inter-esse" = dabei sein, dazwischen sein), haben den Transfer von der Information zur persönlichen Bedeutung abgeschlossen und wissen, warum sie das neue Themengebiet lernen.

Bieten Sie (mindestens) einen Nutzen

Umberto Ecos viertes Kriterium für Wissenschaftlichkeit bezieht sich auf den Nutzen, den eine Untersuchung hat. Das „Wozu" der Forschung und Lehre ist natürlich auch fürs Lernen von Interesse. Ihre Seminarbesucher investieren Zeit, um Ihnen zuzuhören und bei Ihnen etwas zu lernen. Haben sie dadurch nicht auch das Recht zu erfahren, welchen Nutzen sie aus Ihrer Veranstaltung ziehen können? Die Frage nach der

Brauchbarkeit der neuen Informationen ist auch für Dozenten wichtig, weil Sie mit etwas völlig Nutzlosem niemals Interesse wecken werden. Was aber lässt sich unter Nutzen genauer verstehen? Eine Information oder Sache ist für uns dann nützlich, wenn wir durch sie Glück, Reichtum, Gesundheit, Schönheit oder Einsicht erlangen. Nutzen ist immer mit einem positiven Wert verbunden. Der Nutzen einer neuen Information kann für die Studierenden sehr vielfältig sein. Vielleicht betrifft er eine Grundkompetenz des späteren Berufes. Es ist für angehende Juristen zum Beispiel sehr nützlich, schon im Studium einen speziellen Gutachterstil zu erlernen, denn sie werden in ihrer späteren beruflichen Praxis unzählige Gutachten schreiben müssen. Nützlich ist eine neue Information dann, wenn ich durch sie die Kompetenz erwerbe, bestimmte Probleme zu lösen.

Manchmal fällt die Antwort auf die Frage nach dem Nutzen aber auch bescheidener aus: Vielleicht besteht der Nutzen einer Seminarmitschrift nur darin, dass der Student die nächste Klausur besteht. Das reicht für ihn vielleicht schon völlig aus, um mit dem neuen Thema in Kontakt zu kommen. Es bringt ihn zum Lernen.

Stellen Sie Bezüge zu verwandten Themen her

Gibt es Lerninhalte, bei denen man keinen Nutzen formulieren kann? Wir haben noch keinen gefunden. Aber mal angenommen, eine Information hätte für sich genommen wirklich keinen direkten Nutzen, müsste von der Studienordnung her aber trotzdem gelehrt werden, z.B. Anatomie für Zahnmediziner. Die Studierenden maulen und fragen, warum sie jetzt auch noch den Skelettaufbau des Fußes lernen müssen. Was würden Sie als Dozent antworten? Vielleicht hilft es Ihren Studenten, wenn Sie jetzt die Relevanz der neuen Information aufzeigen: Gebiss und Kiefer sind keine isolierten Organe, sie stehen auch mit den Extremitäten des Körpers in Verbindung. Wenn also eine Information relevant für einen anderen Zusammenhang ist, lässt sich eine Bedeutungsverknüpfung herstellen. Das weckt Interesse, weil dann die neue Information entweder etwas Vertrautes berührt oder auf etwas noch Unbekanntes verweist.

5. Lernhindernis: Lernen ist keine Tätigkeit

„Lies das!", „Rechne das aus!" oder „Schreib das mal hin!". Diesen Aufforderungen könnte man ohne weiteres folgen. Wie aber verhält es sich mit Sätzen wie: „Versteh das!" oder „Lern das!"? Psychologische Tests haben gezeigt, dass die Aufforderung zum Lernen für den Lernerfolg irrelevant ist (Shacter 2001, S. 80). Lernen ist keine klar definierte Tätigkeit, die man nach Anweisung ausüben könnte. Lernen ist nicht *machbar*, sondern beschreibt nur einen Endzustand. Ich beabsichtige, etwas zu tun, um am Ende gelernt zu haben. Was aber muss ich dafür tun?

Wenn Studenten sagen, sie fangen jetzt an zu lernen und man sie fragt: „Was machst du beim Lernen?", sagen viele verwundert: „lesen natürlich". Beim Lesen aber bleibt meistens nicht viel „hängen". Die Tätigkeit des Lernens übersteigt die des Lesens bei weitem. Wer „lernt", muss Skripte durcharbeiten, muss Textstellen markieren und exzerpieren. Die herausgeschriebenen Leseergebnisse müssen dann fast immer noch mehrmals wiederholt werden, bis der Stoff als gelernt gelten kann. Und dennoch gibt es keine Tätigkeit, die einem Lernenden den Lernerfolg garantiert. Wer weiß denn schon, ob Sie aus dem, was Sie gerade lesen, etwas „lernen"? Kein Wunder, dass sich ein „lernender" Student leicht vom Schreibtisch weglocken lässt und viel lieber etwas Praktisches macht, Putzen, Wäschewaschen oder Gartenumgraben zum Beispiel. Hierbei sieht man am Ende wenigstens seine Arbeitsergebnisse.

Wer lernt, steckt in gewisser Weise in einer Klemme. „Lernen" ist per se zwar keine Tätigkeit, aber ohne aktives Handeln können wir auch keine neuen Erfahrungen machen. Und ohne neue Erfahrungen können wir auch nicht lernen. Der Lernprozess, der zum Lernen führt, besteht deshalb aus einer sinnvollen Abfolge *mehrerer* Tätigkeiten. Wenn ich mich entscheide, den Lerntext nach einem ersten Durchlesen schriftlich zusammenzufassen, handelt es sich um eine konkrete Tätigkeit, die ich auch zeitlich planen kann. Das anschließende Notieren von Stichworten und Schlüsselbegriffen auf Karteikarten ist eine weitere Handlung mit sichtbaren Ergebnissen. Mit Hilfe dieser Karteikarten kann ich anschließend kontrollieren, ob ich die Informationen wieder aufrufen kann. Erst durch die Verknüpfung verschiedener Tätigkeiten zu einem Prozess wird der Lernerfolg planbar.

Ihre Studenten haben sich im Laufe Ihrer Bildungskarriere bestimmte Lerngewohnheiten angeeignet. Aber werden sie ihnen auch dabei helfen können, im neuen Fachgebiet das Lernziel zu erreichen? Oder brauchen die Studenten vielleicht doch neue Lernaktivitäten für ihren Lernprozess? Genau an diesem Punkt kommen Sie als Dozent ins Spiel: Wie können die Studenten ihre Lernprozesse so gestalten, dass sie den Stoff Ihrer Lehrveranstaltung lernen können? – Eine Frage, die es in sich hat. Sie enthält nämlich noch eine Implikation: Auch das Lehren ist keine eindeutige Tätigkeit, sondern besteht – wie das Lernen – aus einem Bündel verschiedener Aktivitäten. Und erst diese ermöglichen es, dass Ihre Studenten lernen können.

5. Lehrstrategie: Fördern Sie das aktive Lernen

Vierhundert Studenten sitzen im Hörsaal, das einzige Geräusch im Raum stammt vom Ventilator – und vom Professor. Der geht langsamen Schrittes vor der Tafel auf und ab und präsentiert mit ruhiger Stimme den neuesten Forschungsstand im Fachgebiet Narratologie. Und die Studenten? Sie sitzen da, einige sehen ihn an, die meisten schreiben mit, manche sind in Bücher vertieft, andere scheinen zu dösen. All zu gerne würde der Professor jetzt wissen, ob sie ihm überhaupt zuhören. Würden sie unruhig werden, wenn er jetzt anfinge, über das Paarungsverhalten von Brontosauriern zu dozieren?

Die Studenten in dieser Vorlesung sind vielleicht gar nicht so passiv, wie es zunächst den Anschein hat. Möglicherweise sind sie sogar voll und ganz bei der Sache, schließlich ist Zuhören etwas sehr Aktives. Wer zuhört, wird mit Neuigkeiten konfrontiert, wälzt große Probleme und löst sie vielleicht auch, entdeckt Widersprüche, ist emotional beteiligt. Zuhörer stecken mitten drin. Hinter mancher Stirn mögen gerade Geistesblitze zucken und sich innere Dramen abspielen – nach außen gelangen diese Regungen höchstens in Gestalt von leicht geröteten Wangen.

Dass Menschen durch stummes Zuhören durchaus etwas lernen können, bedeutet im Umkehrschluss aber nicht, dass sie durch schiere

Präsenz enorme Lernfortschritte erzielen werden. Je mehr der Professor im obigen Beispiel spricht, desto skeptischer wird er, ob die Zuhörer ihm überhaupt noch folgen. Was er braucht, um weiter lehren zu können, ist eine Rückmeldung. Dafür müsste er die Studenten nur zu Wort kommen lassen.

An den Hochschulen begegnet man oft noch der Vorstellung, dass Lernen zunächst etwas Passives ist: Studenten sollen sich alle Informationen zu einem Thema zusammensuchen und sie im Kopf lagern, bevor sie das neue Wissen aktiv anwenden. Lernen ist aber in allen Phasen problem- und handlungsorientiert und besteht von Anfang an aus einem Bündel aktiver Verarbeitungs-Handlungen. Studenten nehmen neue Informationen dadurch auf, dass sie sie hören, ansehen, lesen, niederschreiben, umformulieren, aussprechen, rechnen, durchdenken. So entdecken sie, was an dem Neuen für sie bedeutungsvoll ist. Gehirnphysiologisch gesehen kommt es dadurch zu einer Neuverknüpfung im neuronalen Netzwerk (Stelzer-Rothe 2005, S. 50). Auch *Lernen* genannt.

Aktivieren Sie das Zuhören

Ob Studenten aktiv zuhören, hängt nicht nur von ihrer Tagesverfassung und Aufnahmekapazität ab, sondern auch von Ihnen. Gelingt es Ihnen, von dem Gegenstand so zu sprechen, dass auch Ihre Zuhörer eine innere Vorstellung davon entwickeln können? Eine bildhafte und lebendige Präsentation sorgt dafür, dass Ihr Gegenstand anschaulich wird und gut gelernt werden kann. Wenn Sie nach Ideen für die Vermittlung suchen, kann es helfen, wenn Sie sich in die Situation Ihrer Zuhörer versetzen: Was brauchen sie, um das Gesagte (oder noch zu Sagende) zu verstehen? Geben Sie reichlich Gelegenheit, Rückfragen zu stellen, die dabei helfen, den *missing link* zwischen Vorwissen und neuen Informationen zu finden. Lernprozesse lassen sich auch dadurch aktivieren, dass Sie selbst beginnen, Fragen zu bestimmten Zusammenhängen des Themas an die Studierenden zu richten und diese zur Teilnahme zu bewegen. Aber auch in einer klassischen Vorlesung vor großem Auditorium eignet sich die Frageform dazu, die innere Beteiligung der Zuhörer anzuregen. Wenn Sie rhetorische Rückfragen stellen und dann jeweils eine Pause zum Nachdenken lassen, in der Ihre Zuhörer nach Antworten suchen können, haben Sie Ihr Auditorium bereits ein weiteres Mal aktiviert. Selbst dann, wenn Sie die Fragen anschließend selbst beantworten. Die trockenste Vorlesung kann dadurch lebendig werden, dass der Dozent sie einfach zwanzig Minuten früher beendet, um in einer abschließenden Fragerunde sowohl Verständnisfragen zu klären, als auch eine Gruppendiskussion zum Thema zu eröffnen.

Sprechen Sie mehrere Sinne an

Beim bloßen Zuhören spielen sich bereits eine Menge aktivierender Vorgänge ab. Auditive und visuelle Informationen werden vom Gehirn wahrgenommen und interpretiert (Ulrich/Hartung 2006). Zwei Sinne sind hier also bereits in Aktion. Möglicherweise würde jetzt der zusätzliche Einsatz bewegter Videobilder während des Vortrags auch noch die Augen in besonderer Weise aktivieren, aber gleichzeitig könnten die Filmbeiträge schnell von der Gestik und Mimik des Redners ablenken oder sogar dafür sorgen, dass ihm keiner mehr richtig zuhört. Wenn es Ihnen stattdessen gelingt, Ihr inneres Bild von dem Gegenstand, den Sie vermitteln wollen, in einer Grafik darzustellen, brauchen Sie womöglich noch nicht mal Worte. Dann können Sie es direkt an die Wand projizieren und im Plenum besprechen lassen. Um Lernprozesse zu fördern, ist es in jedem Falle günstiger, wenn Ihre Studenten die neue Information nicht nur hören, sondern sie auch sehen oder sogar berühren und riechen können.

Erteilen Sie konkrete Arbeitsaufträge

Lerngruppen sind Arbeitsgruppen. Es spricht also nichts dagegen, wenn Sie die Studenten selbst mit dem Lerngegenstand arbeiten lassen. Das muss aber nicht heißen, dass sie ihnen nur simple Anwendungsaufgaben stellen, etwa ein paar Berechnungen mit der soeben besprochenen Formel. Warum sollen sich die Studierenden einen Sachverhalt nicht selbst erschließen dürfen? Lassen Sie sie doch mal eine Definition für etwas finden oder eine Analyse durchführen. Wenn Sie im Plenum eine Aufgabe stellen, sollten Sie jedoch immer auch den Sinn bzw. Nutzen nennen, der sich aus der Aufgabenlösung ergibt. Zumindest sollten Sie den Nutzen auf Rückfragen hin beschreiben können. Ihre Studenten sollen ja nicht den Eindruck bekommen, dass sie die Arbeitsaufträge nur ausführen, um Ihnen einen Gefallen zu tun. Es geht für sie ja darum, etwas Neues zu Lernen, das nützlich ist.

Machen Sie's praktisch

Machen Sie ernst, um Ihre Studenten zu aktivieren. Ab sofort üben die Studierenden nicht mehr und sie führen auch keine Planspiele mehr durch. Das BWL-Seminar gründet eine echte Firma und versucht, innerhalb eines Jahres schwarze Zahlen zu schreiben. Die Möglichkeit des realen Scheiterns und die daraus resultierende Verantwortung motivieren die Teilnehmer in ganz anderer Weise und erhöhen gleichzeitig ihre Aufmerksamkeit für das Projekt. Gelernt wird ganz nebenbei. Indem alle das fürs Gelingen des Projektes Notwendige machen. Und am Ende sind alle Beteiligten fit in BWL, Steuerrecht, Bilanzen, Personalwesen, …. Oder aber: das kunstgeschichtliche Seminar erhält vom Dozent den Auftrag, eine Ausstellung zu eröffnen. Innerhalb eines Semesters muss also ein konkretes Thema beschlossen, die Ausstellung geplant, organisiert und durchgeführt werden. Mit Sponsorensuche, Anmietung von Ausstellungsräumen, sowie Konzeption, Text, Gestaltung und Veröffentlichung eines Ausstellungskatalogs.

6. Lernhindernis: Man kann nichts lernen, was keine Struktur hat

Großmeister brauchen sich ein Schachbrett nur fünf Sekunden lang anzusehen, um sich den Stand aller Figuren zu merken. Und dabei ist es egal, um welche Partie es sich handelt! Versierte Schauspieler schaffen es, innerhalb weniger Stunden völlig neue Rollen auswendig zu lernen. Komplett! Manchen Laiendarstellern gelingt das noch nicht mal mit dem Einkaufszettel fürs Wochenende. Was ist der Grund für solche enormen Gedächtnisleistungen? Neue Informationen kann man sich viel einfacher behalten, wenn es Muster darin gibt, die einem irgendwie vertraut sind. Oder die man wenigstens mit vertrauten Strukturen verbinden kann.

Einen Gegenstand aber, bei dem ich keine Struktur zu erkennen vermag, kann ich nicht lernen. Das ist die bittere Erkenntnis der Lernforschung. Auch sehr geübte Schauspieler verzweifeln manchmal an äußerst komplizierten und unvertrauten Textvorlagen. Und wenn man dem Großmeister ein Schachbrett mit wahllos und unsinnig aufgestellten Figuren zeigt, sind seine Erinnerungsleistungen auch nicht besser als die eines Nichtschachspielers (Schacter 2001, S. 85). Unser Gehirn kapituliert, wenn es mit neuen Informationen konfrontiert wird, die keine erkennbaren Strukturen enthalten. Das wahllos zusammengestellte Schachbrett kann dann nicht mehr als Gesamtbild einer schon einmal gespielten Konstellation erkannt werden. Jede Figur muss in diesem Fall erst mit ihrem Standort gesondert wahrgenommen und gemerkt werden. Dafür reicht dann aber die vorgegebene Zeit von 5 Sekunden nicht aus.

Das Gehirn sucht sich Strukturen

Weil wir auf Chaos und Unübersichtlichkeit in aller Regel mit Unsicherheit oder Angst reagieren, macht sich unser Denken aus eigenem Antrieb auf die Suche nach Strukturen. Sehr deutlich wird das an folgendem Beispiel. Versuchen Sie doch bitte mal, sich folgende Zahlen zu merken: 4 – 7 – 1 – 6 – 8 – 9 – 5 – 1 – 3. Jetzt legen Sie bitte das Buch zur Seite – halt! Lesen Sie zuvor noch den nächsten Satz: Gehen Sie zu Ihrem Handy und tippen Sie die Zahlen dort ein. – – – Und? Haben Sie alle Zahlen richtig eingetippt? Dann haben Sie sie im Kopf vermutlich in Zweier- oder Dreiergruppen eingeteilt. Denn anders ist es dem Kurzzeitgedächtnis kaum möglich, sich mehr als fünf bis sieben Einzelinformationen zu behalten. Aber selbst bei der Aufteilung in drei Zahlengruppen wie 471 – 689 – 513 setzt das Kurzzeitgedächtnis so genannte „phonologische Schleifen" (Schacter 2001, S. 77) ein, d.h. es repetiert die Zahlensequenzen immer wieder.

Wenn wir es beim Lernen aber mit einem Berg von Einzelinformationen zu tun haben, bilden wir ganz automatisch Relationen oder versuchen, in der sich uns zeigenden Komplexität eine systematische Struktur zu entdecken. Diese Struktur prägen wir uns dann ein. Und daran ist wiederum das Vorwissen beteiligt. Es hängt aber nicht alles nur vom Vorwissen ab. Wenn etwa das zu lernende Material bereits eine deutlich erkennbare Struktur aufweist, auf die man selbst oder durch andere aufmerksam geworden ist, so ist das Lernen, Behalten und Erinnern auch dann möglich, wenn man nicht auf vorhandenes Wissen zurückgreifen kann (Bredenkamp 1998, S. 66f.).

Zwischen Gedächtnis und Struktur besteht ein enger Zusammenhang. Zum einen versucht unser Bewusstsein, der Umwelt mit Hilfe des Gedächtnisses eine Ordnung aufzuerlegen (Schacter 2001, S. 91), damit es sich in ihr orientieren kann. Zum anderen begünstigt die

Strukturierung des Lernmaterials die Verarbeitungsprozesse im Gedächtnis (Bredenkamp 1998, S. 80). Wenn wir lernen, lernen wir Strukturen. Wie aber können wir diese Information als Dozenten nutzen?

6. Lehrstrategie: Zeigen Sie Strukturen auf

Ihre Studenten werden Sie lieben, wenn Sie Ihnen klare und gut lernbare Strukturen anbieten. Transparenz fördert die Aufmerksamkeit und die Lernbereitschaft. Deshalb empfiehlt es sich, die zu lernende Stoffmenge lernfreundlich zu portionieren, d.h. gut einzugrenzen und entsprechend zu gliedern. Das Gedächtnis lernt gerne Muster und Verknüpfungen (Stelzer-Rothe 2005, S. 50). Wenn das, was Sie als Lern-Input vorgesehen haben, keine Regelmäßigkeit aufweist, können Ihre Studenten auch keine Regeln erkennen. Dann kann auch nicht gelernt werden (Spitzer 2000, S. 63).

Strukturieren – die Kunst, den roten Faden aufzunehmen

Der Lernstoff enthält gewiss eine inhaltliche Gliederung. Für das Seminar „Geschichte der Philosophie" etwa würde sich – abgeleitet aus dem Titel – eine chronologische Gliederung anbieten. Vielleicht ergibt sich auch schon ein erstes durchgängiges Argumentationsmuster (deduktiv, induktiv, vergleichend usw.), das Ihnen bei der Entscheidung hilft? Welche Punkte sollen in welcher Reihenfolge behandelt werden? Orientierung können Ihnen auch Fragen bieten wie: Woraus ergibt sich die Abfolge der Themen? Wie sind sie verknüpft? Die Antworten werden Ihnen als Fachexperte womöglich klar sein. Schließlich haben Sie die innere Struktur Ihres Fachgebietes verinnerlicht und sind es vielleicht nur nicht gewohnt, sie zu thematisieren.

Keine Scheu vor Transparenz

Aus der inhaltlich-systematischen Struktur könnten sich auch schon erste Hinweise auf die generelle *Seminarplanung* ergeben. Ihre Überlegungen zum Seminarablauf können Sie übrigens auch dem Plenum mitteilen. Schließlich ist das die Gruppe, die bei Ihnen etwas lernen soll. Warum kann nicht jeder erfahren, wie Sie Ihre Veranstaltung geplant haben? Ein Semesterplan, der Auskunft über die inhaltliche und zeitliche Gestaltung der jeweiligen Einzelsitzung gibt, dient den Studierenden zur Orientierung. Hier kann die Gesamtgruppe (also auch Sie selbst) abgleichen, wie weit Sie schon sind. Ein solcher „Fahrplan" erleichtert Ihren Studenten auch das Wiederauffinden der Lehrinhalte, wenn sie diese in Lehrbüchern nachlesen möchten.

Warum Struktur manchmal das Chaos braucht

Wenn am Ende alles verdaulich portioniert und der Seminarablauf generalstabsmäßig geplant ist, können Sie sich als Dozent endlich sicher fühlen. Allerdings droht Ihnen in diesem Fall schon wieder Gefahr von zwei Seiten. Zum einen, dass bei Ihnen selbst Langeweile aufkommt. Zum anderen, dass sich die Seminarbesucher von Ihnen bevormundet fühlen, weil ihnen selbst keine Lernfreiheit mehr bleibt. Schließlich ist das Chaos, das Lernen immer begleitet, nicht nur gefährlich, sondern auch „reiz"voll. Die eigene Suche nach Strukturen ist ein Teil der menschlichen Neugier. Ihre Studenten können sich die Seminarinhalte nur dann aneignen, wenn sie die Gelegenheit bekommen, beim Lernen eine eigene, neue Struktur zu finden. Eine Mischung aus beidem, aus Chaos und Struktur, ist für das Lernen ideal. Bieten Sie also Struktur an, geben Sie aber auch genug Raum, dass Ihre Seminarteilnehmer selbst Strukturen in der Komplexität des Themas entdecken und verbalisieren können. Es spricht also nichts dagegen, dass Sie Ihre Studenten bei der Suche nach Strukturen ruhig auch mal ins Chaos schicken.

Je mehr Beispiel, desto Klick

Gönnen Sie der Theorie so oft wie möglich Anschauungsunterricht in der Praxis. „Klick" macht es bei angehenden Kunsthistorikern, wenn sie die wichtigsten Stilprinzipien der romanischen Baukunst selbst entdecken können, beispielsweise im Rahmen einer Exkursion zum Speyerer Dom. Natürlich könnten sie sich das Thema auch durch das Studium theoretischer Klassifizierungen und Beschreibungen aneignen. Aber durch die Besichtigung fördern Sie das beispielhafte Lernen. Beispiele sind konkret *und* komplex zugleich. Das macht sie zu idealen Lehrmitteln, denn bei guten Beispielen sucht sich das Gehirn die Struktur selbst (Stelzer-Rothe 2005, S. 49). Weil gute Beispiele zugleich anschaulich *und* allgemein sind, lassen sie durch ihre Vieldeutigkeit eigene Anschauungen und Meinungen zu. Das regt dazu an, selbst nach der optimalen

Deutung zu suchen. Treffende Beispiele besitzen eine innere Struktur, aus der sich Kategorien Regeln oder Gesetze ableiten lassen (Spitzer 2000, S. 334). Wenn Sie am Anfang des Semesters mit einfachen, zentralen Beispielen die Grundlagen des Themas darstellen, werden Ihre Seminarteilnehmer sie besser lernen können. Auf der Basis dieser Grundlagen können sich Ihre Studenten mit den (selbst-)gewonnenen Regeln dann auch komplexere Sachverhalte erschließen.

7. Lernhindernis: Wie gelernt, so vergessen

 Manchmal sind Dozenten kurz davor, in die Tischplatte zu beißen. Zum Beispiel dann, wenn sie den Eindruck haben, dass ihr Seminar seit der letzten Sitzung kollektiv den Delete-Knopf gedrückt hat. Niemand beteiligt sich bei der Rückschau auf die letzte Sitzung. Sämtliche Inhalte scheinen aus den Köpfen der Studenten verschwunden zu sein. Worauf soll man da aufbauen können? Das Vergessen gilt als der Erzfeind der Lehre. Aber niemand kann sagen, was dieses „Vergessen" eigentlich genau ist. Verschwindet das, was ich einmal sicher gelernt habe, einfach aus meiner Erinnerung? Oder ist diese Vorstellung nur ein Mythos aus einer Zeit, als man sich das Hirn noch als eine Art Lagerraum vorstellte?! Bei Bedarf wurde das gesuchte Detail wieder herausgeholt und vorgezeigt. Wenn man es dort nicht mehr fand, musste es verloren gegangen sein. Eine solche geistige Inkontinenz ist natürlich eine peinliche Sache.

Hippo-Dressur gegen das Vergessen

Aber Vorsicht. Vergessen ist nicht einfach das Gegenteil von Lernen, kann also nicht als „Verlust" eingelagerter Informationen verstanden werden. Schon gar nicht ist Vergessen eine Form geistiger Aktenvernichtung, also ein aktives und endgültiges Unbrauchbarmachen bestimmter Informationen im Gehirn. Vergessen ist vielmehr eine Form missglückten Lernens. Wir erlernen bedeutsame Informationen und speichern sie auf einer Art Landkarte in unserem Gedächtnis (Spitzer 2000, S. 267). Dies geschieht jedoch über eine Zwischenstation, den Hippocampus. Diese Gehirnregion kann sehr schnell neue Informationen aufnehmen und sie an die Großhirnrinde (Kortex) zur dauerhaften Verknüpfung weitergeben. Der Kortex kann zwar viele Informationen speichern, braucht dafür aber sehr viel Zeit. Er muss sich mehrmals mit den neuen Eindrücken beschäftigen, um sie vielfältig zu verknüpfen. Der Hippocampus liefert deshalb die zwischengespeicherte Information gleich mehrmals an den Kortex, damit dieser Gelegenheit hat, daraus einen stabilen Wissensinhalt zu machen. Übrigens: diese repetitive Darbietung geschieht vor allem im Schlaf. Deshalb ist der Schlaf für das Lernen auch sehr wichtig. Der Hippocampus ist die wichtigste Lerninstanz des Gehirns. Er hat nur einen Nachteil: Seine Aufnahmekapazität ist begrenzt, so dass es beim Lernen zu einem Wettlauf zwischen dem Zerfall neu gelernter Informationen im Hippocampus und den auf dauerhafte Sicherung angelegten Lernprozessen im Kortex kommt (Spitzer 2000, S. 222). Informationen, von denen wir behaupten, wir hätten sie wieder vergessen, haben wahrscheinlich „nur" diesen Wettlauf verloren. Sie sind nicht im Kortex gespeichert worden, bevor der Hippocampus sie zu Gunsten neuer Informationen ersetzt hat. Folglich sind sie auch nie im eigentlichen Sinne gelernt worden. Wie gelernt – so vergessen.

Gereizte Erinnerungen

Natürlich kann man sich über die eigene Vergesslichkeit ärgern. Aber wie schnell verliert man darüber den Blick für die enorme Leistungsfähigkeit des Gehirns. Wenn Sie sich klar machen, wie viele neue Informationen im Laufe eines Tages auf Sie einströmen, können Sie sich vielleicht vorstellen, dass sich das Gehirn regelrecht davor schützen muss, zu viel zu „lernen" (Beck 2003). Es kann gar nicht die ganze Flut an Daten verarbeiten. Deshalb ist es ständig damit beschäftigt, Wichtiges von Unwichtigem zu unterscheiden und nur diejenigen Informationen zu verankern, die sich sinnvoll einordnen lassen. Manchmal fällt einem aber auch das Erinnern von Dingen schwer, die man garantiert schon mal gewusst hat. Sie kennen das: Plötzlich steht in der Stadt ein Kollege vor Ihnen, dessen Namen Ihnen partout nicht einfallen will, und verwickelt Sie in ein munteres Gespräch. Für Sie der Startschuss zu einer fieberhaften Namenssuche ... Lernen umfasst also genau genommen zwei Schritte: die neuen Informationen müssen nicht nur ins Gedächtnis hinein, sie müssen auch wieder abgerufen werden können (Stelzer-Rothe 2005, S. 51). Unser gespeichertes Wissen lässt sich mit einem großen Archiv vergleichen, in dem unser Denken ständig versucht, die richtige

Karteikarte zu finden. Der Suchauftrag erfolgt in Form eines sogenannten Abrufreizes – und schon geht's los. Am leichtesten lässt sich die gesuchte „Karte" wiederfinden, wenn dem Gedächtnis der Weg bekannt ist, der zu ihrem Ablageort führt. Optimal ist es, wenn es mehrere Verbindungswege zu der Karte gibt. Karten bzw. Informationen, die schon lange nicht mehr benötigt wurden, sind dabei natürlich schwerer zu finden, denn die „Zugangswege" sind mittlerweile keine Trampelpfade mehr. Das, was wir glauben vergessen zu haben, ist vielleicht noch da – nur die Zugangswege sind verstellt, vergessen oder verblasst. Um Studenten beim „Ankommen" im Seminar auf die Sprünge zu helfen, müssen Sie sie nur mal richtig reizen ...

7. Lehrstrategie: Arbeiten Sie mit Wiederholungen und Abrufreizen

Damit Sie als Dozent eine geeignete Strategie gegen das Vergessen von Lehrinhalten entwickeln können, möchten wir den Lernprozess in einem Bild veranschaulichen. Das Wissen Ihrer Studierenden ist wie ein Kristall, der sich aus einer Salzlösung bildet. Irgendwann haben sich die ersten Moleküle an einen winzigen Fremdkörper gehängt und mit einander verkettet. Die Salzlösung schwemmt nun immer mehr Moleküle an, von denen nur die passenden in das Kristallgitter der bereits verbundenen Moleküle eingebaut werden. Der Kristall wächst. Mit jeder neuen Anschwemmung und Berührung der passenden und noch nicht verbauten Moleküle wird er größer. Vielleicht wird Ihnen am Bild des Kristalls die Aufgabe als Dozent deutlicher. Es geht für Sie darum – bildlich gesprochen –, die übersättigte Lösung in Bewegung zu halten, damit die Studierenden mit den neuen Informationen immer wieder in Verbindung kommen und davon die passenden in Ihre Denkstruktur einbauen können.

Wiederholen Sie sich, ohne das Gleiche zu sagen

Sie sind der Komplize des studentischen Hippocampus. Wenn es Ihnen in Ihrer Lehrveranstaltung nicht gelingt, den Stoff so oft an den studentischen Kortex zu senden, bis er dort einen Platz gefunden hat, geht die Information verloren. Deshalb sind Wiederholungen fürs Lernen prinzipiell gut. Der Hippocampus bekommt dadurch weitere Möglichkeiten, die noch nicht gefestigten Informationen zu verankern. Damit Wiederholungen aber keine Langeweile auslösen, ist es sinnvoll, wenn Sie einen Gedanken auf unterschiedlichen Wegen veranschaulichen. Meistens lässt sich ein Sachverhalt durch verschiedene Beispiele erläutern. Jedes Einzelbeispiel zeigt neue Zusammenhänge auf. Auf diese Weise eröffnen Sie dem Gedächtnis ihrer Studenten gleich mehrere Zugangswege, um diesen Sachverhalt später wieder abzurufen. Das Zusammenfassen der Ergebnisse am Ende einer Sitzung und der Start der nächsten Sitzung mit einem Rückblick seien als zusätzliche Wiederholungsformen an dieser Stelle noch einmal erwähnt.

Lernen ist ohne Wiederholung nicht möglich. Zwar bleiben manche Informationen auch schon beim ersten Hören hängen. Aber ob ich sie dadurch schon gelernt habe, werde ich erst dann wissen, wenn ich in eine Situation gerate, in der ich auf die neue Information rasch wieder zugreifen muss. Ganz besonders hilfreich wird es für ihre Lerngruppe sein, wenn Sie ihnen Materialien an die Hand geben, mit denen sie die Inhalte der Veranstaltung möglichst mehrmals wiederholen können. Das heißt nicht, dass Sie jedes Mal ein Skript auf dem Hochschulserver zum Runterladen bereitstellen müssen. Motivieren Sie Ihre Studenten dazu, selbst eines zu schreiben. Jeder Teilnehmer verfasst ein Seminarprotokoll, das von Ihnen gegengelesen und ergänzt wird und dann auf den Server kommt. Zum Wiederholen eignen sich übrigens auch Fragen- und Stichwortsammlungen sowie Karteikarten und Mindmaps. In knapper Form können Ihre Studenten damit die wichtigsten Inhalte rekapitulieren.

Weitere Lernhindernisse?

Nach unserer Erfahrung sind diese sieben Lernhindernisse im Bereich der Hochschulen sehr verbreitet. Aber sie erschöpfen sich leider nicht in dieser Liste der Top 7. Nutzen Sie daher jedes Lernhindernis, auf das Sie in Ihrer Praxis stoßen, um neue Lehrstrategien zu entwickeln. Durch diese Herausforderung wird sich Ihr persönlicher Lehrstil ganz sicher weiterentwickeln.

3. Lernprozesse fürs Lehren nutzen

Lernen ist ein Prozess, der verschiedene Phasen durchläuft. In jeder Phase ist das Gehirn in besonderer Weise gefordert – und Sie als Dozent ebenso. Damit Sie sich besser orientieren können, was Ihre Studenten fürs Lernen gerade von Ihnen brauchen, haben wir den Lernprozess in sechs Phasen eingeteilt.

Die sechs Phasen des Lernprozesses

1. Phase: Entschluss fassen

Jedes Lernprojekt beginnt mit dem Entschluss, anzufangen

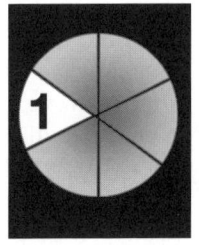

Lernen ist nicht *lernen*. Wer einfach nur durch die Stadt läuft, „lernt" dabei schon. In jeder Sekunde unseres Lebens lernen wir und unser Gehirn verarbeitet das Gelernte, ohne dass wir es merken. Die Gedächtnisforschung nennt diesen Lernvorgang *implizites Lernen*. Eine ganz andere Form des Lernens ist dagegen an Hochschulen gefragt. Hier geht es um *explizites Lernen*. Meistens ist der Lernstoff schon genau vorgegeben und in den Prüfungsordnungen und Modulbeschreibungen exakt beschrieben. Es ist nun die Aufgabe der Studenten, ihr Lernverhalten auf die festgelegten Anforderungen einzustellen. Das explizite Lernen hat gegenüber dem impliziten Lernen natürlich einen wesentlichen Vorteil: Es ist eine bewusste und direkte Form des Lernens, die verbal beschrieben werden kann. Es gibt jetzt konkrete Lerninhalte, die als Ziel formuliert werden können. Für die Studenten ist es nicht ganz unwesentlich, dass sie ihren Lerngegenstand klar und überschaubar fassen können. Das Erlernen neuer Kompetenzen können sie nun praktisch angehen. Wer konkrete Ziele (vorgegeben bekommen) hat, kann auch einen konkreten Beschluss fassen: Ich entschließe mich dazu, in den Prozess des Lernens einzusteigen und mich so konsequent zu verhalten, dass ich ein bestimmtes Lernziel auch tatsächlich erreiche.

Was im Gehirn passiert

Der Lernprozess, der mit dem gesteuerten, expliziten Lernen in Gang kommt, beginnt bereits mit dem ersten Blick ins aktuelle Vorlesungsverzeichnis. Der Student entdeckt die Ausschreibung Ihrer Veranstaltung und liest sie durch. Nun beginnt etwas Entscheidendes: Das neuronale Netzwerk des Studenten versucht, die gelesenen Informationen einzuschätzen und sie mit dem eigenen Vorwissen abzugleichen. Zu diesem Zeitpunkt ist für den potenziellen Kandidaten die Unsicherheit gegenüber den Anforderungen, die ihn erwarten, noch am größten. Der Student wird sich genau überlegen, wie viel er in Ihre Veranstaltung investieren muss und welchen persönlichen Nutzen er haben wird. Fällt die Bilanz positiv aus, wird er sich für die aktive Teilnahme entscheiden. Festigt sich bei ihm jedoch der Eindruck, die Anforderungen sind zu hoch, bzw. der Nutzen lohnt den Aufwand nicht, dann wird er versuchen, Ihre Veranstaltung irgendwie zu vermeiden. Wenn es aber keine Alternative im Vorlesungsverzeichnis gibt, wird der Student gezwungener Maßen in Ihrer Veranstaltung sitzen – auch wenn er regelmäßig zu spät kommt.

Was Sie als Dozent beitragen können

Werben Sie schon in der letzten Sitzung des zu Ende gehenden Semesters für Ihre neue Lehrveranstaltung. Machen Sie sich die Mühe und schreiben Sie für das neue Semesterprogramm einen anschaulichen und interessanten Ausschreibungstext. Damit erleichtern Sie Ihren Studenten den Einstieg. Alle syntaktischen und inhaltlichen Hürden, die Sie im Ausschreibungstext aufbauen (nebst mehrseitiger Literaturliste) kosten Sie Teilnehmer. Für einen guten Auftakt ist gesorgt, wenn die Studenten in der ersten Sitzung eine ungefähre Ahnung davon haben, was sie erwartet. Ihre bloße Anwesenheit bedeutet aber noch nicht, dass sie sich auch schon dafür entschieden haben, in einen Lernprozess einzusteigen und dafür Aufmerksamkeit, kognitive Energie und Zeit zu investieren. Das macht einen zweiten Schritt erforderlich. Es ist für Ihre Studenten äußerst hilfreich, wenn Sie das Ziel und den Gewinn des Lernens noch einmal formulieren. Laden Sie Ihre Teilnehmer dazu ein, sich gemeinsam mit Ihnen als Lernprozessbegleiter auf den Weg zu machen. In gewisser Weise schließen Sie damit einen Lehr-Lern-Vertrag (→ S. 210). Die Studierenden entscheiden sich bewusst dafür, ein konkretes Ziel erreichen zu wollen, und können sich nun auf die damit verbundenen Konsequenzen einlassen (Verpflichtung zu Teilnahme, Vor- und Nachbereitungszeiten, Referate, etc.). Die Motivation zur dauerhaften Teilnahme steigt und sie ahnen, dass der Abbruch des Lernprozesses eine verpasste Chance wäre.

2. Phase: Überblick verschaffen

Ein Überblick erleichtert den Einstieg ins Lernen

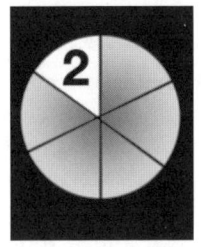

In der ersten Phase hat Ihr Student schon zwei gute Argumente für die Teilnahme an Ihrer Veranstaltung bekommen: Sie haben ihm das Ziel der Veranstaltung erklärt und ihm außerdem Ihre Begleitung auf seinem Lern- und Entdeckungsweg zugesichert. Jetzt wird ihm noch unklar sein, ob er den neuen Lernstoff in der vorgegebenen Zeit überhaupt bewältigen kann. Hier könnte Ihm ein Überblick über den neuen Stoff Klarheit geben und dabei helfen, das eigene Vorwissen zu aktivieren. Er kann den Lernstoff einschätzen. Der Berg vor seinen inneren Augen ist nicht mehr unüberwindbar. Vielleicht entdeckt er auch schon Ansatzpunkte für das Verstehen der neuen Wissensgebiete. Mit dem Überblick ist jedenfalls ein weiterer Schritt ins Lernen getan.

Was im Gehirn passiert

Während Sie einen Überblick über den Stoff und seine Randgebiete geben, sucht das Gedächtnis des Lernenden nach Analogien, die zu den neuen Informationen passen. Was ist an den neuen Infos bereits vertraut, was nicht? Das Gehirn ist dabei in zwei

Richtungen aktiv: Es achtet auf die von Ihnen gelehrten, neuen Input-Reize und versucht gleichzeitig, diejenigen Gehirnareale zu aktivieren, in denen bereits ganz ähnliche Bedeutungsmuster kodiert sind. Dadurch verschafft sich das Gehirn nicht nur einen Überblick über das neue Wissen, sondern auch über das bereits vorhandene. Hier muss die neue Information ja schließlich auch angeknüpft werden.

Was Sie als Dozent beitragen können

Geben Sie Ihren Studenten zu Beginn der ersten Sitzung zunächst einen Überblick über das Veranstaltungsthema. Bitte beamen Sie dazu nicht einfach Ihre komplette Seminargliederung an die Wand. Das macht es für Sie vielleicht einfacher, aber es geht in dieser Phase noch gar nicht darum, was Sie *inhaltlich* alles für die Studierenden präpariert haben. Überhaupt geht es hier gar nicht um Sie. Ihre Studenten sollen vielmehr die Chance bekommen, anhand einer allgemeinen Übersicht ihr eigenes Vorwissen zu aktivieren und eigene Anknüpfungspunkte zu finden. Für Sie als *Lernprozessbegleiter* kann es dabei aufschlussreich sein, zu beobachten, *welche* Zugänge Ihre Studenten zum neuen Thema bereits haben oder sich erschließen. Erkundigen Sie sich dazu ruhig mal nach den Assoziationen und dem Vorwissen Ihrer Studenten. Gibt es Veranstaltungen aus vergangenen Semestern, die mit dem neuen Stoff verwandt sind? Auch bei so exotischen Themen wie „Simulation von Biomolekülen" im Fach Mathematik wird es Assoziationen und Verknüpfungen in den Köpfen Ihrer Studierenden geben, die Sie als Lernprozessbegleiter unbedingt kennen sollten. Denn erst wenn Sie wissen, auf welchen Wegen sich die Studenten Zugang zum neuen Thema verschaffen, können Sie entscheiden, welche Materialien Sie ihnen als Hilfestellung mit auf den Weg geben. Vielleicht werden Sie im Semester sogar öfter die Gelegenheit dazu haben, einen Überblick zu geben. Meistens dann, wenn Sie neue Themenbereiche vermitteln möchten. Zu Beginn einer Sitzung, in der es um ein neues Thema geht, eignet sich ein neuer thematischer Überblick hervorragend als Einstieg ins Thema. Er verschafft Aufmerksamkeit und sorgt dadurch für neue Motivation bei Ihren Studenten. Die Überblicksphase ist deshalb immer auch eine Motivationsphase, in der Ihre Studenten die Bedeutung, den Nutzen oder die Relevanz des Themas erkennen können.

3. Phase: Strukturieren

Die Stoffmenge sinnvoll portionieren

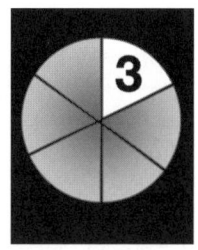

Auf Ihre Studenten wartet pro Semester ein riesiger Berg an Arbeit, der sich natürlich nicht von selbst erledigt. Wie kriegen sie beispielsweise 300 Seiten Lehrbuch, 180 Seiten Vorlesungsskript oder 243 Powerpointfolien bis zur Abschlussklausur in den Kopf? Irgendwie muss das Material in die neuronalen Netze hinein „transformiert" werden und dort für neue Kompetenzen sorgen. Das ist nur möglich, wenn der große „Berg" zerteilt wird – ohne dabei auseinander zu fallen. Strukturen und Gliederungen helfen dabei.

Was im Gehirn passiert

Das Gehirn lernt Strukturen und Verknüpfungen. Das ist leichter und effektiver, als sich mit einem Haufen unzusammenhängender Einzelinformationen zu verzetteln. Die haben nämlich den Nachteil, dass sie irgendwo „verlegt" werden können, wo das Gedächtnis sie nicht so schnell wieder findet. Wenn ein Lernstoff gut strukturiert worden ist, kann ihn das Gehirn viel leichter in das vorhandene Wissen integrieren. Selbst wenn das Gehirn noch keine Anknüpfungspunkte für die neuen Informationen findet, nimmt es sehr genau wahr, ob beispielsweise das Semesterprogramm Ihres neuen Seminars total chaotisch geraten oder klar strukturiert worden ist. Eine geordnete Struktur beruhigt den Lernapparat. Weil die Lerninhalte vom Dozenten in kleine, zu einander passende Portionen aufgeteilt worden sind, erscheinen sie dem studentischen Gehirn gut verdaulich. Und das regt den Lern-Appetit an.

Wenn Sie Ihren Studenten also eine gute Gliederung des neuen Stoffs präsentieren, lernt das Gehirn lieber. Aber nicht nur das, es kommt überdies auch zum Priming, zur Bahnung. Darunter versteht die Gedächtnisforschung eine Art Deja-vu-Effekt, der fürs Lernen wichtig ist. Priming bezeichnet das Wiedererkennen von Reizen, die man zu einem früheren Zeitpunkt schon einmal wahrgenommen, aber nicht explizit gelernt hat (Markowitsch 2002, S. 88). Wenn diese allererste Wahrnehmung einer neuen Information noch kein Lernen bewirkt, so löst sie aber zumindest einen Bahnungeffekt aus. Die Grundlage für ein späteres Wiedererkennen wurde gelegt. Das bedeutet: Geprimtes kann später leichter erinnert und gelernt werden. Die gehirnphysiologische Ursache dafür liegt in der ange„bahnten" Reizung der Nerven. Die entsprechenden Nervenbahnen besitzen nach dem Priming einen höheren Wirkungsgrad. Sie können mit weniger starken Reizen und weniger Anstrengung zum Lernen aktiviert werden. Welche Konsequenzen hat das für Ihr Seminar? Wenn Sie Ihren Studenten in der ersten Sitzung die Gliederung der Veranstaltung präsentieren, wird sie sich zwar keiner auf Anhieb merken können und schon gar nicht komplett nachvollziehen. Trotzdem ist der erste Kontakt mit der Gliederung sinnvoll. Er wirkt sich positiv auf den späteren Bearbeitungs- und Lernvorgang aus (Bredenkamp 1998, S. 71). Der Lernstoff kann später schneller erfasst sowie besser verknüpft werden.

Was Sie als Dozent beitragen können

Packen Sie Päckchen. Die hohe Kunst des Lehrens besteht darin, den Stoff in verdauliche Lernportionen aufzuteilen. Machen Sie die Pakete aber nicht zu klein. Die Portionen müssen sich den Inhalten anpassen, nicht umgekehrt. Sie dürfen die innere Struktur des Themas nicht einfach über den Haufen werfen. Denn fürs Lernen ist nichts ungünstiger als ein chaotischer Input. Ein wichtiges Strukturmuster für das Schnüren von Lernstoffpäckchen ergibt sich aus dem Wechsel vom Beispiel zur Regel oder von der Praxis zur Theorie. Nicht empfehlenswert ist dagegen die „Lehre aus dem Bauch". Sie vermeidet die notwendige Reflexion der Struktur. Lehrer, die ihre Veranstaltungen nach spontanen Eingebungen „strukturieren", setzen häufig Beispiele ganz beliebig ein. Mal haben sie die Funktion, bestimmte Regeln zu illustrieren, ein andermal sollen aus ihnen konkrete Regeln erst noch entwickelt werden. Bei diesem Vorgehen bleibt die Begründung für das wechselhafte Vorgehen völlig unklar. Wenn dem Lehrer die Struktur des Themas klar ist, kann er dort Sicherheit geben, wo die Studierenden sämtliche Übersicht verloren haben. Ein strukturierter Lehrer wird permanent versuchen, in den Köpfen seiner Zuhörer Anknüpfungspunkte für seine Struktur des Themas zu finden. Dabei sucht er nach alternativen Formulierungen, Beispielen, Bildern und

Variationen. Als Experte kann er das Thema von verschiedenen Seiten aus betrachten und näher bringen. Er hat verstanden, dass es zu seinen Aufgaben gehört, Strukturen immer wieder neu zur Sprache zu bringen. So werden sie mitteilbar und können wirksam werden.

4. Phase: Durcharbeiten und verstehen

Um verstehen zu können, muss der neue Stoff bearbeitet werden

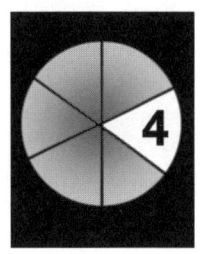

Jetzt kommt es darauf an, dass der Student in den *direkten* Kontakt mit dem neuen Stoff kommt. Er muss sich *selbst* intensiv damit befassen. In dieser Phase geht es noch nicht ums Auswendiglernen. Es kommt zunächst nur darauf an, dass Ihre Studenten Zusammenhänge und Details verstehen. Sie sollen die neuen Informationen von allen Seiten aus betrachten, sie auseinander nehmen und wieder neu zusammensetzen. Es geht also um die geistige Verarbeitung, um das allmähliche Vertrautwerden mit dem Neuen, damit es eingeordnet werden kann. Obwohl es in dieser Phase kein Auswendiglernen gibt, wird am Ende des Semesters trotzdem eine ganze Menge in den Köpfen Ihrer Studenten „hängen" bleiben. Und woran erkennt ein Student, dass er endlich „begriffen" hat? Daran, dass er den neuen Sachinhalt in eigenen Worten stimmig wiedergeben kann. Es passiert sogar häufig, dass Studenten am Ende dieser Phase den Eindruck haben, sie hätten einen bestimmten Zusammenhang selbst neu erfunden. In solchen Fällen ist es Ihnen als Dozent geglückt, ein wenig dazu beizutragen, dass der Student zwischen seinem bisherigen Wissen und den neuen Informationen, die Sie gegeben haben, eine Verbindung hat herstellen können. Übrigens dürfen Sie sich dann auch ein bisschen wie Sokrates fühlen. Der Philosoph sprach nämlich davon, dass der Schüler die angestrebte Weisheit letztlich in sich selbst trage und nur etwas Geburtshilfe benötige, um an sie heranzukommen. Der Lehrer als Hebamme eines neuen Gedankens – wenn das kein schönes Bild für diese Lernphase ist ...

Was im Gehirn passiert

In der Überblickphase und beim Strukturieren ist der Denkapparat schon ein bisschen „angewärmt" worden und wartet nun darauf, dass „es" losgehen kann. Das Netzwerk ist für Impulse von außen empfänglich. Sobald sie ankommen, werden sie zunächst vom Arbeitsgedächtnis (Shacter 2001, S. 76) aufgenommen. Dieses hat leider nur eine sehr beschränkte Kapazität und kann sich nur fünf bis acht Informationen gleichzeitig merken. Und obendrein ist es auch nur für Informationen zuständig, die unmittelbar verhaltensrelevant sind. Das Verarbeiten des neuen Stoffes kann von ihm jedenfalls nicht geleistet werden. Völlig falsche Baustelle also? Nicht ganz, die Verarbeitung neuer Informationen wird von anderen Hirnzentren übernommen, die nun miteinander in Interaktion treten und versuchen abzuschätzen, ob die neuen Inhalte bedeutungsvoll sind und wie sie eingebaut werden können (Spitzer 2000, S. 140f.). Alle neuen Informationen beruhen ja auf Erlebnissen. Das Gehirn versucht zuerst einmal, das gerade Erlebte beschreibend zu erfassen. Der Biologiestudent z.B., der einem ihm völlig unbekannten Insekt begegnet, sucht nach einer solchen Beschreibung: roter, zweigliedriger Körper von 0,7 cm Länge, acht dünne Beine, Fühler … Ziel dieser Beschreibung ist die treffende Generalisierung: „Aha, eine Ameise". Solche Prozesse brauchen Zeit. Bitte seien Sie gnädig mit den Studenten und springen Sie in Ihrem Vortrag noch nicht zu schnell zum nächsten Thema. Geben Sie lieber noch ein weiteres Beispiel zum Verständnis der neuen Information. Dann kann der Lernende seine bisher gefundenen Beschreibungen und Generalisierungen des Themas mit den neuen Inputmustern vergleichen und sie korrigieren oder ergänzen. Andernfalls bleibt dem Studenten nichts anderes übrig, als das Verstehen und das Bearbeiten zu einem späteren Zeitpunkt – und zwar alleine – nachzuholen.

Was Sie als Dozent beitragen können

Es kommt jetzt darauf an, dass Ihre *Studenten* aktiv werden, nicht Sie. In der Bearbeitungsphase lässt sich häufig beobachten, dass es sehr ruhig im Raum ist. Alle konzentrieren sich auf die Inhalte. In den Köpfen wird hart gearbeitet. Diese Lernphase sieht vor, dass Sie als Dozent in die Rolle der „Hebamme des Verstehens" schlüpfen – und sich mit *neuen* Beiträgen zurückhalten. Das fällt vielen Dozenten schwer. Sie würden lieber die konzentrierte Stille nutzen, um mit dem Stoff voranzukommen und neue Infos nachzulegen, statt einfach nur Geburtshilfe zu leisten. Widerstehen Sie dieser Versuchung. Jetzt sind Lehrgespräche nach der sokratischen Methode (Mäeutik) hilfreich, um Aha-Erlebnisse bei Ihren Studenten auszulösen. Wenn es Ihnen gelingt, dass Ihre Teilnehmer den Stoff selbst erkunden, fördert das nicht nur die Aktivität und Motivation Ihrer Gruppe. Sie selbst können dann viel aufmerksamer sein und den Blick auf das Lernen Ihrer Studenten lenken.

Durcharbeiten und *Verstehen* ist auch während eines Lehrvortrags möglich. Ihre Studenten folgen Ihnen nachdenkend. Das gelingt aber nur, wenn Sie *vor*denken. D.h. wenn Sie beim Sprechen Gedanken fabrizieren. Die freie Rede, also das Sprechdenken (Pabst-Weinschenk 1995, S. 27ff.), unterstützt das Nachdenken der Studenten und ihren direkten Kontakt zum Thema viel mehr, als wenn Sie einen Text ablesen. Beim Sprechdenken behalten Sie immer den Lehrgegenstand vor Ihrem geistigen Auge und sprechen in freier Rede, während Sie denken. Ihre Beiträge werden viel lebendiger, weil Sie Ihre Zuhörer bildhaft an Ihren Erfahrungen Teil haben lassen.

Die Bearbeitungsphase muss übrigens nicht auf die Seminarzeit beschränkt bleiben. Ihre Studenten können natürlich auch außerhalb des Seminars bestimmte Teilbereiche des Themas selbstständig bearbeiten. In diesem Fall besteht Ihre Aufgabe als Dozent darin, Materialien anzubieten, die Ihre Studenten bearbeiten sollen. Ein Überblick über die Materialien und die anstehenden Arbeitsschritte kann noch in der Seminargruppe gegeben werden, die Bearbeitungsphase selbst verläuft dann vollständig in Eigenregie der Lernenden. Anschließend sollten die Teilnehmer der Kleingruppe natürlich Gelegenheit haben, die von ihnen bearbeiteten Themen wieder in die Lehrveranstaltung einzubringen. Lassen Sie sie dazu die Ergebnisse vor der Gesamtgruppe präsentieren und diskutieren. Das sorgt für Abwechslung in einer Lehrlandschaft, in der sonst immer nur eine Person arbeitet und die anderen zuhören. Bearbeitungsphasen sollten jedenfalls genau umgekehrt ablaufen: Ihre Studenten erarbeiten sich selbst den Stoff – und Sie beobachten die Lernprozesse. Aus Ihren Beobachtungen können Sie dann konkrete Hilfestellungen ableiten, mit denen Sie die Lernprozesse erfolgreich unterstützen.

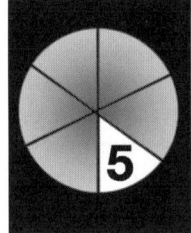

5. Phase: Wiederholen

Wiederholungsphasen stärken das Gedächtnis

Erst jetzt ist Pauken und Büffeln angesagt. Und zwar durchs Wiederholen. Das Gute dabei: für Ihre Studenten kommt kaum noch neuer Stoff hinzu. Alles, was sie sich jetzt einverleiben müssen, haben sie bereits verarbeitet und verstanden. Jetzt muss es nur noch durch simple Wiederholung im Gedächtnis verankert werden. Wenn Ihre Studenten clever sind, fangen sie damit auch gleich nach der Bearbeitungsphase an. Dann ist der Lernstoff im Gedächtnis noch „frisch", d.h. erreichbar. Wer die Sache dagegen schleifen lässt, wird sehr wahrscheinlich später noch mal einen Schritt zurückgehen und eine erneute Bearbeitungsphase dazwischenschalten müssen. Klar im Vorteil sind Studenten, die sich bereits in der Bearbeitungsphase eine gute Zusammenfassung geschrieben haben. Sie werden mit dem Wiederholen schneller durchkommen. Besonders gut eignen sich übrigens Karteikarten und Stichwortlisten zum Wiederholen, weil man hier auch große Stoffgebiete besser vor Augen hat. Außerdem erleichtern sie einem das reduzierende Lernen: Karten oder Stichworte, die man bereits sicher im Kopf hat, fliegen sofort aus dem Stapel. Sobald auch noch die letzte Karte abgehakt werden kann, werden Ihre Studenten völlig beruhigt sagen können: Ich hab's geschafft! Ich kann alles.

Was im Gehirn passiert

In der Bearbeitungsphase hat das Gehirn bereits jene Bedeutungslandkarten aktiviert, die zur neuen Information passen. Zwar hat die neue Information noch nicht ihren Platz im Gedächtnis gefunden und wurde auch noch nicht mit anderen, relevanten Inhalten verknüpft. Aber fürs Wiederholen ist das Gehirn trotzdem gut präpariert. Jetzt tritt die Hirnregion des Hippocampus in Aktion. Sie lernt schneller und sorgt selbst fürs Wiederholen, indem sie die neuen Inhalte mehrmals an die Großhirnrinde „feuert", damit sie dort verknüpft werden können. Dieser Vorgang erfolgt vor allem beim Schlafen. Wer von sich behauptet, er würde alles Neue beim ersten Hören oder Sehen schon lernen und behalten, merkt gar nicht, dass Wiederholungsphasen auch unbewusst ablaufen. Durch die Wiederholung des Lernstoffs erhält der Hippocampus nochmals die Chance, die Lerninhalte weiter zu verarbeiten. Das war ihm in der Vorlesung noch nicht möglich, hier wurden seine Kapazitäten einfach nur überfordert. Jede Wiederholung fördert aber nicht nur die Verankerung neuer Information im Gehirn, sie sorgt auch für ihre bessere Verknüpfung mit anderen Wissensregionen. Die wiederholte Information festigt sich und kann sich vertiefen. Das Gehirn hat nun die Möglichkeit, mehr Zugänge zu anderen Gebieten des neuronalen Netzwerks zu entwickeln. Auf diese Weise ist die neue Information dann vielfältig abrufbar.

Was Sie als Dozent beitragen können

Wiederholungseinheiten sind wichtige Lernphasen, die meistens von den Studenten alleine bewältigt werden, obwohl das Wiederholen in Lerngruppen viel effektiver wäre. Durch Gespräche und Diskussionen wird der Stoff vielfältig kodiert und im Gedächtnis verknüpft. Viele wissen das, aber ihnen ist das Organisieren einer solchen Gruppe zu aufwändig. Vielleicht können Sie hier unterstützend eingreifen? Ideal wäre es, wenn Sie die Bildung von Lerngruppen dadurch unterstützen könnten, dass Sie Materialien zum selbstständigen Arbeiten zur Verfügung stellen.

Auch während der Lehrveranstaltungen haben Sie viele Möglichkeiten, den Stoff zu wiederholen und dabei gleichzeitig neue Zusammenhänge anzusprechen. Das Klima in Ihrem Seminar wird dadurch erheblich lernfreundlicher werden. Unterstützen Sie diese Entwicklung, indem Sie zum Beispiel mit einem kurzen Rückblick beginnen, nach jedem inhaltlichen Lehrabschnitt eine Zusammenfassung anbieten oder systematisch am Ende des Semesters die thematischen Essentials in einem Rückblick wiederholen. So können Sie Ihre Studenten glücklich machen, denn die werden merken, dass sie in Ihrer Veranstaltung etwas gelernt haben und mit jeder Sitzung den Stoff besser durchschauen. Ob sie sich aber bei Ihnen direkt bedanken werden, ist zweifelhaft. Die meisten werden ihre Aufmerksamkeit – im Idealfall – auf die von Ihnen vermittelten Inhalte richten. Nicht auf Ihre Person. Schade vielleicht, aber praktisch. Bauen Sie Ihre Wiederholungsphasen in die Lehrveranstaltung ein. Und wechseln Sie dabei auch die Methoden. Vielleicht beginnt jede Sitzung mit einer Wiederholungsfrage oder mit dem Kurzprotokoll eines Studenten? Vielleicht enthält Ihr Skript aber auch eine Stichwortliste, die in ergänzter Form zur Grundlage für die Semesterwiederholung werden könnte? Sie haben ja so viele Möglichkeiten...

6. Phase: Anwenden und Präsentieren

Das Abrufen neuer Informationen will geübt sein

Manche Studierenden beklagen sich nach einer Prüfung darüber, dass sie alles gewusst hätten, aber trotzdem verlief die Prüfung holprig. Meistens liegt das daran, dass sie eine wichtige Lernphase übersprungen haben: das Anwenden und Präsentieren des neuen Lernstoffes. Studenten sind oft so sehr darauf fixiert, neuen Stoff aufzunehmen, dass sie sich gar nicht mehr selbst mit dem Gelernten auseinandersetzen. Vom souveränen Anwenden mal ganz zu schweigen. Hinterher heißt es dann: komisch, vorher wusste ich's noch, im Prüfungsraum aber war alles plötzlich weg. Auch für Hochschuldozenten ist das eine dumme Situation. Denn was bringt das exzellente Lehren, wenn die Studenten so lernen, dass sie sich am Ende an nichts mehr erinnern können?!

Was im Gehirn passiert

Wir lernen, um neue Informationen zu einem späteren Zeitpunkt wieder anwenden zu können. Ein Beispiel: Stellen Sie sich vor, Sie waren kürzlich in Rom und werden nun auf einer Historikerparty von einem Freund gefragt, ob Sie ihm den Weg von der *Piazza Navona* zum *Forum Romanum* sagen könnten. Diese Frage wird in Ihrem Gehirn etwa folgende Reaktion auslösen: durch den Abrufreiz erfolgt in Ihrem Gehirn eine breite Aktivierung des Netzwerkes (Spitzer 2000, S. 226), die so lange fortwirkt, bis genau jenes Areal tätig wird, das für die Information *Rom* zuständig ist. Natürlich wird die Wegbeschreibung noch nicht fehlerfrei in Ihrem Kopf vorliegen. Es wird eher so sein, dass Ihr Gedächtnis mehrere Zugangswege zum Areal *Piazza Navona – Forum Romanum*

nutzt. Vielleicht haben Sie ja in einem Hotel in der Nähe der *Piazza Navona* logiert und kennen die Gegend? Am Kolosseum haben Sie womöglich ein Café besucht und von dort aus die Touristenmassen zum *Forum Romanum* strömen sehen. Schließlich sind Sie mit dem Sightseeingbus an beiden Sehenswürdigkeiten vorbeigefahren. Obwohl Sie also nie den Weg von der *Piazza Navona* zum *Forum Romanum* selbst gelaufen sind, werden Sie ihn beschreiben können. Über die Assoziationen Hotel – Café – Bus können Sie Ihre Einzelerinnerungen verknüpfen zu einer plausiblen Vorstellung der Wegstrecke. Dem Gehirn fällt das Aufrufen von Informationen dann leicht, wenn sie vielfältig miteinander verknüpft sind. Für eine vielfältige Verknüpfung sollte der Lernende aber selbst sorgen. Sie geschieht nicht von allein. Wenn das Gehirn etwas lernt, merkt es sich die neue Information kontextabhängig. Illustriert an einem Beispiel heißt das: wenn ein Mathematikstudent eine Formel immer nur zur Lösung eines bestimmten Aufgabentyps verwendet, wird es ihm schwer fallen, sich an die gleiche Formel zu erinnern, sobald er es mit einem anderen Aufgabentyp zu tun bekommt. Dass das Lernen kontextabhängig ist, gilt aber auch für die Lernsituation selbst. Studenten, die immer nur zu Hause am Schreibtisch lernen, sollten ihren Professor am besten zu sich ins heimische Arbeitszimmer bestellen, sobald die Prüfung ansteht. Wer lernt, steht also vor der Aufgabe, das frisch Gelernte zu *dekontextualisieren*. Nur so kann es sich vielfältig auf den kortikalen Karten niederschlagen. Vielfältige Verknüpfungen entstehen dadurch, dass die neue Information von verschiedenen Seiten aus aktiviert und aufgerufen wird – und das in verschiedenen Situationen bei verschiedenen Gelegenheiten. Wer lernt, sollte das nicht nur stumm und in Gedanken tun, wie etwa beim Lernen von Karteikarten. Wer laut lernt, eigene Formulierungen verwendet und dazu deutlich seine Stimme einsetzt – eventuell sogar vor Zuschauern –, ist im Vorteil. Jeder Wiederaufruf führt zu neuen Verknüpfungen im Gehirn. Und zu mehr Gelegenheiten, an die Information im eigenen Wissen zu gelangen.

Was Sie als Dozent beitragen können

Jetzt sind Ihre Studenten dran. Geben Sie Ihnen Gelegenheit zu zeigen, was sie verstanden haben. Genau genommen ist das studentische Präsentieren ja schon regulärer Teil Ihrer Aufgaben als Dozent. Mit jeder Prüfung oder Klausur haben die Studenten aufs Neue die Gelegenheit, zu präsentieren, was sie aus dem Thema gemacht haben. Leider begreifen das nur die wenigsten Hochschullehrer. Sie sehen die Prüfung nicht als zentralen Bestandteil Ihrer Lehrveranstaltung. Als im Grunde lästiger Appendix sind Prüfungen nur mehr eine Prozedur, die eben absolviert werden muss. Schade, denn wenn Prüfungen sorgfältig durchgeführt werden, können sie für den Lernprozess sehr nutzbringend sein. Als institutionelle Form bieten sie nämlich den Studenten die Gelegenheit, ihre neu gelernten Kompetenzen anzuwenden und zu präsentieren.

Leider legen die meisten Dozenten ihre Prüfungstermine ganz ans Ende des Semesters. Für den Lernprozess Ihrer Studenten wäre es aber günstiger, wenn Sie im laufenden Semester immer mal wieder Anwendungsphasen einfügen würden, um ihnen Gelegenheit zum Präsentieren zu geben. Deshalb seien Sie beim Lehren nicht zurückhaltend mit Abrufreizen. Bringen Sie Ihre Studenten immer wieder dazu, sich ihre Lernergebnisse in Erinnerung zu rufen und einzusetzen. Warum schicken Sie Ihre Studenten nicht einfach mal mit einer provokativen These zum Thema ins Wochenende? „Drohen" Sie ruhig mal damit, dass Sie die nächste Sitzung mit einer Pro und Contra-Diskussion zu Ihrer These beginnen werden. Oder stellen Sie am Ende einer Lehreinheit mal eine passende Aufgabe, die von den Studenten zu Hause ausgearbeitet, in der nächsten Sitzung präsentiert und von den anderen Kommilitonen korrigiert werden muss. Bedenken Sie bitte, dass es nicht um Schikane geht, sondern um Aktivierung und Anwendung. Ziel ist immer die Verankerung der neuen Information im Gehirn. Aber missbrauchen Sie bitte nicht Ihre Machtposition.

Wenn die genannten Beispiele für Ihr Fach unpassend sind, möchten wir Sie bitten, sich andere Ideen und Formen einfallen zu lassen, mit denen Sie die Lernergebnisse Ihrer Studenten gut abrufen können. Denn sowohl die Lehre als auch das Lernen sind erst dann abgeschlossen, wenn das Gelernte auch angewendet werden kann.

Lernprozessbegleitung

Vielleicht sind Ihnen beim Lesen schon viele Gedanken über Ihre eigene Lehrpraxis durch den Kopf gegangen. Damit Sie sich beim Lehren effektiver an unserem Modell des Lernprozesses orientieren können, haben wir die wesentlichen Erkenntnisse für Sie noch einmal in einem Überblick zusammengefasst.

4. Die Phasen des Lehr-Lern-Prozesses im Überblick

Lernphase	Gehirnaktivität	Lehraktivität
1. Entschluss fassen Jedes Lernprojekt beginnt mit dem Entschluss, anzufangen	Das neue Lernprojekt löst im neuronalen Netz Unsicherheit aus. Aus Neugierde und wegen des erwarteten Nutzens wird die Herausforderung angenommen	Machen Sie das Ziel und den Gewinn des Lernprozesses deutlich und bieten Sie sich als Lernbegleiter an, der sich mit der Gruppe auf den Weg macht.
2. Überblick verschaffen Ein Überblick über den neuen Stoff erleichtert den Einstieg ins Lernen	Das Gedächtnis des Lernenden sucht durch den Überblick über das neue Wissen nach Analogien und bereits bestehende Anknüpfungspunkte im Vorwissen.	Indem Sie einen Überblick über das neue Thema geben, versuchen Sie, in Erfahrung zu bringen, welche Vorkenntnisse bei den Lernenden vorhanden sind, auf die Sie mit der Lehre aufbauen können.
3. Strukturieren Durch Gliedern und Strukturieren wird der Stoff handhabbar	Das Gehirn lernt Strukturen. Neue Wissensgebiete gewinnen an Reiz, wenn sie in gut strukturierter Form dargeboten werden.	Machen Sie die Struktur des Lernstoffes transparent und zeigen Sie immer wieder auf, wo sich die Lerngruppe im Stoffgebiet befindet.
4. Durcharbeiten Erst wenn man sich einen eigenen Zugang erarbeitet hat, kann der neue Stoff dargestellt, verstanden und angeeignet werden.	Verschiedene Hirnzentren arbeiten daran, die neuen Erfahrungen optimal zu beschreiben und treffend zu generalisieren. Wenn dies gelingt, werden sie an bestimmten Orten des neuronalen Netzes kodiert.	Ihre Studenten arbeiten daran, sich den Stoff zu erschließen, den Sie ihnen vorgestellt haben oder der in der Lerngruppe präsentiert wurde. Durch Ihre Hilfestellung werden die Studierenden auf zusätzliche Aspekte aufmerksam oder können feststellen, ob sie die Zusammenhänge bereits verstanden haben.
5. Wiederholen Die neuen Informationen finden durch Wiederholung ihren Platz im Gedächtnis. Das benötigt Zeit.	Durch die Wiederholung wird der neue Stoff zu etwas Eigenem. Er festigt sich im Kortex und es werden immer mehr Verknüpfungen zu anderen Gebieten des Netzwerkes ausgeprägt, über die das neue Wissen wiederum erreichbar und abrufbar ist.	Wiederholen Sie sich beim Lehren und ermuntern Sie die Studenten, Exzerpte und Zusammenfassungen des Gelernten anzulegen, mit denen sie es gut wiederholen können. Stellen Sie Querverweise zu bereits besprochenen Inhalten dar.
6. Anwenden und Präsentieren Das Wiederaufrufen neuer Informationen aus dem Gedächtnis muss trainiert werden.	Neugelerntes ist kontextabhängig und bezieht sich zunächst auf die Situation, in der gelernt wurde. Durch Anwendung auf andere Situationen wird es dekontextualisiert und auch mit anderen Bereichen im Gehirn verknüpft. Vielfach verknüpftes Wissen lässt sich leichter wieder aufrufen, wenn der entsprechende Abrufreiz gegeben ist.	Die Studenten haben nichts davon, wenn sie mit dem neu Gelernten nichts anfangen können. Wissen muss auch auf andere Gebiete anwendbar sein. Arbeiten Sie frühzeitig mit Abrufreizen, die die Studierenden dazu bringen, das neue Wissen anzuwenden – nicht erst in der Prüfung.

**2. Teil
Lehren mit dem
Kontaktmodell**

1. In Kontakt treten

Bin ich jetzt auch noch Sozialarbeiter?

Kontakt aufnehmen – das klingt nach Hilfeplan und sozialpädagogischer Betreuung, jedenfalls nicht nach Hochschule und schon gar nicht nach akademischer Lehre. Wieso soll ich mich denn auch noch um die Nähe zu den Studenten kümmern? Ich schaffe es doch kaum, mir die Namen meiner Seminarteilnehmer zu merken. Es gelingt mir noch nicht mal, mich mit jedem Einzelnen von ihnen vor Ablauf des Semesters zu unterhalten. Außerdem sind Hochschulen keine Betreuungsanstalten. Ein gewisser persönlicher Abstand *muss* doch gewahrt bleiben, oder? Spätestens in den Prüfungen ist Objektivität und Distanz gegenüber den Studenten angesagt. Wer einmal seinen Kontakt angeboten hat, kann sich dann nicht einfach wieder zurückziehen. Also heißt die Devise doch: Am besten bleibe ich als Dozent von Anfang an distanziert. Wenn das nur so einfach wäre …

Knifflige Beziehungen in der Sprechstunde

Eine Studentin sitzt beim Professor für Wirtschaftsgeschichte in der Sprechstunde und teilt ihm mit, dass sie das Referat, das sie am nächsten Tag halten soll, nicht werde halten können. Sie habe gerade erfahren, dass sie schwanger sei. Wie soll der Professor darauf reagieren? „Äh, schön für Sie, aber Sie können jetzt unmöglich so kurzfristig abspringen. Außerdem dauern Schwangerschaften neun

Monate und das Referat findet morgen statt." Dem Wirtschaftshistoriker schießen Fantasien durch den Kopf: Steckt hinter der Absage eine Ausrede, vielleicht ist die Frau gar nicht wirklich schwanger?! Der Professor will auf jeden Fall verhindern, dass die ganze Arbeit an ihm hängen bleibt. Vielleicht war die Studentin einfach nur faul? Andererseits: warum ist sie dann persönlich in die Sprechstunde gekommen? Am Ende braucht sie sogar Hilfe? Wie soll er reagieren, ohne ihr zu nahe zu treten?

Die Frage, was angemessene Nähe und Distanz ist, begegnet Dozenten ständig. Personen in Lehrberufen sind nicht die einzigen, die dieses Problem kennen. Alle Berufsgruppen, die mit Menschen zu tun haben, können davon ein Lied singen: auch Verkäufer, Sachbearbeiter und Polizisten. Aber in den genannten Berufsgruppen scheinen die Erwartungen der „Kunden" und die Verhaltensformen der Angestellten völlig klar zu sein. Wir erwarten ganz automatisch, dass wir in Geschäften, Ämtern und Dienststellen professionell und freundlich zugleich behandelt werden. Warum sollte das nicht auch für die Hochschullehre gelten? Auch die professionelle Lehre ist eine besondere Form der Kontaktaufnahme zwischen Menschen. Wie für jede Form der zwischenmenschlichen Kommunikation gelten auch für sie besondere Kriterien. Der Beruf des Hochschullehrers lässt sich sehr wohl von anderen Berufen (z.B. dem des Sozialarbeiters) unterscheiden. Doch wie sieht eine professionelle Form der Kontaktaufnahme für Hochschullehrer aus? Hier kann es nur eine Antwort geben: geometrisch.

2. Das Kontaktmodell der Lehre

Ein Modell für den direkten Draht

Sobald Sie Ihren Seminarraum betreten, stecken Sie schon mittendrin – in einem unsichtbaren Dreieck. Ab jetzt dreht sich in diesem Raum alles um Sie, die Studenten und das Seminarthema. Dieses Beziehungsdreieck bezeichnen wir als Lehr-Lern-Dreieck. Es umfasst die drei Pole Student – Dozent – Thema. Außerdem wird es in unserem grafischen Modell von einem Kreis umgeben, der das Umfeld der Lehr-Lern-Situation abbildet. Wir möchten Ihnen mit diesem Modell nicht bloß eine didaktische Hintergrundinformation vermitteln. Wir möchten es Ihnen vielmehr als dynamisches Analyseinstrument für die Weiterentwicklung Ihrer Lehre empfehlen.

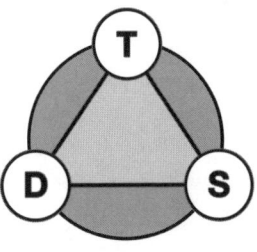

Kontaktaufnahme – einfach, aber nicht leicht

Auf den ersten Blick sieht das Lehr-Lern-Dreieck ganz einfach aus: zwei Personen (oder Gruppen) kommunizieren über ein Thema. Durch die Verbindungslinien zwischen den drei Polen kommt jedoch eine neue Dynamik ins Spiel: Alle drei Pole stehen miteinander in Beziehung und diese Beziehungen können sich ständig verändern. Je nachdem, ob sich die Personen im Gespräch annähern oder entfernen, ob das Thema vielleicht einer der beteiligten Personen näher liegt oder ob es fast ganz aus dem Blick der beiden verschwindet – das Dreieck behält nur selten die gleichseitige, „ideale" Gestalt bei, wie sie in unserer Abbildung dargestellt ist. Das Beziehungsdreieck kann unter Umständen in eine ganz bedrohliche Schieflage geraten, wenn die

Das Lehr-Lern-Dreieck – ein Didaktik-Modell

Modelle können dabei helfen, sich in komplexen Situationen zurechtzufinden. Das *Lehr-Lern-Dreieck* ist ein Versuch, die komplexen Beziehungen eines Lernprozesses modellhaft abzubilden. Es baut auf zwei früher entwickelten Konzepten auf. Bereits in den 1960er Jahren entstand in der allgemeinen Didaktik das Modell eines *didaktischen Dreiecks*, mit dessen Hilfe der selbst gesteuerte Zugang des Lernenden zum Thema dargestellt wurde (Glöckel 2003, S. 57f.). In der Sozialpsychologie entwickelte Ruth Cohn ein *Kommunikationsdreieck*, das sie als Modell für die *Themenzentrierte Interaktion* konzipierte. Es stellt ein innerpsychisches Muster dar: Der Mensch lebt, denkt und handelt in einem Bezugs-Dreieck von *Ich – Wir – Es. Ich* steht für die persönlichen Aspekte, z.B. Ziele, Wünsche, Ängste. *Wir* steht für das Gemeinschaftsgefühl, die Interaktion mit anderen, für Sympathie und Akzeptanz. Das *Es* drückt die gemeinsamen Interessen, Themen und Aufgaben aus (Cohn 1989, Löhmer/Standhart 1992). In diesem Modell ist das Umfeld (Globe) zu einem festen Bestandteil des Dreiecks geworden. Das hier vorgestellte *Lehr-Lern-Dreieck* ist mehr als nur ein didaktisches Schema, weil es sich darüber hinaus als Analyseinstrument für die konkrete soziale Interaktion erweist. Im Unterschied zum TZI-Dreieck setzt es statt *Ich* und *Wir* die Interaktionspartner D und S zueinander ins Verhältnis.

Kontakte untereinander belastet sind oder ganz abbrechen. Eine wichtige Rolle für das gesamte Dreieck spielt der Kreis, der alle Pole miteinander verbindet: das Umfeld. Angefangen von den konkreten Eigenheiten des Veranstaltungsraums, über die institutionellen Gegebenheiten an der Hochschule, bis hin zu den allgemeinen Studienbedingungen – das Umfeld kann auf ganz unterschiedlichen Wegen Einfluss auf eine einzelne Seminarsitzung haben. Es kann unterstützend wirken oder stören.

Wie viel Anrecht habe ich auf das Thema?

Die Dreiecksform dieses Modells ist essenziell, weil sie betont, dass Lehren kein linearer Vorgang der Wissensweitergabe von einer Person zur anderen ist. Das Thema kann nicht einfach vom Lehrer aufgenommen und an den Studenten weitergegeben werden, damit der es dann in seinen Wissensspeichern lagert. Anders gesagt: Der Dozent hat keinen direkten Einfluss darauf, welchen Bezug Studenten zu einem Thema haben bzw. bekommen (vgl. Kapitel 1). Sie entwickeln einen eigenen Bezug zum Thema. Der einzige Weg, den ein Dozent wählen kann, um zu erfahren, ob und in welcher Weise der Student Kontakt zum Thema aufgenommen hat (und ob er evtl. schon Lernerfolge erzielen konnte), führt über die Beziehungsebene (D – S). Der Dozent muss Kontakt aufnehmen. Das bedeutet aber auch, dass der Dozent seine eigene Beziehung zum Thema nicht einfach auf die Studenten übertragen kann. Wissen kann nicht direkt vermittelt werden, sondern muss von den Studierenden aktiv erworben werden, indem sie selbst Kontakt zum Thema aufnehmen.

Dozenten in der Ego-Falle

Einerseits bestätigt das Lehr-Lern-Dreieck damit die Lernperspektive des Lehrens. Andererseits relativiert es sie auch wieder. Die Lern-Beziehung *Student –Thema* (S – T) ist zwar eine unverzichtbare Seite dieses Dreiecks, ohne welche es die Lehre praktisch gar nicht geben kann. Aber Gleiches gilt auch für das Beziehungsverhältnis *Dozent – Thema* (D – T). Im idealen Lehr-Lern-Dreieck ist der Kontakt des Dozenten zum Thema genauso wichtig wie der des Studenten zum Thema und wie der personale Kontakt zwischen den beiden Personen(gruppen). Trotzdem ist die Lehre immer wieder in der Gefahr, dozentenzentriert zu verlaufen. Das kann schnell dazu führen, dass der Kontakt der Studenten zum Thema verloren geht und vielleicht sogar abreißt. Anhand des Dreieck-Modells lässt sich nachvollziehen, dass der Dozent seinen eigenen thematischen Bezug immer unmittelbarer erlebt als die Studenten. Es besteht für den Dozenten also immer die Gefahr, dass er über seine Sicht des Themas parliert, ohne darauf zu achten, ob ihm die Studenten überhaupt noch folgen können. Den Kontakt der Studierenden zum Thema (S – T) kann er sich nämlich nur indirekt erschließen, über Rückmeldungen in der Beziehung D – S.

Ihre Aufgabe: aktivieren

Um das Lehr-Lern-Dreieck im Gleichgewicht zu halten, ist es notwendig, dass Sie als Dozent aktiv werden. Denn seine gleichseitige Form behält das Dreieck nur dann, wenn die Studenten einen ähnlich intensiven Kontakt zum Thema bekommen wie Sie selbst. Was die Studenten aber aus dem Thema machen, über das Sie referieren, erfahren Sie nur, wenn Sie ihnen Gelegenheit geben, darüber zu sprechen. So können Sie abklären, ob Sie verstanden worden sind und wo es noch Lücken gibt. Als Dozent sind Sie daher auf Rückmeldungen angewiesen. Wenn es Ihnen gelingt, die Studenten für das Thema zu begeistern – wenn also der Kontakt S – T gelingt –, dann hat auch niemand mehr die alleinigen Besitzansprüche am Lehr-Thema. Dann wird es von Studierenden und vom Dozent gleichermaßen entwickelt und geformt.

Die Lernwelt ist dreieckig

Eingangs haben wir behauptet, der Lehre sei die traditionelle Funktion der Wissensvermittlung abhanden gekommen, weil es effektivere Informationsmöglichkeiten gäbe. Ein oberflächlicher Blick auf die studentische Lernpraxis scheint unsere These bereits zu bestätigen: Das Selbststudium eines Fachbuches oder die Bearbeitung einer E-Learning-Lektion können tatsächlich ganz bequem zu Hause oder in der Bibliothek stattfinden. Studenten kommen also völlig ohne Seminarbesuche und die ganzen komplizierten Bezüge im Lehr-Lern-Dreieck aus. – Oder etwa doch nicht?

Lesen ist Kommunikation. Und so bleiben wir auch hier wieder dem Lehr-Lern-Dreieck verhaftet. Die Lektüre von Fachliteratur lässt sich durchaus mit den bekannten Dreieckelementen beschreiben. Es gibt die Bezugspunkte Leser – Autor – Text. Auch wissenschaftliches Schreiben ist letztlich der Versuch, dem Leser ein bestimmtes Thema in wissenschaftlicher Form zu „vermitteln". Wissenschaftler ringen um die geeignete Sprache, die es ihnen erlaubt, auch komplexe Gegenstände so festzuhalten, dass sie verstanden werden. Das E-Learning wiederum nutzt die Vorteile des Internets dazu, dem Lernenden schnelle Rückmeldung über seine Leistung zu geben. Das Lehr-Lern-Dreieck existiert aber auch hier. Die Autoren der im Web veröffentlichten Texte müssen Form und Inhalt wenigstens so konkurrenzfähig gestalten, dass sie ihre Leser nicht gleich an die nächste Flirtsite verlieren. Dazu müssen Sie versuchen, in Kontakt mit den Lesern zu kommen. Es gibt streng genommen also keinen Ausweg aus dem Dreieck.

Willkommen im Mediendreieck

Was ist gemeint, wenn wir sagen, dass im Lehr-Lern-Dreieck eine „Beziehung" zum Thema oder zu einer anderen Person aufgenommen wird und dadurch ein „Kontakt" entsteht? Diese bildhafte Sprache deutet bereits an, dass die Verbindungen zwischen den Polen im Lehr-Lern-Dreieck nicht ganz einfach zu beschreiben sind. Sie sind nicht automatisch „da", sondern kommen durch die Vermittlung von etwas Drittem zustande,

das sich Beziehung stiftend zwischen Dozent, Student und Thema schiebt: ein Medium. Da wir immer über Medien (lat. medius = das Mittlere) vermittelt kommunizieren, spielen sie auch in der Lernwelt eine große Rolle. Dabei sind die elektronischen Medien noch nicht einmal die wichtigsten. Auch Ihre Stimme ist bereits ein Medium, das Sie nutzen müssen, wenn Sie den Studenten etwas mitteilen möchten. Ohne Medien kommt kein Kontakt zu Stande. Wenn das Medium versagt, bricht auch der Kontakt ab. Sogar Ihr persönlicher Bezug zum Thema ist durch Medien geprägt. Sie haben wahrscheinlich viele Bücher und Artikel lesen müssen, bis Sie sich eine Vorstellung von Ihrem Thema machen konnten. Die Studenten greifen ihrerseits auf Medien zurück, um sich das von Ihnen gestellte Thema anzueignen, z.B. nutzen sie Ihre Aufzeichnungen oder Skripten im Internet.

Wie bring ich's rüber? – Angemessen!

Unter Medien versteht man sehr verschiedene „Vermittler": *Hilfsmittel* (z.B. Zeigestock, Tafel und Kreide), *technische Geräte* (Lautsprecheranlagen, Overheadprojektor, Beamer), *Speichermedien* (Bücher, Videofilme, Computer) oder *interaktive Medien* (z.B. Internet). Auch die menschliche Sprache ist ein Medium: ein symbolisches Zeichensystem, das Lernen dadurch ermöglicht, dass es die Komplexität eines Themas reduziert, zugleich aber komplexe Erkenntnisse erlaubt. Ein thematischer Inhalt kann manchmal so sehr mit einem Medium verschmelzen, dass beide nicht mehr getrennt von einander betrachtet werden können; bei einem Gemälde zum Beispiel. In manchen Fällen verweisen die von einem Medium vermittelten Inhalte wiederum auf andere Medien. So verweist der Vortrag des Dozenten vielleicht auf das Lehrbuch, das seinerseits wiederum auf die Primärliteratur verweist, in der beschrieben ist, was ein Autor über ein bestimmtes Phänomen dachte. Weil unser Denken nicht das „Ding an sich" (Kant) begreifen kann – also die unverstellte und unvermittelte „Wirklichkeit" –, müssen wir uns mit der Botschaft der Medien zufrieden geben. Weil sich das Medium in die Botschaft quasi einschreibt, ist es nicht möglich, mit einem einzigen Medium alles auszudrücken. Eine Grafik kann nicht immer alle Aspekte einer chemischen Verbindung darstellen, nicht immer ist die Powerpoint-Präsentation die richtige Wahl. Es kommt beim Lehren vielmehr darauf an, die medialen Formen auszuwählen, die für die beabsichtigten Inhalte am besten geeignet sind. Wer ein Medium austauscht oder ändert, muss damit rechnen, dass sich damit auch die Inhalte verändern (Mersch 2006, S. 113).

Das Medium als Körperprothese

Der Medientheoretiker Marshall McLuhan erkannte in den Medien das Potenzial, den Aktionsraum des menschlichen Körpers auszuweiten. Als Beispiel dafür nannte er den Stuhl, der die Funktion habe, beim Sitzen das Gesäß zu verlängern (McLuhan 170, S. 13). Solche Extensionen des Menschen (McLuhan 2001, S. 171) sah er auch in anderen technologischen Entwicklungen, von der Kleidung über das Rad bis hin zum Computer. Sie alle erweitern die Kontaktmöglichkeiten des Menschen enorm. Mit Hilfe von Lautsprecheranlagen können Sie zum Beispiel Ihre Stimme verstärken und sehr viele Studenten erreichen. Per Videoübertragungen können Sie außerdem in mehreren Räumen gleichzeitig lehren. Medien vergrößern gewissermaßen den „Lehrkörper". Die Kehrseite der Extension besteht allerdings darin, dass die Kontaktaufnahme sehr schnell einseitig werden kann. Sie können nicht mehr erfahren, was in jedem Einzelnen der vielen Studenten vor sich geht. Die Exponierung des Dozenten geht auf Kosten seiner Erreichbarkeit. Die Benutzung einer „Medienprothese" birgt immer die Gefahr, dass etwas verloren geht oder sich zurückbildet (Mersch 2006, S. 109f.) – und sei es „nur" die Fähigkeit, sich als Dozent auch ohne Mikrofon in einem vollen Hörsaal verständlich zu machen.

Vorsicht, Falle!

„Alle Medien sind technische Medien" (Winkler 2004), denn sie arbeiten mit gegenständlichen Hilfsmitteln. Aber Technik kann versagen: Die nicht lesbare Handschrift, der Fehldruck im Skript, die versehentlich gelöschte Datei. Eine einfache Halsentzündung reicht aus, um eine Vorlesung scheitern zu lassen ... Die Liste der Medienkatastrophen ließe sich endlos fortführen. Befreiend könnte aber die Einsicht wirken, dass kein Mensch behaupten kann, er sei Herr über die Technik und ihre medialen Strukturen. Im Gegenteil: Die medialen Strukturen herrschen über uns (Mersch 2006, S. 112). Wer mit Medien arbeitet, sollte sich deshalb mit ihnen auskennen, sich ihres Nutzens, aber auch ihrer Grenzen und Gefahren bewusst sein.

Professoren als Grafikdesigner

Medien faszinieren und motivieren – aber nur wenn sie gewissen ästhetischen Qualitätsansprüchen genügen. Manche Bilder in Powerpointpräsentationen sind einfach nur zum Wegsehen. Manches Hintergrundgedudel beleidigt das Ohr. In einer multimedialen Welt, in der Schüler und Studenten viel Zeit mit Texten, Bildern und Klängen verbringen, ist es für Dozenten immer schwieriger geworden, mit gut gemachten Grafiken und Präsentationen den Sehgewohnheiten der Studenten zu entsprechen. Aus dieser Spirale medialen Anspruchsdenkens können sich Dozenten befreien, wenn sie sich an ihre Medienkompetenz im eigenen Fach erinnern. Diese sollten sie weiterentwickeln. Der Lernstoff, mit dem Sie sich seit langem beschäftigen, liegt ja bereits in medialer Form vor. Sie müssen ihn jetzt „nur" für das Lehren und für die Kommunikation mit den Studierenden in der Lehrveranstaltung aufarbeiten. Und das könnte in Zukunft erheblich leichter werden: Die E-Learning-Zentren stellen immer häufiger Open Content-Systeme zur Verfügung. Hier wird eine wachsende Menge an Text-, Bild- und Tonmaterial für die Lehre frei zugänglich sein. Je mehr Hochschullehrer ihr Material zur Verfügung stellen, desto weniger wird man den Fall erleben, dass der Anatomiedozent die Grafik des Fußskeletts selbst scannen, drehen, vergrößern und beschriften muss.

Thema und Medium in der Balance

Das Lehr-Lern-Dreieck wird Ihnen den Umgang mit den Medien erleichtern, denn es weist Sie immer auf die Notwendigkeit einer Balance hin. Immer geht es um die gleichmäßige Kontaktaufnahme, bei der die Medien Sie unterstützen sollen. Bei der Wahl der geeigneten Medien lohnt es sich daher, Folgendes zu beachten:

- Die Medien sollen dafür geeignet sein, den Sinngehalt des Themas zu präsentieren. Sie dürfen nicht im Vordergrund stehen und vom Thema ablenken.
- Die Medien sollten Ihre sprachliche Kommunikation mit den Studenten über das Thema unterstützen, indem sie mehrere Sinne ansprechen. Andernfalls werden sie nicht die Aufmerksamkeit der Lerngruppe wecken.
- Technische Schwierigkeiten mit den Medien lenken vom Thema ab und stören den Lernprozess. Gute Medien passen sich unauffällig in den Kommunikationsverlauf ein.

Abschied vom Abschied von der Präsenz-Lehre

Der Mensch hat durch den Einsatz elektronischer Medien seinen Körper enorm ausdehnen können. Er „trägt das Gehirn jetzt außerhalb seines Schädels und die Nerven außerhalb seiner Haut. Eine neue Technologie züchtet einen neuen Menschen heran", befand Marshal McLuhan bereits 1969 in einem Interview (McLuhan 2001, S. 235). Die „Herrschaft" von Raum und Zeit kann durch die elektronischen Netzwerke überwunden werden: Die neuen Medien machen es möglich, mit Lichtgeschwindigkeit und ohne körperlichen Einsatz überall in der Welt Verbindung zu anderen Menschen aufzunehmen. Die Kontaktmöglichkeiten des Einzelnen sind dadurch ins Unermessliche gestiegen. Was bedeutet das für Ihre Lehrveranstaltung? Sie findet – ganz konventionell – trotzdem zu einer bestimmten Zeit in einem vorgegebenen Raum statt. Mit einem guten, lernförderlichen Grund: Das beste Medium sind Sie selbst.

Die persönliche Begegnung und das *unmittelbare* Feedback zwischen Lehrenden und Lernenden sind für das Lernen von hoher Bedeutung. Die Präsenz-Lehre hat gegenüber dem Selbst- oder Fernstudium immer noch den großen Vorteil, dass die neuen Informationen von real verfügbaren Personen präsentiert werden, denen ich zuschauen, zuhören und an die ich meine Fragen stellen kann. Es entsteht *im Hier und Jetzt* eine Situation, die von den Beteiligten mit allen Sinnen wahrgenommen werden kann und die aktiv und direkt von allen Beteiligten gestaltet wird. Ein personzentrierter Kontakt des Dozenten zur Lerngruppe fördert außerdem das Gefühl des Wahrgenommenwerdens. Deshalb wird der Präsenzunterricht als Lernform auch nicht aussterben. Selbstverständlich können sich Studenten die gesuchten Informationen auch weiterhin aus Büchern und Internetforen zusammensuchen. Die ausschließlich auf diesen anderen Wegen aufgenommenen Informationen werden aber nicht auf so vielfältige Weise im Gedächtnis kodiert sein. Statt der Opposition *„Entweder* Vorlesung *oder* Buch und Web"* wäre ein *Sowohl als auch* fürs Lernen optimal.

Wie würden Sie reagieren? Das Lehr-Lern-Dreieck in der Praxis

Das Semester ist erst wenige Wochen alt. Kurz vor Beginn der Seminarsitzung betritt ein Student den Seminarraum und geht direkt nach vorne zum Dozenten. Er wird eskortiert von zwei Kommilitoninnen. „Kann ich Sie kurz sprechen?" Die Stimme des Studenten ist ernst, fast traurig. Der Dozent bemerkt die blasse Gesichtsfarbe und die dunklen Augenringe des jungen Mannes. „Ich habe gestern die Nachricht bekommen, dass mein Vater schwer krank geworden ist. Ich muss mich um ihn kümmern." Er gerät ins Stocken, bevor er weiter spricht. „Deshalb kann ich nicht regelmäßig an Ihrem Seminar teilnehmen. Ich möchte Sie fragen, ob Sie mir den Schein auch dann geben, wenn ich mehr als zwei Mal fehle?"

Wie würden Sie an Stelle des Dozenten reagieren? Das Lehr-Lern-Dreieck eröffnet Ihnen vier Möglichkeiten, mit dem Anliegen des Studenten umzugehen. Wir möchten alle vier gedanklich durchspielen.

Variante 1.
Der Dozent antwortet aus persönlicher Betroffenheit

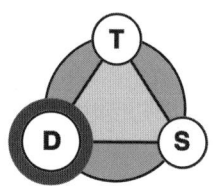

„Einverstanden, das ist ja eine Ausnahmesituation. Kümmern Sie sich erst mal um ihren Vater. Vielleicht geht es ihm ja bald besser."

Der Dozent lässt sich bei dieser Variante von der Privatsituation des Studenten anrühren und willigt in das Anliegen ein, ohne weiter nachzufragen. Er reagiert so spontan, dass man leicht den Eindruck bekommt, er wäre von einem persönlichen Motiv geleitet. Vielleicht erinnert er sich in diesem Moment an seinen eigenen Sohn, der gerade ein Auslandssemester in den USA absolviert und nur einmal im Monat ein Lebenszeichen von sich gibt. Vielleicht hat die Einwilligung ihre Ursache in dem Wunsch nach Nähe zum eigenen Sohn und der Dozent hat ein tiefes Mitgefühl für diesen Studenten entwickelt. Der unmittelbare Kontakt des Dozenten zu sich selbst bestimmt seine Reaktion. Er erfüllt dem Studenten jedenfalls seinen Wunsch und macht sich einen Vermerk in der Anwesenheitsliste.

So sehr die Reaktion des Dozenten auch menschlich nachvollziehbar sein mag, so problematisch ist sie, wenn man die Konsequenzen für die anderen Bezüge des Lehr-Lern-Dreiecks bedenkt. Der Dozent verlässt seine Rolle als Anwalt des Lehr-Lern-Prozesses, denn er setzt die institutionellen Vorgaben und Rahmenbedingungen des Studiums bezüglich der erlaubten Fehlzeiten (Umfeld) außer Kraft. Außerdem riskiert er mit seiner Einwilligung, dass die Verbindung des Studenten zum Lehrthema (S – T) bereits in einem frühen Lernstadium gestört wird oder sogar gänzlich abreißt. Aber auch die direkte Kontaktebene des Dozenten zum Studenten (D –S) wird auf Dauer in Frage gestellt. Durch die nun selten werdenden Seminarbesuche kann der Dozent die Kontaktaufnahme des Studenten zum Thema nicht beurteilen und folglich auch keine Förderung und Korrektur anbieten.

Variante 2. Der Dozent nimmt Kontakt zum Studenten auf

„Steht es denn sehr ernst um Ihren Vater?"

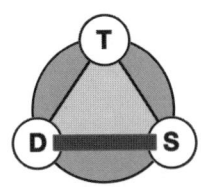

Mit dieser Reaktion lässt sich der Dozent uneingeschränkt auf die Situation des Studenten ein. Er muss damit rechnen, dass sich der Angesprochene noch weiter öffnen wird und womöglich tiefere Einblicke in seine Gefühlswelt gibt. Doch dafür bleibt so kurz vor Beginn der Lehrveranstaltung eigentlich gar keine Zeit. Mit seiner direkten Frage hat der Dozent indirekt ein Kontaktangebot formuliert, das er nicht so einfach wieder zurücknehmen kann. Und so müssen die anderen Seminarteilnehmer wohl warten, bis er das Einzelgespräch beendet.

Auch wenn er mehr Zeit für ein empathisches Gespräch mit dem Studenten über die Krankheit des Vaters und seine Beunruhigung hätte, läuft der Dozent Gefahr, das eigentliche Anliegen aus dem Auge zu verlieren. Denn der Student hatte ja nicht um Beratung oder psychologische Hilfe gebeten, sondern nach einer Ausnahmeregelung gefragt.

Variante 3. Der Dozent nimmt Kontakt zum Thema auf

„Es hilft ihnen wahrscheinlich nicht weiter, wenn ich sie von der Anwesenheitspflicht befreie. Wie wollen sie sich denn bis zum Ende des Semesters in den Stoff eingearbeitet haben, um die Klausur bestehen zu können?"

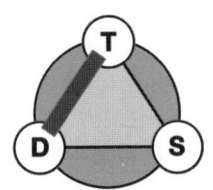

Mit seiner sachlichen Antwort rückt der Dozent das Ziel der Lehrveranstaltung in den Mittelpunkt des Gesprächs. Es geht ihm um das Lehrthema und den Lernprozess des Studenten. Es geht ihm aber nicht um die vorgeschriebene Anwesenheit und die Frage, ob es hier eine andere Lösung geben könnte. Seine Reaktion wirkt uneinfühlsam, denn er vernachlässigt die zwischenmenschliche Ebene (D – S) und er beantwortet auch in diesem Fall die Frage des Studenten nicht. Er lässt sie einfach offen und gibt die Verantwortung für das weitere Handeln zurück.

Variante 4. Der Dozent nimmt Kontakt zum Umfeld auf

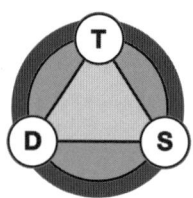

„Es tut mir leid, aber da sind mir die Hände gebunden. Die erlaubten Fehlzeiten sind in der Studien- und Prüfungsordnung vorgeschrieben. Ausnahmen kann nur das Prüfungsamt oder das Dekanat gewähren. Wenden Sie sich bitte dorthin."

Natürlich ist diese Antwort formal korrekt. Der Dozent reagiert im Hinblick auf das Umfeld der Lehrveranstaltung und hat vor allem die institutionellen Rahmenvorgaben der Hochschule im Blick. Damit macht er zwar keinen sachlichen Fehler, aber zufriedenstellend ist dieses Verhalten auch nicht. Der Dozent reagiert unpersönlich. Durch den Rückzug auf das Formale verhält er sich eben nur scheinbar neutral. Ein Blick auf das Kontaktmodell verdeutlicht das Problem seiner Reaktion: Er verweigert die Kontaktaufnahme (D – S) und fördert auch nicht den Kontakt des Studenten zum Thema (S – T).

Klare Antworten sind ausgewogen

Sich als Dozent nach einer einzigen Seite des Lehr-Lern-Dreiecks zu richten, wäre nicht optimal. Die für die Kommunikation des Lehrens und Lernens günstigste Antwort müsste alle Seiten ausgewogen beinhalten. Statt eines Entweder-Oder hilft Ihnen und Ihren Studenten nur ein Sowohl-als-auch weiter: Der Lehrende spürt seine eigenen Gefühle, er kann aber auch die des Studenten wahrnehmen. Er behält sowohl das Ziel des Studiums und seiner Lehre im Blick, als auch die formalen Regelungen der Hochschule.

Wie sähe also die „ideale" Antwort des Dozenten in diesem Fall aus, wenn er alle Elemente der Kommunikation berücksichtigt? Er würde sein Mitgefühl ausdrücken und Verständnis dafür zeigen, dass der Student sich über den Gesundheitszustand des Vaters Sorgen macht (D – S). Als sein Lehrer (D – T) würde er ihn aber dazu auffordern, das Studium trotz allem nicht zu vernachlässigen. Er würde zu bedenken geben, dass es nicht nur um Unterrichtsstunden geht, die er verpasst, sondern um Fähigkeiten, die der Student am Ende des Semesters braucht und bei zu hohen Fehlzeiten nicht nachholen kann (S – T). Er würde mit ihm überlegen, wo er sich gegebenenfalls Hilfe holen kann. Im Gespräch mit einem Berater können vielleicht Lösungen gefunden werden. Unter Umständen kann der Student sogar ein Urlaubssemester beantragen (S – U). In jedem Fall steht ihm die Sprechstunde offen, um über diese Fragen genauer zu sprechen (D – S).

Auf die Frage des Studenten gibt es nicht *die* eine, richtige Antwort. Wie auch immer sie in der Situation formuliert wird: sie sollte keines der vier Elemente des Lehr-Lern-Dreiecks ausblenden. Genau genommen ist es noch nicht einmal nötig, dass Sie als Dozent die ideale Antwort *sofort* parat haben. Sie können – wenn die Zeit dafür gegeben ist – Ihre Argumente anhand der vier Elemente des Dreiecks auch nach und nach im Gespräch entwickeln. Auf der Grundlage des Lehr-Lern-Dreiecks suchen Sie dann gemeinsam mit dem Student nach einer Lösung.

3. Das Lehr-Lern-Dreieck: wie *D*, *S*, *T* und das *Umfeld* zusammenhängen

D – Der Dozent

Wer ist Ihr Vorbild?

Gibt es Personen, die für Sie so wichtig sind oder waren, dass Sie ihnen in Ihrer Lehrpraxis nacheifern wollen? Oft fragen wir die Teilnehmer in unseren hochschuldidaktischen Seminaren danach. Denn unser Selbstverständnis als Lehrende ist davon geprägt, welche Lehrer wir selbst erlebt haben. Diese Vorbilder – im Positiven wie im Negativen – sind uns häufig gar nicht bewusst, trotzdem beeinflussen sie unser Handeln. Bei der Frage nach besonders guten Lehrern bzw. solchen, die sie am meisten beeindruckt haben oder bei denen sie am besten lernen konnten, müssen unsere Seminarteilnehmer oft lange überlegen. Manche werden auf ihrer Suche nach einer vorbildlichen Lehrkraft erst in ihrer Schulzeit fündig. Bevor wir Ihnen zwei Beschreibungen idealer Lehrer vorstellen, möchten wir Sie selbst fragen. Wer war Ihr Vorbild als Lehrer und durch welche Eigenschaften oder Handlungen ist diese Person für Sie vorbildlich geworden? Vergleichen Sie Ihre Erinerungen doch mal mit den beiden Steckbriefen eines vorbildlichen Lehrers, die von zwei Ihrer Kollegen aus der Erinnerung angefertigt wurden.

Beispiel 1: Die Dozentin für Literaturwissenschaften

Sie bot an der Uni einen Grundkurs in Literaturwissenschaften an. Man spürte, dass ihr das Thema sehr am Herzen lag und sie sich wünschte, dass die Studenten genau so eine Leidenschaft für die Erforschung der Literatur entwickeln würden, wie sie selbst. Sie hatte eine lockere Art und beherrschte den – zum Teil sehr trockenen – Stoff sehr gut. Sie konnte mit Witz und Fantasie Interesse wecken und gut erklären. An den vielen Beispielen, mit denen sie die Vorlesung auflockerte, merkten wir, dass sie ein enormes Wissen hatte, das über das Fachgebiet hinausging. Den Studenten ließ sie viel Zeit zum Nachfragen. Sie beantwortete alle Fragen ausführlich oder eröffnete sogar eine Diskussion. In solchen Fällen sprach sie manchmal auch über ihre persönliche Meinung oder über ihre Gedanken, die sie beim Lesen der behandelten Literatur hatte. Sie war offen für Neues. Für neue Formen des Unterrichts und für neue Meinungen. Deshalb interessierte sie sich auch sehr für die Meinung der Studenten. Am Ende, bei den Prüfungen, hat sie die meisten bestehen lassen.

Beispiel 2: Der Dozent für Wirtschaftsprüfung

Er war ein faszinierender Lehrer an der FH, etwa 35 Jahre alt und Diplom-Wirtschaftsprüfer. Sein Auftreten ist souverän gewesen, seine Körpersprache perfekt. Er zog sofort die Aufmerksamkeit des ganzen Saales auf sich. Seine Stimme war äußerst angenehm und das Sprechtempo so optimal, dass man ihm gut zuhören und gedanklich folgen konnte. Das Selbstvertrauen, das er besaß, vermittelte er auch den Studenten. Ich glaube, alle haben bei ihm viel gelernt. Mich hat er sogar in meinem weiteren Berufsweg beeinflusst. Nur eine Sache ist mir noch als Störung in Erinnerung geblieben. Er war fast nie zu erreichen und hat uns außerhalb der Vorlesung nicht betreut. Aber das lag bestimmt nur daran, dass er externer Lehrbeauftragter war und kein Büro an der FH hatte.

Die idealen Lehrer

Diese beiden Vorbilder unterscheiden sich sehr von einander. Ein guter Lehrer kann jung oder alt, zurückhaltend oder dynamisch, medienbegeistert oder Anhänger klassischer Lehrmethoden sein. Zwei Merkmale hatten alle idealen Lehrer in unseren Seminaren jedoch gemeinsam: Sie waren einerseits den Lernenden in freundlicher Verbundenheit zugewandt, andererseits zeichnete sie eine sehr gute Fachkenntnis aus. Und diese beiden Aspekte konnten sie in ihrer Lehrpraxis miteinander verbinden.

Studenten lernen auch von Ihrer „Umgangs"weise

Studenten fällt das Zuhören natürlich leichter, wenn sie einen guten Draht zum Dozenten haben. Es geht im Seminar aber um mehr, als um Sympathie. Es geht auch um mehr als ums Hören, Verstehen und Einprägen von Fakten. Denn Ihre Studenten lernen nicht nur das, was Sie sagen, sondern auch die Art und Weise, *wie* Sie mit den Inhalten umgehen. Sie verfolgen sehr genau, in welcher *Weise* der Dozent mit seinem Denken, Sprechen und Handeln den Gegenstand aufgreift. So lernen sie eben nicht nur viele literaturwissenschaftliche Methoden kennen, sondern auch, wie eine Literaturwissenschaftlerin sie konkret auf Texte anwendet. Sie lernen nicht nur die Gesetze des Unternehmenssteuerrechts, sondern auch, wie der Wirtschaftsprüfer sie auslegt. Die Anschaulichkeit, die im Anwenden einer Theorie liegt, wirkt auf die Studenten aber nicht alleine durch die Autorität des Professors lernförderlich. Es gibt auch eine neuronale Ursache: die Spiegelnervenzellen im menschlichen Hirn. Sie aktivieren beim Beobachten einer bestimmten Handlung die gleichen motorischen Nervenzellen, die auch beim Ausführenden aktiv sind. Der Lehrer, der im Seminar persönlich

> **Stichwort „Spiegelneuronen"**
> Neurobiologen haben in den so genannten *Spiegelneuronen* oder *Spiegelnervenzellen* die hirnphysiologische Ursache dafür erkannt, dass Menschen beim bloßen Zuschauen einer Handlung erfassen können, was die handelnden Personen fühlen und denken (Bauer 2006, S. 40). Wenn eine Person eine andere dabei beobachtet, wie diese eine zielgerichtete Aktion ausführt, kommt es bei dem Beobachter zu einer „stillen Mit-Aktivierung motorischer Nervenzellen" (Bauer 2006, S. 41). Das bedeutet, dass z.B. bei den Studenten, die ihrem Professor bei der Durchführung eines Versuchs zusehen, die gleichen handlungssteuernden Neuronen aktiviert werden wie beim Durchführenden selbst. Die Spiegelneuronen versorgen die Studenten durch ihre stille Mit-Reaktion mit einem Wissen über die Bedeutung der beobachteten Handlung. Diese Fähigkeit der Spiegelneuronen, bei einem Beobachter spiegelbildlich das Gleiche in Gang zu setzen, was im auslösend Handelnden gerade vor sich geht, ist die neurobiologische Basis für das „Lernen am Modell" (Bandura 1976).

anwesend ist, ist eben auch in Hinsicht auf die hirnphysiologischen Prozesse immer ein lebendiges Beispiel dafür, wie in einer Fachdisziplin gedacht und gearbeitet wird. Und noch etwas kann der Student lernen, wenn er sowohl zu Ihnen als auch zum Thema im guten Kontakt steht: dass es darum geht, einen eigenen Zugang zum Thema zu finden.

Aufgeschlossenheit kommt an

Nicht zu jedem Menschen findet man gleich einen guten Zugang. Das geht Ihren Studenten genau so wie anderen Menschen auch. Wenn sie bei Ihnen aber auf eine Grundhaltung der Offenheit und Zuwendung stoßen, erleichtert das die Kontaktaufnahme. Bleiben Sie innerlich aufgeschlossen gegenüber Ihren Studenten. Begegnen sich beide Seiten mit Freundlichkeit, Aufmerksamkeit und ehrlichem Interesse am Anderen und seinen Zielen, werden alle von der Kontaktaufnahme profitieren. Wenn Ihre Studenten merken, dass Sie ihre Namen kennen und von Ihnen „gesehen" werden, steigert das nicht nur ihre Freude über die Wertschätzung, sondern es wird auch dazu führen, dass Sie offener miteinander kommunizieren können. Dann macht das Lehren nicht nur mehr Spaß, es wird Ihnen auch besser gelingen, auf den Lernprozess der Studierenden zu achten. Ein guter Verkäufer ist darauf spezialisiert, den Entscheidungsprozess des Kunden zu beobachten, ihn richtig einzuschätzen und in Richtung einer Kaufentscheidung zu steuern. Als Dozent dagegen können Sie den Lernprozess ergebnisoffen gestalten. Es nützt nichts, den Studenten in langen Monologen den Lernstoff eintrichtern zu wollen und sich dabei auch noch wie ein aufdringlicher Verkäufer in der permanenten Wiederholung der Produktvorteile zu ergehen. Im Gegenteil: Je mehr Sie zuhören und verstehen, was die Studenten zum Lernen eines bestimmten Sachverhaltes noch brauchen, desto entspannter und intensiver kann Ihre Beziehung zu den Studenten werden.

Verständliche Aussprache, eine angenehme Stimmlage und angemessene Körpersprache sind die grundlegenden Medien, mit denen Sie erfolgreich Kontakt zu den Studenten aufbauen. Sie müssen kein Rhetorikstudium absolviert haben, bevor Sie einen Studenten ansprechen können. Aber diese kommunikativen Grundfähigkeiten sollten Sie unbedingt einüben und trainieren. Empfehlenswert sind hier Seminare und Fortbildungen, in denen Sie von Einzelnen oder einer Gruppe Feedback zu Ihrem Auftreten erhalten.

Die Botschaft des Overalls

Viele Signale, die Sie senden und die Ihr Verhältnis zu den Studenten beeinflussen, sind nonverbaler Art. Die Art und Weise, wie sie sich kleiden, kann bereits als ein solches Signal verstanden werden. Treten

Sie im Anzug, im Kostüm, im Pullover oder im Laborkittel auf? Es gibt zwar keinen offiziellen Dresscode für die Hochschullehre, aber wenn Sie einen Laborkittel tragen, vermitteln Sie der Lerngruppe eine andere „Botschaft", als wenn Sie im Pullover erscheinen. Ein Pullover könnte Ihrem Auftritt schon fast eine private Note verleihen: Sie fühlen sich wohl, sind entspannt und möchten die Lerngruppe dazu einladen, sich in den folgenden 90 Minuten genauso zu fühlen. Wenn Sie dagegen im Laborkittel erscheinen, wird mit Ihrem Auftreten womöglich eine eher anwendungsorientierte Lehre verbunden werden. Diese Signale senden Sie übrigens auch dann aus, wenn die Wahl Ihrer Kleidung völlig unbeabsichtigt erfolgt. Wenn Sie also nur aus Versehen gerade noch den Laborkittel anhaben, weil Sie vergessen haben, ihn nach einem Experiment wieder auszuziehen. Oder wenn Sie nur deshalb einen Pullover tragen, weil es Ihnen eigentlich nur um die eigene Bequemlichkeit geht. Sobald diese Signale jedoch nicht zu Ihrem Lehr*verhalten* passen, treten Irritationen auf und Sie haben mit heimlichen Zuschreibungen und Attribuierungen zu rechnen. Die Studenten denken dann womöglich: Mensch ist der schusselig, vergisst sogar, den Kittel auszuziehen. Oder: Der macht einen auf locker, aber eigentlich ist der total streng.

Der Dozent und sein Thema

Wie sind Sie eigentlich zu Ihrem aktuellen Seminar- oder Vorlesungsthema gekommen? Haben Sie es selbst wählen können? Wurde es ihnen vorgegeben? Und würden Sie behaupten, dass Sie einen guten Kontakt zu Ihrem aktuellen Lehrthema haben? Liegt es in „Ihrem" Fachgebiet oder mussten Sie es sich extra „anlesen"?

Viele Dozenten werden irgendwann einmal ins kalte Wasser geworfen und müssen ihre erste Lehrveranstaltung halten. Dann hängt alles davon ab, ob sie sich das Thema zu Eigen machen, um es anderen erfolgreich vermitteln zu können, wie das folgende Beispiel zeigt:

Am geologischen Institut bietet ein junger Assistent Übungsseminare zur Vorlesung seines Doktorvaters in Sedimentologie an. Dieses Angebot macht er seit ein paar Semestern regelmäßig. Eines Morgens informiert ihn sein Doktorvater, er habe einen Sonderurlaub gewährt bekommen und werde für vier Wochen im Ausland Vorlesungen halten. Deshalb müsse nun der Assistent die Vorlesung des laufenden Semesters an seiner Stelle übernehmen. Dieser willigt ein, aber für ihn ist die neue Aufgabe in Wirklichkeit eine große Herausforderung. Also bereitet er sich sehr sorgfältig darauf vor. Er überarbeitet und aktualisiert das Skript des Professors, kümmert sich um neue Exponate und Bilder und überlegt sich ein paar methodische Veränderungen für die Lehrveranstaltungen. Vor der ersten von ihm gehaltenen Vorlesung ist der Assistent sehr unsicher. Werden die Studenten ihn akzeptieren? Und vor allem: Wie wird er fachlich im direkten Vergleich mit dem Professor abschneiden? Er klebt zunächst sehr an seinem Manuskript – bis er eine Pause zum Nachfragen macht. Die wird von den Studenten auch gerne genutzt und es entsteht eine angeregte Fachdiskussion, in deren Verlauf der Assistent immer sicherer wird. Er löst sich vom Manuskript und bringt ganz spontan neue Beispiele ein. Für die darauf folgende Vorlesung bereitet er neues Bildmaterial vor. Und tatsächlich gelingt es ihm auch, die Teilnehmer noch stärker einzubeziehen. Am Ende der Sitzung sagt ein Student schmunzelnd: „Der Alte kann ruhig noch ein paar Wochen fortbleiben." Der Assistent stutzt. Was soll er darauf erwidern? – – – Ein paar Wochen später spricht der Assistent über dieses Lehrerlebnis in einem hochschuldidaktischen Workshop. Er sei froh gewesen, als der Chef nach vier Wochen wieder zurückkam. Denn der Arbeitsaufwand hätte ihn überfordert. Alleine die Vorbereitung der vier Sitzungen Vorlesung sei so intensiv und Kräfte raubend gewesen, dass ihm jetzt schon davor graue, irgendwann einmal mehrere Vorlesungen und Seminare in einem Semester halten zu müssen ...

Wie der Assistent das Thema zu seinem eigenen macht

Warum hat sich der Assistent das Leben so schwer gemacht? Hätte er das Skript des Professors einfach übernommen und vorgelesen – mit ruhiger Stimme und dosierten Pausen für Fragen und Erklärungen –, ihm wäre eine passable Vertretung gelungen. Und so hatte sich der Professor das wohl auch vorgestellt. Gespart hätte er eine ganze Menge Vorbereitungszeit und Stress. Riskiert hätte er aber viel mehr: den eigenen Zugang zum Thema. Indem er den Vorlesungstext überarbeitet, nimmt er thematisch Kontakt auf und lässt eigene Gedanken einfließen. So richtig lebendig aber wird die Vorlesung erst in dem Moment, in dem ihn die Fragen der Studenten dazu zwingen, sich vom Blatt zu lösen und selbst Antworten zu finden. Der unmittelbare Kontakt zum eigenen Wissen macht den Assistenten selbstsicherer – und seine Präsentation lebendig und klar. In der nächsten Stunde bringt er eigenes Bildmaterial mit und fordert die Studenten auf, sich zu beteiligen. Er stellt ihnen Fragen, statt sie mit Antworten zu füttern. Dadurch finden auch sie einen eigenen Zugang zum Vorlesungsthema. Und sie spüren alle: Spätestens jetzt hat der Assistent den „Alten" überflügelt. Er ist drin im Thema und in der Kommunikation. So weit läuft also alles glatt. Aber der Gedanke, Woche für Woche Vorlesungen vorbereiten und halten zu müssen, löst wieder Stress bei ihm aus. Wie soll er da noch Zeit für seine Laborarbeit und die Dissertation finden?!

Den Kontakt zum Thema werden Sie als Dozent nicht durch das Verlesen von Skripten und die Montage von Lehrbuchzitaten gewinnen. Ein Thema dagegen wird glaubwürdig, interessant und auch anschaulich, wenn Sie es aus Ihrer eigenen Erfahrung entwickeln. Hier wird auch die Verbindung von Forschung und Lehre *praktisch*. Denn die Lehre wird durch wissenschaftliche Forschung befruchtet – sofern Sie das zulassen. Wenn Sie in die Rolle des Lehrers schlüpfen, dürfen Sie Ihren Forscherblick gerne beibehalten. Ihre Veranstaltungen werden lebendiger, wenn der Forscher in Ihnen dem Lehrer ins Wort fällt …

Lehren heißt veröffentlichen

Der Assistent aus unserem Beispiel ist nicht der einzige, der sich nach seinem Ausflug in die Lehrpraxis gerne wieder auf seine Promotion konzentriert. Es gibt nicht wenige Assistenten und auch Professoren, die unter der Doppelbelastung von Forschung und Lehre leiden und sich darüber beklagen, dass die Lehre zu viel Zeit verschlingt. Aber um gut sein zu können, braucht Lehre Zeit. Das Gleiche gilt für gute Forschung ja genauso. Und die Behauptung, die bloße Lehre bringe keine neuen Erkenntnisse, stimmt auch nicht. Neue Erkenntnisse gibt es bei der Lehre permanent – für die Studenten. Und selbst der Einwand mancher Professoren, sie würden mit dem Schreiben von Artikeln und Büchern viel mehr Menschen erreichen, als durch ihre bloße Lehrtätigkeit, ist nicht haltbar. Denn jede Lehrveranstaltung ist eine Form der Veröffentlichung. Vielleicht erreicht sie sogar mehr Menschen, als ein Artikel in einer Fachzeitschrift.

Zurück zu unserem Beispiel: Zwar hat der Vertretungs-Assistent viel Zeit auf die sorgfältige Vorbereitung der Vorlesung verwendet, das war aber auch nötig, um die eigene Unsicherheit zu überwinden.

Es ist sehr wahrscheinlich, dass er bei einer Fortsetzung seiner Vorlesungstätigkeit viel weniger Zeit für die Vorbereitung brauchen würde. Ganz allgemein kann man sagen, dass die Vorbereitungszeit zur Lehrveranstaltungszeit in einem Verhältnis von 1:1 steht (Winteler 2004, S. 24). Dabei ist die Zeit, die ein Dozent in die Vorarbeit investiert, qualitativ sehr hochwertig. Es ist eine produktive Arbeit, die zu einem konkreten Ergebnis führt: dem Stundenentwurf, bzw. einem ausgearbeiteten Skript. Was Sie einmal mit hohem Aufwand entworfen haben, können Sie unter Umständen mehrmals verwenden. Nicht wenige Hochschullehrer sind gerade durch Ihre Lehrbücher und Unterrichtsmaterialien bekannt geworden, die ursprünglich mal der Vorbereitung ihrer Lehrtätigkeit dienten.

Wo bin ich gerade?

Julian Schulz hasst diese Nächte. Alle zwei Stunden wird der Biologe vom Husten seiner zweijährigen Tochter geweckt. Als er ihr Hustensaft verabreicht und die Temperatur misst, stellt er fest, dass er selbst leichtes Fieber hat. Am anderen Morgen ist die Kleine immerhin fieberfrei und er kann sie in der Krabbelstube abliefern. Wenn er nur nicht diese Kopfschmerzen hätte ... Wie soll er nur das Seminar überleben?! Rasch wirft er ein Aspirin ein und fährt zur Uni. Ihm ist kalt. Am Automaten zieht er sich noch einen Kaffee, bevor er den Seminarraum betritt. Er schließt sein Notebook an und öffnet die erste Grafik des neuen Seminarthemas. Der Einstieg in die Veranstaltung verläuft zum Glück reibungslos. Der Student, der für die Zusammenfassung der letzten Sitzung verantwortlich ist, erscheint tatsächlich und macht seine Sache auch noch sehr gut. Ohne viele Ergänzungen kann er Biologe mit dem neuen Stoff fortfahren. Und auch sein Einsatz in der Vorbereitung des Seminars scheint sich auszuzahlen. Stundenlang hatte er an der Entwicklung neuer Grafiken gearbeitet, die das Thema der aktuellen Sitzung veranschaulichen sollten. Die Studenten können jedenfalls etwas mit dem Begriff „Zellwanddegradierende Enzyme" anfangen. Das erkennt er nicht zuletzt an den Antworten, die er auf seine Abschlussfragen bekommt. Er hat es sich nämlich zum Prinzip gemacht, „Lernkontrollen" einzuführen: drei bis fünf schriftliche Fragen, die er gegen Schluss an die Seminarteilnehmer verteilt und die von den Studenten beantwortet werden. So erhält er Aufschluss über den Lernerfolg – und natürlich über die Qualität seiner eigenen Lehre. Als er sich später aufs Rad schwingt, um noch einen Abstecher in die Apotheke zu machen, fällt ihm auf, dass er gar keine Kopfschmerzen mehr hat ...

Wie gesund, stabil und ausgeruht muss ich als Dozent sein, um erfolgreich lehren zu können? Das Lehr-Lern-Dreieck gibt darauf eine klare Antwort: Es kommt immer auf meine Fähigkeit an, Kontakt zum Thema und zu den Studenten aufzunehmen. Wenn ich dazu nicht mehr in der Lage bin, rettet mich nur noch die Kontaktaufnahme mit dem Hausarzt.

Apropos Lehr-Lern-Dreieck. Was heißt es, als Dozent einen Bezug zu sich selbst herzustellen? Das Modell thematisiert den Selbstbezug des Dozenten nicht eigens. Es vermittelt nur die Erkenntnis, dass der Dozent ganz bei sich selbst ist, wenn er lehrt. Das will heißen: Erst der gelungene Kontakt zum Thema und zu den Studenten bringt mich als Dozent zu mir selbst, verleiht mir Präsenz, macht mich lebendig und authentisch. Es gibt aber auch eine ungesunde Form des Selbstkontaktes. Sie tritt dann auf, wenn der Bezug zum Thema und zu den Studierenden aus dem Blick gerät. Ein bohrender Zahnschmerz oder das Gefühl von tiefer Trauer können natürlich auch Dozenten dazu bringen, sich mehr mit sich selbst zu beschäftigen, als mit der Kontaktaufnahme zu den Studenten oder der Konzentration auf das Thema. Und das merken sogar die Studenten: „Wo war der denn heute? Jedenfalls nicht hier." Natürlich gibt es auch für Dozenten so etwas wie eine „Tagesverfassung". Nicht in jeder Lehrveranstaltung ist man in gleicher Weise fit, konzentriert und kreativ. Aber hoffentlich ist nicht die Lustlosigkeit am Thema Ursache für das eigene Formtief.

Darf's ein bisschen weniger sein? Lehrlast und Unlust

O-Ton eines Fachhochschulprofessors: „Mit der Verbesserung der Lehre kann ich mich momentan überhaupt nicht beschäftigen. Ich muss in diesem Semester 24 Stunden Lehrveranstaltungen halten vor über 350 Studenten. Viele Themen sind für mich selbst neu. Hoffentlich merkt niemand, dass ich nur einen minimalen Informationsvorsprung habe. Da heißt es durchhalten und das Beste draus machen. Ich bin froh, wenn ich am Ende, nach den Prüfungen, noch allen Studenten mit einem guten Gefühl in die Augen schauen kann ..."

Ein Seminar kann für Dozenten auch zur Qual werden. Vor allem dann, wenn die Erwartungen einfach zu groß werden und die Anforderungen in keinem realistischen Verhältnis mehr zu den anderen Aufgaben stehen, die man als Professor mit festem Lehrstuhl, Juniorprofessor, Honorarprofessor, Gastdozent oder als Lehrbeauftragter erfüllen muss.

Nicht zuletzt spielt auch die Frage nach der Besoldung eine Rolle: Was ist der Hochschule meine Lehre wert? Wenn die Bezahlung nicht stimmt, hat das Auswirkungen auf die Arbeitsmotivation: Weshalb lehre ich überhaupt noch? Stehen Aufwand und Ertrag für mich überhaupt noch im richtigen Verhältnis? Je nachdem, wie meine Antworten ausfallen, wird auch die Qualität der Lehre ausfallen. Der Honorarprofessor im Fachbereich Medizin, der jede Woche seine Praxis für einen halben Tag schließt, um an der Uni eine unentgeltliche Vorlesung zu halten, freut sich auf die Abwechslung im Alltag. Er wird sich unter Umständen viel intensiver vorbereiten als der Klinikarzt, der seine Vorlesungen zwischen zwei Visiten hält.

Ein Dozent, der keine Lust aufs Lehren hat, ist für Studenten eine Zumutung. Wenn sich allzu große Routine beim Dozenten mit Desinteresse paaren und er in dieser Verfassung auf neugierige Studenten trifft, wird die Seminarveranstaltung zur Motivationsbremse für beide Seiten. Es ist ein Trugschluss, zu glauben, als Dozent könne man seine Motivationslosigkeit geheim halten. Es ist keine Frage von Routine oder „Professionalität", wenn man die eigene Unlust unter Kontrolle zu halten versucht. Das wäre so, als hätten Sie einer guten Freundin irgendwann einmal im Dusel versprochen, sie zur Tupperparty zu begleiten. Und sie pocht ausgerechnet an jenem Abend auf Einlösung des Versprechens, an dem das Champions-League-Finale übertragen wird. Wenn Sie merken, dass Ihnen im Moment der Humor, die Gelassenheit, die Flexibilität und der Einfallsreichtum fehlen, die Sie normalerweise besitzen, sollten Sie diese Eindrücke nicht einfach überspielen. Vielleicht hilft dann Ursachenforschung mit Hilfe des Lehr-Lern-Dreiecks weiter:

- Mit welcher inneren Haltung führe ich diese Lehrveranstaltung durch? (D)
- Aus welchem Grund biete ich sie überhaupt an und für wen tue ich das? (D)
- Fällt es mir heute schwerer als sonst, mich auf die Studenten einzulassen? (D – S)

- Gibt es etwas, das mir die Lust nimmt, mich mit dem Thema zu befassen? (D – T)
- Stimmen für mich als Dozent bei dieser Lehrveranstaltung Aufwand und Belohnung überein? (D – Umfeld)

S – Die Studenten

Innere Bilder als Schlüssel zur Situationsbeschreibung

Viele Dozenten würden etwas dafür geben, wenn sie herausfinden könnten, was die Studenten von ihnen halten und wie sie bei ihnen ankommen. Das könnte ihnen den Umgang erleichtern. Aber leider sind verlässliche Feedbacks an Hochschulen sehr selten, so dass dieser Wunsch fast nie in Erfüllung geht. Die umgekehrte Frage ist da schon viel leichter zu beantworten: Was halten Sie denn von Ihren Studenten? Oder: Welches innere Bild haben Sie von ihnen? Die Antwort sagt etwas über Ihr Verhältnis zu Ihren Studenten aus und kann für Ihre Situationsanalyse von Bedeutung sein.

Die Hochschullehrer, die unsere Workshops besucht haben, verwendeten bestimmte Sprachbilder, wenn sie von Ihren Studenten redeten. Es war oft die Rede von: Hörer, Schüler, Kunden, Publikum, Nachwuchs. Als wir diese Begriffe auf das Lehr-Lern-Dreieck zu übertragen versuchten, stellten wir fest, wie wenig sie dazu geeignet sind, eine lernförderliche Beziehung zu beschreiben. Bei den Bezeichnungen „Hörer" und „Schüler" fällt unserer Einschätzung nach die studentische Rollenzuschreibung viel zu passiv aus. Der Begriff „Schüler" impliziert ein großes, hierarchisches Gefälle zwischen dem Lehrenden und seinen Studenten und riecht förmlich nach einseitiger projektiver Machtzuschreibung, der es an realistischem Maß fehlt. Aber auch den Begriff „Nachwuchs" empfinden wir als unbefriedigend, denn er charakterisiert das Lehr-Lern-Verhältnis als einseitig zweckbestimmt: Im Blickpunkt stehen lediglich Rekrutierungsabsichten, die nicht primär den Studenten im Blick haben, sondern einem anderen (persönlichen? universitären?) Ziel dienen.

Vom inneren Bild zur äußeren Umsetzung

Die Frage nach dem persönlichen Bild, das wir von den Studenten haben, ist deshalb so wichtig, weil wir unsere Kontakte zu anderen Menschen nach inneren Bildern gestalten, die aus unseren Erfahrungen gespeist sind. So wirkt sich jedes Bild, das ich für die Beziehung *Student – Dozent* finde, auch auf meine Kommunikation in den Seminarsitzungen aus. Wenn ich als Dozent die Vorstellung habe, dass Studenten Kunden sind, verwandelt sich mein Seminar in eine Verkaufsveranstaltung, ich selbst mutiere dann zum Dienstleister, der seine Kunden zufrieden stellen möchte. Und selbst wenn ich davon ausgehe, dass der Lernzuwachs bei den Studenten das Produkt meines Lehrens ist, besteht beim Bild vom Student als dem Kunden die Gefahr, wieder zu einem dozentenzentrierten Lehren zurückzukehren. Ich bin der Verkäufer, der den Kunden König zufrieden stellen möchte, indem ich ihn nur mit Informationen versorge.

Bewährt haben sich indes ein anderes Verständnis von Lehre und ein anderes Bild von den Studenten. Eine Lehre, die am Lernen orientiert ist, erkennt die Studierenden bereits jetzt als Lernexperten und Träger eines großen Vorwissens an. Lernexperten sind Studenten schon vor Beginn Ihrer Seminarveranstaltung, weil sie schon viele Jahre Erfahrung in institutionellen Lernumgebungen gesammelt haben. Und Wissensträger sind sie ebenfalls. Auch wenn sie sich noch nicht auf dem Feld Ihrer Lehrveranstaltung auskennen. Sie haben aber jetzt schon ein unermesslich weit verzweigtes neuronales Netz ausgebildet, das sie dazu befähigt, mit Ihnen über ein komplexes, wissenschaftliches Thema in Kontakt zu treten. Ein solches Verständnis, das sich an den bereits vorhandenen Fähigkeiten der Studenten orientiert, kann die Kommunikation zwischen Dozent und Student gründlich verändern.

Nette Versuche

Wer sich ein Bild von seinem Gegenüber macht, hat es leichter, mit ihm in Kontakt zu treten, weil das Bild ihm Orientierung gibt. Er begibt sich aber auch in die Gefahr, diese Orientierung zu verlieren, sobald sich seine innere Vorstellung als fehlerhaft erweist. Von einem verunsicherten Professor erzählt das folgende Beispiel:

Um ihren Studienanfängern den Einstieg ins Unileben zu erleichtern, haben sich die Professoren des Fachbereichs Rechtswissenschaften etwas ganz Besonderes einfallen lassen. Sie teilen sich die Studenten auf und nehmen zu Beginn des Semesters persönlich Kontakt zu ihnen auf. Einer von ihnen lädt seine „Erstis" zu sich nach Hause ein. Er besorgt ein paar Flaschen Rotwein, frisches Baguette und spendiert auch noch ein großes Stück Comté, das er extra für diesen Anlass aus seinem Urlaub im Jura mitgebracht hat. - - - Der Abend jedoch beginnt mit einer riesigen Enttäuschung. Von den zwölf eingeladenen Studenten kommen nur fünf. Etwas steif und zäh beginnt das als „gemütlich" angekündigte Beisammensein. Zum Glück aber währt die anfängliche Irritation nicht den ganzen Abend. Am Ende wird dann doch alles aufgegessen und auch vom Wein bleibt nichts mehr übrig. Alles in allem war es sogar noch ein recht schöner Abend. Und ein Glück für diejenigen, die der Einladung gefolgt sind.

Wir wissen nicht, welche Lehren der Professor aus dieser Erfahrung zieht und ob er im nächsten Semester noch einmal zu sich nach Hause einladen wird. Hoffentlich kommt er nicht zu dem Schluss, dass persönliche Kontaktaufnahme vergeblich ist, weil Studenten lieber in Ruhe gelassen werden wollen. Aber vielleicht hilft dieses Beispiel, die Situation von Studenten besser zu verstehen und die Schwierigkeiten zu erkennen, die sie daran hindern, ins Lehr-Lern-Dreieck einzusteigen.

Anatomie der Kontaktlosigkeit

Am Anfang steht die totale Ernüchterung. Kaum einer seiner Studenten ist der Einladung des Professors gefolgt. Er selbst hätte es in seiner Studienzeit nie gewagt, ein solches Angebot auszuschlagen. Und das auch noch ohne abzusagen. Was ist nur mit den heutigen Studenten los? Wir schauen genauer hin:

Die zwölf eingeladenen Studenten unterscheiden sich natürlich sehr voneinander: Unter ihnen sind ein paar Unentschlossene, die sich nur pro forma in den Studiengang eingeschrieben haben, insgeheim aber mit einem Studienwechsel liebäugeln. Mehrere von ihnen sind außerhalb der Uni engagiert. Eine Studentin singt in einer Band, mit der sie regelmäßig proben muss, weil gerade ein neues Programm eingespielt wird. Und da ist auch noch die Handballtrainerin, die mit ihrer Jugendmannschaft gerade im Aufstiegskampf steht und deshalb kein Training absagen möchte. Unter den Studienanfängern sitzen auch ein paar Ältere. Sie haben bereits einen Beruf gelernt, in dem sie zur Finanzierung ihres Studiums weiter arbeiten. Einer ist verheiratet und hat schon ein Kind. Sie alle beginnen ein neues Studium, das ihnen vor allem zwei Dinge abverlangt: Zeit und Aufmerksamkeit. Und zu allem Überdruss setzt der Professor auch noch einen halbprivaten Abendtermin an. Natürlich ohne Terminabsprache. – Können Sie den Studenten ihr Fernbleiben ernsthaft übel nehmen?

Umschalten von „Homebase" auf „Uni-Modus"

Wer ein Studium beginnt, tritt in aller Regel in eine ganz neue Lebensphase ein. Und er wird mit einer fremden Institution konfrontiert. In den ersten Tagen und Wochen müssen Studienanfänger enorm viele neue Eindrücke verarbeiten. In der Unübersichtlichkeit dieser Anfangsphase können persönliche Kontakte natürlich hilfreich sein. Häufig sind diese Kontaktangebote aber auch mit zusätzlichen Anforderungen verbunden. Den Professor zu Hause zu besuchen, nachdem man bereits den ganzen Tag über an der noch fremden Uni gewesen ist – das kann einen Studienanfänger schnell überfordern. Die Hochschule ist bei heutigen Studenten nicht mehr automatisch der Lebensmittelpunkt. Gerade zu Beginn des Studiums sind die Lebensgewohnheiten so unterschiedlich, dass es schwer fällt, von einer einheitlichen „studentischen Lebenswelt" zu sprechen (Bülow-Schramm/Gerlof/Schneider 2009). Das Studium muss neben Job, Beruf, Familie, Freundeskreis, Verein, usw. als weitere Aufgabe bewältigt werden.

studiosus mysteriosus

„Ich weiß doch genau, wie Studenten ticken". Viele Dozenten gehen wie selbstverständlich davon aus, dass sie sich problemlos in die Lage von Studenten hineinversetzen können. Schließlich ist ihre eigene Studienzeit oft noch gar nicht so lange her. Sie unterschätzen dabei aber, dass sich die Lebensbedingungen und der Entwicklungsverlauf von jungen Erwachsenen rasant verändern. Und das ist natürlich für alle Dozenten, die studentennah lehren wollen und sich am Lernen orientieren möchten, eine frustrierende Erkenntnis. Wo der jeweilige Student gerade steht und was er zur Förderung seines Lernprozesses braucht, wissen Sie erst, wenn Sie den Studenten kennen gelernt haben. Und beim Kennenlernen fühlen sich Dozenten oft wie Ethnologen, die einer unbekannten ethnischen Gruppe auf einem anderen Kontinent begegnen. Nur mit aufrichtigem Interesse und Offenheit gegenüber studentischen Lebensbedingungen gelingt ihnen die Kontaktaufnahme.

Lebenskünstler sucht Anschluss

Zum Glück bringen Studenten etwas mit, das Ihnen das Leben als Dozent enorm vereinfachen kann: Lernbereitschaft. Vor allem bei Studienanfängern ist diese positive Grundhaltung zu finden. Sie haben fast alle den Wunsch, einen eigenen Zugang in die Wissenschaften zu finden und sind durchaus bereit, ihre bisherige Lebensführung durch das Neue, das auf sie zukommt, hinterfragen und verändern zu lassen (Bülow-Schramm/Gerlof/Schneider 2009). Dabei trennen sie noch nicht zwischen Privat- und Berufsleben. Sie sind offen für die aktive Auseinandersetzung mit den Angeboten der Hochschulen – aber gilt das auch umgekehrt? Sind die Angebote der Hochschulen ausgerichtet auf das, was die Studenten ihrerseits an Kompetenzen, Erwartungen und Zukunftsvorstellungen mitbringen? Allein die an Hochschulen übliche Bezeichnung „Studien-*Anfänger*" lässt daran zweifeln. Auf „Studien-Anfänger" muss man Rücksicht nehmen, sie müssen erst noch aufgebaut werden – gleichzeitig suggeriert der Begriff, dass sie selbst über keinerlei Kompetenzen verfügen, die sie aufwerten oder zumindest den Anfänger-Charakter aufweichen lassen könnten. Solche und ähnliche Formulierungen lenken von den Fähigkeiten ab, die Studenten in die Hochschule einbringen können. Haben nicht alle auch schon vorher „studiert" – als man dazu noch „lernen" sagte? Die wichtigste Grundkompetenz aber verschweigt der Begriff: ihre Bereitschaft, sich intensiv mit einem Fachgebiet auseinanderzusetzen. Zugegeben, sie sind Hochschulneulinge, die sich in gewisser Weise an die Institution Hochschule anpassen müssen, um zu überleben. Aber ist „überleben" das erklärte Ziel und der Sinn eines Studiums?

Wissenschaft, die den Kühlschrank füllt

Für Studenten zeigt sich die enge Verbindung zwischen der Theorie ihres Studienfachs und ihrer eigenen Lebenspraxis vor allem an einer Stelle: dem Berufswunsch. Viele entscheiden sich für das Studium einer bestimmten Fachrichtung, weil sie sich davon erhoffen, später einen bestimmten Beruf ergreifen zu können. Diese Motivation treibt sie in die Wissenschaft und lässt sie eigene Ideen ausprobieren. Es sind also lebenspraktische Bedürfnisse, die am Anfang des Weges in die Wissenschaft stehen (Kreitz 2000). Damit ist aber auch eine zentrale Eigenschaft der Generierung wissenschaftlicher Erkenntnis formuliert – sie beruht auf lebensweltlichen Evidenzen. Alltagspraktische Problemlösungskompetenzen treiben auch die Wissenschaften voran. Studenten finden deshalb den Kontakt zu den fachlichen Theoriegebäuden leichter, wenn sie über deren Zustandekommen aufgeklärt werden. Die Lebenspraxis ist ein guter Ansatzpunkt, um Studierende in die Hochschule zu integrieren und sie an Forschung und Lehre, je nach Kompetenzentwicklung, teilhaben zu lassen.

Verwandlung garantiert

Wenn es Studenten schaffen, ihre persönlichen Lebenswelten mit der Hochschulwelt zu verbinden, kann das zu rasanten Entwicklungsprozessen führen. Die Universität wird zum Lebensraum und für manche sogar zum festen Anker. Viele Studenten identifizieren sich nicht nur mit dem „eigenen" Fach, der Kontakt sowohl untereinander als auch mit Lehrkräften in den Arbeits- und Forschungsgruppen wirkt auf sie persönlichkeitsbildend. Sie eignen sich die Fachsprache und fachspezifische Argumentationsmuster an und übernehmen methodisches „Handwerkszeug". Auf dem Weg zur Profession bilden sie einen Fachhabitus aus, der nach einiger Zeit einen Juristen deutlich von einem Mediziner und einen Pharmazeuten klar von einem Pädagogen unterscheidet. Die Entwicklung, die sie durchlaufen, gleicht regelrecht einer Verwandlung.

Spezialisten sind beschränkt – auf die Tiefe

Dass sich ein Student in einen anerkannten „Wissenschaftler" verwandelt, ist das Ergebnis eines Entwicklungsprozesses. Allerdings hat diese Form der fachwissenschaftlichen Professionalisierung auch einen Preis. Was sich später als „roter Faden" innerhalb einer Berufsbiografie lesen lässt, entsteht nur unter hohem persönlichem und zeitlichem Lerneinsatz. Und unter Verzicht auf Alternativen. Ein Jurist kann nicht gleichzeitig ein Literaturwissenschaftler und ein Physiker sein. Wer sich spezialisiert, gibt Wahlmöglichkeiten auf und verzichtet auf bestimmte Freiheiten um des Lernens willen. Andererseits führt die Spezialisierung zum Erwerb und schließlich zur Vertiefung besonderer Kompetenzen. Von einem examinierten Juristen muss ich erwarten können, dass er mir nach kurzer Einarbeitungszeit zu einem fragwürdigen Bußgeldbescheid die Rechtslage sachlich fundiert darlegen kann. Hier ist es nicht ausreichend, wenn er versuchen würde, nur aus seiner persönlichen Meinung heraus zu argumentieren. Ein Jurist hat am Ende seiner Ausbildung ein System von Wahrnehmungs-, Denk-, Bewertungs- und Handlungsmustern verinnerlicht, das ihn als Angehörigen einer speziellen Berufsgruppe auszeichnet. Sie werden sich darauf verlassen können, dass er Ihren Fall nach bewährten Mustern interpretiert und entsprechend handelt.

Dem Glas auf den Grund gehen

Die Entwicklung einer universitären Identität und der damit einhergehende neuronale Umbau laufen nicht ohne Reibungen und Nebenwirkungen ab. Gegen das rationale Denken rebelliert die Lust am Unsinn. Ein Hochschullehrer hat diesen Zusammenhang genau analysiert: „Der Student gibt es … nicht auf, gegen den Denk- und Realitätszwang zu demonstrieren, dessen Herrschaft er doch immer unduldsamer und uneingeschränkter werden verspürt" (Freud 2000, S. 119). Sigmund Freud hatte sehr oft Gelegenheit, den „studentischen Ulk" zu studieren und er tat es mit viel Verständnis für die Psyche der Studenten. Der Mensch, der laut Freud „ein unermüdlicher Lustsucher" ist, engt im Studium sein freies und assoziatives Denken zugunsten des kritischen Denkens ein. Die strenge Selbstkasteiung des akademischen Tagwerks führt dazu, dass studentisches Lustempfinden nur noch in (nächtlichen) Reservaten zu überleben vermag: „Mit dem heiteren Unsinn des Bierschwefels versucht der Student, sich die Lust aus der Freiheit des Denkens zu retten, die ihm durch die Schulung des Kollegs immer mehr verloren geht" (Freud 2000, S. 120). Weil wissenschaftliches Tun äußerst erfolgreich darin ist, die Lust am Unsinn zu verdrängen, müssen „toxische Hilfsmittel" her. Dank ihrer Hilfe gelingt es manchen Studenten, den grassierenden Denk- und Realitätszwang zumindest zeitweise abzuschütteln.

Zum Glück haben die meisten Hochschullehrer Verständnis für das vorübergehende Ausbrechen aus der Enge des kritischen wissenschaftlichen Denkens. Nicht unwahrscheinlich, dass sie hin und wieder selbst aus dem akademischen Lager desertieren: „Ja noch viel später, wenn er (der Student) als gereifter Mann mit anderen auf dem wissenschaftlichen Kongresse zusammengetroffen ist und sich wieder als Lernender gefühlt hat, muss nach Schluss der Sitzung die Kneipzeitung, welche die neu gewonnenen Einsichten ins Unsinnige verzerrt, ihm für die neu zugewachsene Denkhemmung Entschädigung bieten." (Freud 2000, S. 120)

Experimentierende Flegel

Aber wie soll man als Dozent nun auf diese geballte Ladung Postpubertät am besten reagieren? Sie stehen vor der Herausforderung, Ihren Studenten einerseits eine Struktur vorzugeben, andererseits genug Freiräume zur eigenen Exploration zu gewähren. Diese Gegensätze lassen sich – bei allem fachlichen Ehrgeiz – am besten mit einer entspannten Haltung verbinden. Humor, geistige Flexibilität und Verständnis bilden nicht nur die beste Grundlage für eine gute Lehre, sie sind obendrein auch so etwas wie eine Lebensversicherung im Umgang mit Studenten. Von ihrer geistigen Reife her sind Studierende zwar sehr wohl Erwachsene, als solche haben sie sich gesellschaftlich aber noch nicht verortet. Studenten unter 30 Jahren können entwicklungspsychologisch der „Spätadoleszenz" zugeordnet werden (Leuzinger-Bohleber/Mahler 1993, S 23). In dieser Lebensphase spielen Identitätsbildungsprozesse eine zentrale Rolle. „Nach einer Phase des Experimentierens mit verschiedenen Selbstentwürfen, Rollen und Verhaltensweisen werden von den Spätadoleszenten in unserer Gesellschaft identifikatorische Festlegungen erwartet"(ebd.). Diese betreffen die Bereiche der Berufs- und Partnerwahl sowie die Ausprägung einer politischen, ideologischen und religiösen Lebenseinstellung. Im Laufe dieses Prozesses, der innerhalb des jeweiligen sozialen Umfelds geschieht, bildet sich nach und nach eine unverwechselbare Persönlichkeitsstruktur heraus (Leuzinger-Bohleber/Mahler 1993, S 26). Sie können also davon ausgehen, dass Ihre Studenten zurzeit viel wichtigere Probleme haben, als mit den Inhalten Ihres Seminars zurechtzukommen. Das Studium ist nur *ein* Aufgabenbereich unter vielen, in dem sich ein Student bewähren muss. Erwachsenwerden ist ein schwieriges Projekt.

Gerade weil Studenten damit beschäftigt sind, sich selbst zu orientieren und zu verorten, sind sie oft auf ganz komplizierte Weise ambivalent. Einerseits bestehen sie auf ihrer Freiheit und Unabhängigkeit, die sie sich womöglich durch die Ablösung vom Elternhaus gerade erst erobert haben. Andererseits möchten sie aber auch, dass sich jemand um sie kümmert. Manchmal fliehen sie vor festen Bindungen, dann aber wieder fühlen sie sich schnell überfordert, wenn sie keine erkennbaren sozialen Strukturen vorfinden. Das sich daraus ergebende Wechselspiel zwischen Nähe und Distanz ist oft auch der Grund, der Studenten daran hindert, in das Lehr-Lern-Dreieck einzusteigen, sobald sie in Ihrem Seminar sitzen.

Das Seminar als Entfaltungsraum

Während die Studenten zwischen ihrem persönlichen Freiheitsdrang und der von der Hochschule vorgegebenen Lernstruktur hin- und hergerissen sind, befinden Sie sich als Dozent in einem vergleichbaren Zwiespalt. Sie müssen die Hochschule repräsentieren und sind gleichzeitig für die Initiierung und Steuerung der studentischen Lernprozesse verantwortlich. Kann es da eine Möglichkeit der Vermittlung für Sie geben? Auf die Mithilfe der Studenten sollten Sie dabei aber nicht rechnen. Zumindest nicht von Anfang an. Die meisten reagieren auf Hilfsangebote von Dozenten mit Vorsicht: „Schon wieder jemand, der mir sagen will, wo's langgeht." Erst allmählich erkennen sie, dass es in der Tat Dozenten gibt, die Verständnis für ihre Situation aufbringen und an einem wechselseitigen Lehr-Lern-Arrangement interessiert sind. Wenn es Ihnen gelingt, die Studenten dazu zu motivieren, das Seminar zum eigenen Projekt zu machen, werden auch die Fragen nach der Motivation und der Disziplin beim Lernen künftig keine Rolle mehr spielen. Sie dürfen erleben, dass die Studenten selbst auf Verbindlichkeit und das Einhalten von Strukturen achten, denn sie wollen das angestrebte Ziel erreichen. Wenn es Ihnen gelungen ist, Ihre Lerngruppe in dieser Weise zu aktivieren, müssen Sie aber auch damit rechnen, dass sie anspruchsvoll wird und von Ihnen herausgefordert werden möchte. Wollen *Sie* das auch?

Bekommen Studenten in Ihrer Veranstaltung die Freiheit, selbstständig zu denken und dabei auch Fehler zu machen? Selbst auf die richtige Lösung zu kommen entspricht dem Lebensgefühl von Spätadoleszenten: Ich muss es selbst machen und nehme dafür Fehler in Kauf. Wer einen Fehler macht, kann ja korrigiert werden und erfährt dadurch, was als „richtig" gilt. Es spielt für den Lerneffekt keine Rolle, wenn die richtige Lösung erst über Umwege gefunden wird.

Das Lehr-Lern-Dreieck für Migranten

Aysel ist 27 Jahre alt und hat im Iran ein Studium der Zahnmedizin abgeschlossen. Heute lebt sie mit ihrem Mann und einer zweijährigen Tochter in Deutschland. Sie darf hierzulande nicht als Zahnärztin praktizieren, weil ihre Ausbildung nicht anerkannt wird. Also muss sie das Studium an einer deutschen Hochschule wiederholen. Die ersten beiden Semester sind für sie der blanke Horror. Es werden ihr nur wenige Scheine anerkannt. Außerdem muss sie die Familie managen und sich auf das neue Studiensystem einstellen. Ihr Selbstvertrauen verschwindet im gleichen Maß, in dem ihre Aufgaben wachsen. Und auch die Prüfungen laufen nicht so, wie sie gehofft hatte. Wie ein Kleinkind, das erst einmal die Sprache richtig lernen muss, fühlt sie sich. Dabei hat sie in den vergangenen Jahren sehr gut Deutsch gelernt. Sie versteht alles und spricht fast fehlerfrei. Nur den Dozenten aus Dresden hat sie in der mündlichen Prothetik-Prüfung nicht gut verstehen können ...

Der Anschluss ans deutsche Studiensystem ist für ausländische Studenten nicht zuletzt wegen der Sprachbarriere ein Problem mit lähmender Wirkung. An der Höhe dieses Hindernisses sind sie aber oft selbst beteiligt. Hinter einem: „Mein Deutsch ist so schlecht!" oder: „I'm not good in english" verbergen sich meist gute fachliche Vorkenntnisse. Diese werden Sie im Seminar aber leider nicht entdecken können. Die Studenten ziehen sich aus Ärger über ihre Sprachdefizite oft zurück. Ihre Lernbiografie bekommt einen Knacks. An der neuen Uni sind sie plötzlich die Benachteiligten, die der Gruppe hinterherhinken. In einer solchen Lage ist es für ausländische Studenten sehr wohltuend, wenn der Dozent beim Lehren persönlich Kontakt aufnimmt. Die innere Lähmung löst sich auf, sobald die Studenten in das Lehr-Lern-Dreieck hineingenommen werden.

Warum sollten ausländische Studenten nicht mit ihren muttersprachlichen Fachbüchern den Einstieg in die Veranstaltung finden? Laden Sie sie beispielsweise dazu ein, eine dreiminütige Präsentation in ihrer Heimatsprache zu halten, an die sich eine deutsche Zusammenfassung anschließt. Ihr Seminar wird für kurze Zeit zwar zu einem internationalen Kongress, bei dem das Übersetzungssystem ausfällt, aber das sorgt für zusätzliche Aufmerksamkeit. Um erfolgreich sein zu können, müssen alle Studenten – auch die ausländischen – zu Wort kommen. Nur so können sie das notwendige Selbstbewusstsein entwickeln und ihr Studium selbst in die Hand nehmen. Haben ausländische Studenten erst mal ihre sprachlichen Ausdrucksmöglichkeiten verbessert, ihr Vorwissen aktiviert und die Verantwortung für ihr Studium übernommen, können sie die Studienangebote effizient nutzen (Heublein 2006).

Mein Gott, der Professor

Viele Studenten aus anderen Kulturen haben Schwierigkeiten, in das Lehr-Lern-Dreieck einzusteigen, weil Sie zu dozentenfixiert sind. Zwar saugen sie jedes Wort des Professors geradezu gierig auf, aber sie nutzen das neue Fachwissen nicht dazu, einen *eigenen* Kontakt zum Thema herzustellen. Das Interesse des Professors für ihr Vorwissen und ihre Lernprozesse verblüfft sie oft, weil sie bisher nur instruierende und dozierende Lehrstile kennen gelernt haben. Wenn Sie das bemerken, können Sie diese Schwierigkeiten als Chance nutzen, um den Fachunterricht für einen Moment zu unterbrechen und das Lernen selbst zu thematisieren. Dadurch schaffen Sie eine gute Basis für das Lehren und Lernen der *gesamten* Gruppe. Gerade am Modell des Lehr-Lern-Dreiecks ist es möglich, vor allem Ihren ausländischen Studenten aufzuzeigen, wie wichtig der eigene Kontakt zum Thema für ein erfolgreiches Studium ist. Vielleicht begeben sie sich nun auf die Suche nach Lehrbüchern in englischer Sprache bzw. in der eigenen Muttersprache. Für den eigenständigen Umgang mit einem Thema und für die Sprachentwicklung ist Gruppenarbeit innerhalb der Lehrveranstaltung sehr förderlich. Sie signalisiert den Teilnehmern, dass es nicht darum geht, nur das zu verstehen, was der Dozent sagt, sondern sich selbstständig mit dem Thema auseinanderzusetzen. Außerdem kommt es in der Gruppe zur Kommunikation mit den deutschen Studenten, was die soziale Integration besonders effizient voranbringt (Heublein 2006).

Wenn der Kontakt gestört ist

Das Seminar „Mathematik für Informatiker" ist gut gestartet. In der fünften Woche ist der Dozent mit sich und den Teilnehmern zufrieden. Die Studenten kommen regelmäßig, beteiligen sich an den Aufgaben und Diskussionen im Seminar und bereiten sich meistens sogar auf die nächste Sitzung vor. - - - Vier Wochen später ein ganz anderes Bild: Das Seminar ist um ein Drittel geschrumpft und in zwei Lager zerfallen. Die einen sind immer noch so eifrig wie am Anfang. Die anderen aber sitzen nur die Zeit ab; der Dozent hat den Eindruck, dass sie thematisch schon längst abgehängt worden sind.

Für Dozenten kann eine solche Vorher-Nachher-Situation äußerst irritierend sein. Bevor Sie aber die Hauptursache sofort bei sich selbst und der Qualität Ihrer Lehrveranstaltung suchen, lohnt sich ein genauerer Blick auf die möglichen Ursachenfelder. Denn der Kontakt zu Studenten ist generell sehr fragil und anfällig für Störungen aus ganz verschiedenen Bereichen. Das Lehr-Lern-Dreieck hilft Ihnen dabei, diese Störungsfelder zu identifizieren.

Störungsfeld *Student – Umfeld*

Wenn sich im persönlichen Umfeld eines Studenten wichtige Bedingungen verändern, könnte das zur Folge haben, dass er sehr plötzlich nicht mehr an einer Veranstaltung teilnehmen kann. Dabei spielen Terminkollisionen mit anderen Lehrveranstaltungen eine ursächliche Rolle, aber auch neue Schwerpunktsetzungen innerhalb des Semesters oder ein neuer Job, der das Konto endlich wieder in die schwarzen Zahlen bringt, etc. ... Die Gründe, warum Studenten den Lernprozess abbrechen, sind vielfältig. Erfahren werden Sie sie aber in aller Regel nicht. Nur die Auswirkung werden Sie zu spüren bekommen: eben durch einen leeren Platz im Seminar.

Störungsfeld *Student – Thema*

In der Beziehung zum *Thema* kann auf studentischer Seite trotz hoher Lernmotivation schnell ein Gefühl der Überforderung entstehen, auf das manche mit dem Abbruch des Lernprozesses reagieren. Prinzipiell ist das Lehren nämlich eine riskante Angelegenheit – zumindest lerntheoretisch. Denn bei jeder neuen Information, mit der sich die Lerngruppe auseinandersetzen muss, entscheidet es sich aufs Neue, ob die Teilnehmer im Kontakt zum Thema bleiben und den Seminargesprächen folgen, oder ob es zum Kontaktabbruch kommt. Dabei spielen die jeweils aktuelle Aufnahmebereitschaft und die Arbeitsfähigkeit der Studenten die entscheidende Rolle.

Störungsfeld *Student – Dozent*

Die Beziehung zum *Dozenten* werden die Studenten von sich aus kaum abbrechen. Schließlich ist ihnen sehr wohl bewusst, dass sie spätestens in der Klausur oder in der Prüfung von ihm und seinem Urteil abhängig sind. Sie werden deshalb auch nicht gleich bei der ersten atmosphärischen Störung im Seminar die Flucht ergreifen, sondern durchhalten, so lange sie können. Aber alles werden sie sich trotzdem nicht gefallen lassen. Der wohl gefährlichste Störfaktor für den Kontakt zum Professor ist das Gefühl, von ihm ignoriert zu werden. Das kann reale Gründe haben, weil der Professor sich tatsächlich nicht um alle Seminarteilnehmer gleichermaßen kümmert. Vieles spielt sich aber auch in der Fantasie ab: Der Professor mag mich nicht, er hält mich für schlecht, ich bin im ersten Semester bei ihm ja schon mal durch eine Klausur gerasselt … Ganz gleich, wie groß Ihre Anteile an der Störung auf der Kontaktebene zu Ihren Studenten sein mögen, nichts ist schädlicher für die Kontakt-Balance im Lehr-Lern-Dreieck, als wenn Studenten das Gefühl haben, vom Professor benachteiligt oder übersehen zu werden.

Als Dozent ist es tatsächlich nicht immer leicht, die eigene Wirkung auf Studenten im Blick zu behalten. So weit muss es auch nicht gehen. Ein Gespür für die genannten Kontaktebenen – und ihre Störungspotenziale – kann aber sehr hilfreich sein. Lehren ist wirklich ein Balanceakt. Einerseits nehmen Sie Kontakt zu den Studenten auf und müssen diesen Kontakt auch noch stabilisieren, um erfolgreich lehren zu können. Andererseits dürfen Sie niemanden bevorzugen oder ignorieren, denn alle Seminarteilnehmer haben das gleiche Recht, von Ihnen gefördert zu werden. Egal ob Studienanfänger oder Fortgeschrittene, Frauen oder Männer, Inländer oder Ausländer.

Dialektik der Auflehnung

Manchmal brandet er mitten im Seminar oder in einer Vorlesung auf – und trifft den Dozenten auf dem falschen Fuß. Die Rede ist vom studentischen Widerspruch. Was für einzelne Studenten ein unfehlbares Mittel im Erreichen von Aufmerksamkeit ist, wird für manche Dozenten zur lästigen Störung des ohnehin viel zu vollen Ablaufplans. Wie sollen Sie umgehen mit spontan geäußerten Beschwerden oder lautstarkem Protest während eines Seminars? Unser Vorschlag: Nehmen Sie zunächst den Kontaktversuch hinter dem Protest wahr. Studentischer Protest ist ein Signal für die Qualität der sozialen Kontakte. Nicht der friedliche und reibungslose Ablauf des Seminars ist ein Zeichen für besonders gute Kontakte. Was beim Dozenten als feindliches

Verhalten ankommt, ist oft nur die Reaktion von Teilnehmern auf das Gefühl, im Seminar zu kurz zukommen. Eine Studentin beispielsweise, die Ihre Präsentation als einzige in der Gruppe auf 10 Minuten begrenzen muss, weil das Blockseminar zu Ende geht, protestiert nicht ohne guten Grund. Sie möchte den Kontakt zur Gruppe und zu Ihnen nicht so ohne weiteres abbrechen lassen und verlangt, dass sie ihre Arbeitsergebnisse gleichberechtigt vorzeigen darf. Proteste kann es aber auch hageln, wenn Sie am Ende eines Seminars ankündigen, Sie würden in der nächsten Sitzung die von den Studenten erarbeiteten Thesenpapiere diskutieren – und in der nächsten Sitzung vergessen Sie diesen Programmpunkt einfach.

Konflikte im Lehr-Lern-Dreieck sind aber nicht nur Hinweise auf Kontaktstörungen. Fast immer stellen die lautstarken Proteste auch einen Versuch dar, die Störung zu überwinden. In der sich aus dem Protest entwickelnden Auseinandersetzung entsteht sogar eine besondere Nähe zwischen den Streitpartnern. Wenn einmal ein solcher Fall eintritt und die Kommunikation im Lehr-Lern-Dreieck durch offene Konflikte belastet ist, hilft meistens nur noch eine Pause im Veranstaltungsprogramm. Unterbrechen Sie das Seminar, um ein offenes Gespräch über die Störungen führen zu können. Erst danach können sich beide Seiten wieder auf die gemeinsame Aufgabe konzentrieren.

T – Das Thema

Auch Dozenten hängen an ihrem Thema

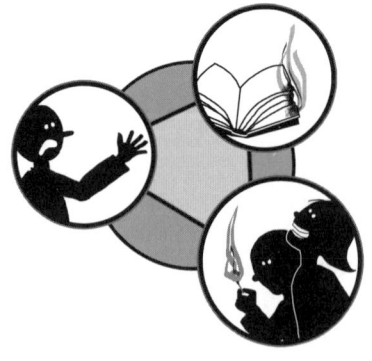

Für seine mündliche Magisterprüfung in Germanistik hat Thomas das Thema „Der Tristan-Stoff bei Gottfried von Straßburg" gewählt. Das intensive Vorgespräch mit dem Professor verlief ausgesprochen harmonisch. Am Ende verrät der Professor ihm etwas Persönliches: „Wissen Sie, dieses Werk habe ich in 30 Jahren nur ein einziges Mal zum Gegenstand eines Seminars gemacht. Seither habe ich mir vorgenommen, es nie wieder zu tun. Auch nicht in einer Vorlesung. Es ist mir viel zu wertvoll und es wäre zu schade, wenn man es zerstört."

Wie kann ein Thema zerstört werden? Woher kommen die Bedenken des Professors, dass sein Lieblingsbuch als Gegenstand einer Lehrveranstaltung Schaden nehmen könnte? Und welche Macht hat eine Seminargruppe über ein wissenschaftliches Thema?

Der erfahrene Professor weiß nur allzu gut, dass ein Thema sich verändert, sobald es in einer Gruppe behandelt wird. Er gibt es aus seinen Händen. In den Gedanken der Studenten verändert es sich. Es wird hinterfragt, „zerlegt", „kritisiert", „verdaut", kurzum: „durchgenommen".

Wie aus einem Stoff ein Thema wird – oder auch nicht

Angenommen, der Professor würde sich doch noch einmal dazu durchringen, ein „Tristan"-Seminar anzubieten – wie würde er vorgehen? Zunächst müsste er das große Thema *teilen* und *strukturieren*, damit es im Rahmen eines Seminars überhaupt behandelt werden kann. Er müsste also die *Komplexität* des Stoffs *reduzieren* und *auswählen*, welche Aspekte seines Lieblingsbuchs er mit den Studenten besprechen möchte und welche er aussparт. Diese Auswahl kann natürlich auch misslingen – vielleicht interessieren sich die Studierenden gar nicht für die von ihm vorgesehenen Aspekte?! Manche vermissen vielleicht die Standardthemen des Buches? Je nachdem, wie das Seminar verläuft, kann es auch passieren, dass die Bearbeitung des Themas auf halbem Wege stecken bleibt, weil das Arbeitstempo von den Teilnehmern nicht durchgehalten wird. Und zum Schluss endet das Seminar vielleicht mit einem Ergebnis, das der Bedeutung des Buchs von Gottfried von Straßburg nicht gerecht wird. Zumindest nicht in den Augen des Professors. „Tristan" in einem Seminar zu behandeln, bedeutet aus Dozenten-Sicht, das Buch mit den Studenten zu teilen und damit die Deutungshoheit abzugeben.

Ein Blick auf das Modell des Lehr-Lern-Dreiecks macht klar, dass ein Thema immer zwei Zugangswege hat: den vom Professor und den studentischen. Es wird von *beiden* gestaltet und entwickelt. Deshalb durchläuft auch jedes Thema, das gelehrt und gelernt wird, automatisch einen Veränderungsprozess. Das muss aber nicht unbedingt dazu führen, dass Themen im Laufe einer Lehrveranstaltung bis zur Unkenntlichkeit verfremdet und verunstaltet werden. Der Professor aus unserem Beispiel wollte sein Lieblingsthema zwar nicht in einem Seminar behandeln, er ließ es aber für Examensprüfungen zu. Er hatte durchaus Freude am angeregten Austausch darüber. Was aus dem Thema „Tristan" geworden wäre, wenn er es in einem Seminar tatsächlich behandelt hätte – ob die Studenten sich hätten begeistern lassen, ob sie ganz neue Aspekte entdeckt hätten, die auch den Professor zum neuen Nachdenken angeregt hätten –, muss leider so lange unentschieden bleiben, bis er sich doch noch dazu durchringt.

Themen wählen. Themen verfehlen.

In den meisten Fällen kann der Dozent das Thema seiner Lehrveranstaltung nicht frei wählen. Über das Lehrangebot entscheiden die Modulbeschreibungen, Prüfungsordnungen oder Gremien des Fachbereichs. Das hat natürlich Auswirkungen auf die Beziehung *Dozent – Thema*. Der Dozent lehrt nicht immer die Themen, die er besonders gut beherrscht, sondern das, was gerade „dran" ist. So, wie im folgenden Beispiel:

Gegen Ende des Semesters heizt sich die Stimmung unter den Dozenten im Fachbereich auf. Sie müssen nicht nur die Veranstaltungen des laufenden Semesters zu einem guten Ende bringen, sondern auch noch der Dekanatsaufforderung folgen und die Ausschreibungen für das kommende Semester einreichen. Aber Professor A. lässt sich nicht aus der Ruhe bringen, weil er in seinem Fachgebiet stets auf alte Vorlesungen zurückgreift. Was ändert sich schon an den „Grundlagen der Statistik"?! Das Fach ist in der Modulbeschreibung des Studiengangs vorgeschrieben und wird jedes zweite Semester angeboten. Es behandelt die wichtigsten statistischen Untersuchungen und Berechnungen. Jeder Student der Wirtschaftswissenschaften muss da durch und Professor A. hat es bisher immer geschafft, mindestens 75 % der Studenten so viele Grundkenntnisse in Statistik beizubringen, dass sie am Ende die Klausur schafften. Also auf ein Neues! Nur eine Sache irritiert den Professor dann doch: die Evaluation des letzten Semesters. 82 % der Studenten hatten angegeben, dass seine Vorlesung überflüssig sei, weil sie den Stoff ausschließlich im Selbststudium gelernt hätten ...

In gewisser Weise ist der Professor seiner Pflicht nachgekommen: Er hat das vorgegebene Thema behandelt. Aber gelehrt hat er nur wenig. Aus der Rückmeldung lässt sich schließen, dass es ihm nicht gelungen ist, die Studenten mit den Fachinhalten in Kontakt zu bringen. Dadurch konnte auch kein *gemeinsames* Thema entfaltet werden, so dass den Studenten gar nichts anderes übrig blieb, als sich die meisten Inhalte im Selbststudium anzueignen.

Die Modulvorgabe – unendliche Weiten

Selten sind die Lehrinhalte in den Modulvorgaben so genau fixiert, dass die Seminare mit der Präzision eines Uhrwerks ablaufen. Das ist schon deshalb nicht möglich, weil kaum ein Thema in zwei, drei oder vier Semesterwochenstunden erschöpfend behandelt werden kann. Auch die Themenvorgaben der Modulbeschreibungen müssen eingegrenzt und für die Lehrveranstaltung neu strukturiert werden. Dozenten haben hierbei durchaus einen großen Gestaltungsspielraum. Und der kann ausgiebig genutzt werden, wie folgendes Beispiel zeigt:

Das Grundlagenseminar in pädagogischer Psychologie steht auf dem Semesterplan aller Lehramtsstudenten. Und angehenden Lehrern ein solides Wissen in Psychologie beizubringen, ist ein mühsames Geschäft. Schon oft hat sich Professor F. gefragt, was es überhaupt bringt, aus dem weiten Feld der Psychologie in wenigen Stunden einige Brocken auszuwählen und zu behandeln. Vor zwei Semestern hat er deshalb ein neues Konzept erstellt und seine Vorlesung in ein Seminar umgewandelt. Er setzt jetzt konsequent beim Vorwissen der Teilnehmer an. In der ersten Sitzung zum Semesterbeginn lässt er die Studenten immer eine Liste mit psychologischen Begriffen erstellen, die ihnen im Alltag und im Schulpraktikum begegnet sind. Anschließend bittet er die Studierenden, diese Begriffe auf der Basis ihres Vorwissens zu erklären. Bis zur darauf folgenden Sitzung haben die Studenten miteinander Kontakt aufgenommen und die Ergebnisse ihrer Begriffsdefinitionen per Mail auf eine Intranetseite gestellt. In der zweiten Seminarsitzung haben alle Teilnehmer ihren Laptop dabei und können während des Seminars an dem sich langsam entwickelnden psychologischen Glossar bequem weiterarbeiten. Mit Hilfe von Online-Fachwörterbüchern verbessern oder ergänzen sie die bisher zusammengestellten Fachbegriffe. Der Professor schlägt ihnen nun vor, auch ein Personenregister der pädagogischen Psychologie zu erstellen. Großes Erstaunen macht sich in der Lerngruppe breit, als die Studenten erkennen, wie viele psychologische Theorien sich mit der Entwicklung im Kindesalter beschäftigen. Um den Überblick zu behalten, übertragen sie ihre Ergebnisse in eine Grafik. Gegen Semesterende schließlich beginnt die Gruppe, sich auch noch für die psychischen Erkrankungen zu interessieren. Doch leider reicht die Zeit nicht mehr, um zu den wichtigsten psychischen Störungen ein Fallbeispiel aus der Fachliteratur zu suchen und es, versehen mit einem Kommentar, auf der Internetseite des Seminars zu veröffentlichen ...

Trotz genauer Modulbeschreibung bietet das Feld des Lehrens und Lernens große thematische Gestaltungsspielräume. Der Professor aus unserem Beispiel hat bei seiner Themenwahl die Studenten mit einbezogen. Aufgrund ihrer Erfahrungen aus den Schulpraktika konnten sie selbst einschätzen, welche psychologischen Fragen für sie relevant sind. Der Dozent hat sie aber trotzdem nicht sich selbst überlassen. Er beteiligte sich aktiv an ihren Lernprozessen und ihrem Bemühen, sich immer mehr Bereiche der Psychologie selbst zu erschließen. Bezogen auf das Lehr-Lern-Dreieck fällt hier auf, dass das Seminar sehr schnell ein gemeinsames Thema gefunden hat. Aber ist diese Erfahrung auf jedes Fach übertragbar? Gilt sie auch für Sie und Ihr eigenes Fachgebiet?

Wie wirkt „mein" Thema aus der Perspektive von Studenten?

Ihre Chancen, die Studenten für den Lehrgegenstand zu interessieren, steigen deutlich, wenn Sie sie schon bei Ihrer Seminarplanung berücksichtigen. Sobald Sie sich das Lehr-Lern-Dreieck vor Augen führen, lässt sich die Lehrveranstaltung aus der Perspektive der Studenten betrachten. Welche Fragen würde sich Ihre Zielgruppe zum Lehrthema stellen? Vielleicht hilft Ihnen ein Rollenwechsel weiter? – Was würde mich als Student an diesem Thema interessieren? – Was sind die zentralen Inhalte, die ich als Student unbedingt wissen und lernen muss? – Wie würde ich als Student auf verschiedene Lehrmethoden reagieren? – ... Wenn Ihnen dieser Rollenwechsel nicht leicht fällt, warum sprechen Sie in Ihren Sprechstunden oder am Ende eines Seminars nicht einfach ein paar Studenten an und fragen sie, was sie von ihren Plänen halten?

Wo lassen Sie servieren?

„Ich kann den Studenten das Futter nur hinstellen, essen müssen sie es selbst", behauptet der Dozent im Fach „Allgemeine Buchführung" in einem unserer Seminare. Und erntet bei einem Teil seiner Kollegen lebhafte Zustimmung. Eine solche Aussage klingt beim ersten Hören in der Tat recht plausibel: Zwangsernährung kommt nicht in Frage, als Dozent kann man den Studenten ja nicht die Informationen eintrichtern. Aber „nur hinstellen" und den Stoff selbst „essen müssen", klingt auch nicht gerade nach Haute-Cuisine. Interessant ist der Blick auf das, was in der obigen Beschreibung unausgesprochen bleibt, aber impliziert wird. Im genannten Bild ist es für den Dozenten nämlich nicht vorgesehen, selbst mitzuessen, zuzuschauen oder sich davon zu überzeugen, dass es den Studenten auch schmeckt. Gastfreundlichkeit sieht anders aus. Das ideale Lehr-Lern-Dreieck kommt erst dann zu Stande, wenn die Studenten das angebotene Thema auch annehmen und wenn sie sich an seiner Entfaltung aktiv beteiligen.

Studenten im falschen Film?

Der Beginn einer Lehrveranstaltung ist vergleichbar mit der ersten Szene eines Kinofilms. Hier klingen bereits alle wichtigen Motive an. Auch das Filmende ist oft schon im Anfangsmotiv enthalten. Wenn also Ihr Seminar-„Film" von vorne herein in einem Selbstbedienungsrestaurant spielt, dürfen Sie sich auch nicht darüber wundern, wenn Sie die ganze Zeit hinter der Theke stehen. Aber so weit müssen Sie es gar nicht kommen lassen. Die Studenten können mitkochen. Geben Sie ihnen zu Beginn des Seminars die Zeit und genug Gelegenheiten, selbst mit dem Thema in Kontakt zu kommen. Dazu ist es nötig, dass Sie das vorbereitete Thema mit*teilen*.

Aber gerade das ist zu Beginn einer Lehrveranstaltung gar nicht einfach. Einerseits ist die Beziehung zwischen Dozent und Thema zu diesem Zeitpunkt besonders eng, andererseits ist die Distanz der Studenten zum Thema noch sehr groß: *Erst mal schauen, wer und was da auf mich zukommt. – Ob überhaupt jemand auf mich zukommt?* Bezogen auf das Lehr-Lern-Dreieck ist die erste Seminarsitzung für Dozenten in gewisser Weise sogar riskant. Viele Dozenten blockieren ungewollt sogar die Kontaktaufnahme ihrer Studenten zum Thema, indem sie weitere Hürden aufbauen. Sie überspielen ihre Unsicherheit und die anfänglich noch sehr starke Distanz zu den Studenten dadurch, dass sie meterlange Literaturlisten und seitenweise Infomaterial austeilen. Die Studenten ducken sich, denn wer jetzt etwas fragt, outet sich als Dummkopf oder Faulpelz, der die Seminarvoraussetzungen nicht erfüllt. Das Thema gehört hier ganz eindeutig dem Dozenten. Er kennt sich aus, er hat die Sekundärliteratur herausgesucht und gelesen, also muss man ihm folgen. Oder einfach fortbleiben. Friss oder stirb – hopp oder top. - - - Wie soll eigentlich die erste Szene *Ihres* Seminar-Films aussehen?

Fürs ganze Thema nur die halbe Verantwortung

Das gemeinsame Lehr-Lern-Thema entsteht erst durch die Kommunikation in der Lehrveranstaltung. Jede Frage, jeder Beitrag und jede Information treibt die Entfaltung des Themas ein Stück weiter voran. Jede neue Information wird von allen Teilnehmern auf ihren Bedeutungsgehalt hin beurteilt, um ihn verstehen zu können und zu lernen. Im Idealfall gleicht der Dozent seine Lehrimpulse permanent damit ab, wie sie auf seine Studenten wirken. Seine Leitfrage: Haben die Studenten die Bedeutung der Information erfasst? Auf studentischer Seite lässt sich der komplementäre Prozess mit der Frage beschreiben: Begreife ich, warum die neue Information aus der Sicht des Dozenten bedeutungsvoll ist? Diese Fragen können aber nur beantwortet werden, wenn der Lehr-Lern-Prozess ganz bewusst Rückmeldungen vorsieht. Diese Vorgehensweise ist grundlegend für den hermeneutischen Lehr-Lern-Prozess. Wenn Studenten dieser Raum vom Dozenten eingeräumt wird und sie noch dazu ermutigt werden, das auszudrücken, was sie in welcher Weise verstanden haben, wird sehr rasch ein weiteres deutlich: jede Information enthält mehr als nur einen Bedeutungsgehalt. Im themenzentrierten Dialog entsteht nun ein wechselseitiger Verständnisprozess, der den gemeinsamen Gegenstand entfaltet und ausdifferenziert. Weil es sich immer um ein „geteiltes" Thema handelt, ruht auch nicht mehr die volle Verantwortung auf Ihren Schultern. Ihre zentrale Lehraufgabe besteht darin, auf die Entwicklung des *gemeinsamen* Themas zu achten.

In welcher Rolle werden Sie gerade gebraucht?

Sobald Sie mit einem Thema vor eine Gruppe treten, schlüpfen Sie in eine bestimmte Dozenten-Rolle (Winteler 2004, S. 16). In welcher Sie sich gerade befinden, ist für die Studenten an der Art und Weise Ihres

Umgangs mit dem Thema ablesbar. Aus Ihrer Annäherung an das Thema ergeben sich drei verschiedene Lehrrollen, die Ihnen zugeschrieben werden können.

1. Der Präsentator

Der Dozent konzentriert sich ausschließlich auf die Darstellung des Unterrichtsstoffes. Im Lehr-Lern-Dreieck ist nur *seine* Beziehung zum Thema ausgeprägt.

2. Der Trainer

Weil Lernen ein aktiver Prozess ist, gibt der Dozent nicht nur ein Thema vor, sondern kümmert sich auch wie ein Tutor darum, dass die Studenten das Lehrziel erreichen. Bei allen Hinweisen und Übungsvorschlägen verfolgt er immer das eine Ziel: Die Studenten sollen eine bestimmte Fähigkeit lernen. Die Kommunikation im Lehr-Lern-Dreieck ist stark auf die Beziehung des Dozenten zum Thema ausgerichtet. Den Studenten bleibt nichts anderes übrig, als dem Dozenten und seiner Sicht der Dinge zu folgen.

3. Der Lernprozessbegleiter

In dieser Rolle verzichtet der Dozent darauf, das Thema zu beherrschen. Stattdessen lädt er die Studenten dazu ein, eigene Schwerpunkte zu setzen und Lerninhalte auszusuchen. Er arbeitet sehr wohl nach einem Konzept und bringt dabei seine Erfahrungen ein, ist aber offen für neue Wege. Er richtet sein Interesse besonders auf die Lernprozesse: Welche Aspekte des Themas reizen die Studenten? Wie verändern sich die „Wissenskonstruktionen"? Was brauchen die Lernenden, um im Lernprozess voranzukommen?

Bezogen auf die Entwicklung des Themas in Ihrer Lehrveranstaltung ist es jedoch nicht nötig, dass Sie sich schon vorab (z.B. in der Planungsphase) für eine dieser Lehrrollen entscheiden. Sie können die oben aufgeführten Rollen auch kombinieren und tauschen. Seminarphasen, in denen neue Themen präsentiert werden, wechseln sich dann mit Zeiten ab, in denen Studenten üben oder für sich selbst weiterforschen. Als Dozent können Sie dann die Rolle des Lernprozessbegleiters übernehmen und den Entwicklungsprozess der Einzelnen und der Gruppe im Blick behalten.

Das Umfeld

Wer das Umfeld nicht kennt, wird von ihm gefressen

Falls Sie keinen Dozenten kennen, der schon mal an den Rahmenbedingungen seiner eigenen Lehrveranstaltung gescheitert ist, sollten Sie sich glücklich schätzen und das folgende Beispiel lesen:

> Frau Aygün hat an einer Fachhochschule einen Lehrauftrag im Fachbereich Architektur übernommen. Auf die erste Sitzung ihrer „Einführung in die Baugeschichte" hat sie sich sehr gut vorbereitet: der Beamer läuft, die Powerpointpräsentation ist startklar, das Skript steht im Netz. Kurz: die Studenten können kommen. Tatsächlich erscheinen aber nur drei. Und die sind ziemlich genervt, denn jetzt „hängen" sie „schon den dritten Tag an der FH rum", wie sie sich ausdrücken, weil die meisten Veranstaltungen in der ersten Vorlesungswoche ohne Grund einfach ausfallen. Der Dozentin bleibt nichts anderes übrig, als die drei aus Mangel an Teilnehmern wieder fort zu schicken. Als sie in der nächsten Woche einen neuen Anlauf nimmt und ihren Laptop anschließen will, stellt sie fest, dass der Beamer verschwunden ist. In ihren Schläfen beginnt es zu hämmern. Was soll sie jetzt machen? Mittlerweile haben sich 15 Personen im Raum eingefunden. Ein Blick auf die Uhr: Die Beamerprojektion historischer Gebäudebeispiele kommt jedenfalls nicht mehr in Frage. Soll sie die Studenten schon wieder nach Hause schicken? Sie beschließt, die neue Situation zu akzeptieren und füllt die Seminarsitzung mit einem einleitenden Stegreifvortrag zu den verschiedenen Epochen der Baugeschichte. Für die folgende Woche wird ihr von der Hochschulverwaltung zum Glück versichert, dass wieder ein funktionierender Beamer im Raum zur Verfügung stehen wird. Sicherheitshalber ist Frau Aygün eine halbe Stunde früher da. Als sie den Seminarraum aufschließen möchte, durchfährt sie ein neuer Schock. Der Schlüssel passt nicht. – Doch, er passt. Der Raum ist gar nicht verschlossen. Im Gegenteil: Die Tür ist bereits offen – und der Raum belegt. Mindestens 50 Studenten sitzen schweigend da und schreiben. Ein Mann kommt rasch auf sie zu, ein breites Grinsen hat er auf den Lippen, und zieht sie hinaus vor die Tür. Er klärt sie auf: Die Studenten schreiben eine Nachklausur aus dem letzten Semester. Er sei der verantwortliche Professor und

habe gedacht, der Raum sei frei. Aber sie werde wohl verstehen, dass er die Klausur jetzt nicht mehr unterbrechen könne, deshalb bitte er sie, sich einen anderen Raum zu suchen, es seien ja noch genug freie da. Bevor Frau Aygün etwas entgegnen kann, hat sich die Tür zu „ihrem" Raum schon wieder geschlossen. Sie spürt wieder das Pochen in der Schläfe. Den spontanen Impuls, einfach zu gehen, kann sie nur mit Mühe niederringen. Zu allem Überfluss kommen nun auch ihre ersten Studenten. An Flucht ist nicht mehr zu denken. Glücklicherweise findet sie auf dem gleichen Stockwerk einen freien Raum, in den 15 Personen passen. Und – hurra! – auch ein Beamer ist vorhanden. 10 Minuten später ist das Notebook angeschlossen und die Powerpointpräsentation startbereit. Ein Blick in den Raum: Alle Stühle sind besetzt. Aber es kommen noch mehr Studenten. Stopp! Wo soll sie denn jetzt noch Stühle organisieren? Sie macht sich wieder auf die Suche. Ein Stockwerk höher entdeckt sie einen freien Raum, in dem genug Stühle stehen. Auf ihre Anordnung hin versorgen sich hier die Nachzügler. Als ihr Seminar dreißig Personen umfasst, stößt der Raum an seine natürlichen Grenzen, es passt kein Stuhl mehr hinein. Ein paar Studenten setzen sich bereits auf den Boden. Außerdem muss die Tür offen bleiben, weil noch drei Studenten draußen stehen. Warum gehen die nicht, die können noch nicht mal auf die Leinwand sehen?! Aber irgendwie vergeht auch diese Sitzung. - - - Zwei Tage später liest sie eine Rundmail ihres Fachbereichs und stößt dabei auf eine ungewöhnlich scharf formulierte Nachricht, die sich an die Dozenten richtet: Schon wieder seien in den letzten Wochen zwei Beamer gestohlen worden, weil Dozenten vergessen hätten, ihre Seminarräume abzuschließen. Das habe in Zukunft zu unterbleiben, sonst würden Nachforschungen angestellt werden. Wieder verspürt Frau Aygün das unangenehme Pochen in ihrer Schläfe: ihren eigenen Raum hatte sie zwar nach Seminarende abgeschlossen, nicht aber den Raum, aus dem sie die Stühle hatte holen lassen ...

Zwar fließt in dieser Horrorgeschichte kein Blut, dafür aber viel Schweiß. Den guten Absichten der Dozentin standen denkbar schlechte Umfeldbedingungen gegenüber. Gut vorbereitet und engagiert möchte sie die Aufgabe anpacken, aber das Ziel eines pünktlichen Sitzungsbeginns erreicht sie nicht. Mehrmals steigt ihr Blutdruck bedenklich an – eine Stressreaktion, in der Energiereserven bereitgestellt werden. Die können aber nicht in geeignete Aktivität umgesetzt werden, weil Frau Aygün permanent auf dem falschen Fuß erwischt wird. Ihre Zeitplanung gerät ins Wanken, der Beamer ist plötzlich verschwunden und am Ende wird ihr sogar der Raum genommen. Alles scheint sich gegen sie verschworen zu haben. Wenn es wenigstens *einen* Schuldigen gäbe, an dem man seine Wut auslassen könnte ... Aber es sind gleich mehrere Faktoren, an denen sie scheitert: an der machtlosen Verwaltung, am unverschämten Kollegen, an den unberechenbaren Studenten – und an ihrer eigenen Arglosigkeit.

Achten Sie aufs Umfeld – und damit auf sich selbst

Viele Dozenten unterschätzen das Umfeld, das vierte Element des Lehr-Lern-Dreiecks. Das kann leicht passieren, denn es fällt in aller Regel erst dann auf, wenn irgendetwas schief geht. Dass Menschen miteinander kommunizieren und ihr Austausch gelingt, wird dagegen fast immer als eine Selbstverständlichkeit empfunden. Über die Rahmenbedingungen, die zu dem guten Ergebnis geführt haben, wird dagegen weder gesprochen noch nachgedacht. Wenn aber ein Gesprächspartner sich verspätet, wenn es im Seminarraum ungemütlich kalt oder dunkel ist oder wenn man sich wegen Baulärms nur schlecht verständigen kann, sind die Chancen für ein gelingendes Fachgespräch von Beginn an gering. Sehr schnell werden sich die Gesprächspartner dann überlegen müssen, was sie ändern sollten, um ihr Ziel doch noch zu erreichen.

Rückfall ins Dozieren

Der Fall von Frau Aygün illustriert die Schwierigkeiten, die im Falle einer Störung des Umfelds auftreten können. Obwohl sie sich bereits in der dritten Semesterwoche befand, musste sie immer noch mit den Rahmenbedingungen kämpfen. Das ging sehr zu Lasten ihrer Kontaktaufnahme mit den Studenten. Die Dozentin hat ihre Teilnehmer als bedrohliche Masse erlebt, die den Raum – und damit auch die Sitzung – zu sprengen drohte. Eigentlich wollte sich die Dozentin gleich zu Beginn nach dem Wissensstand der Studierenden erkundigen. Aber was macht das für einen Sinn, wenn in jeder Sitzung mehr und vielleicht auch ganz andere Studenten erscheinen? Bei derartig instabilen Umfeldbedingungen schalten die meisten Dozenten um aufs Dozieren. Sie entscheiden sich damit für einen dozentenzentrierten Unterrichtsstil (Winteler 2004, S. 18f.). Das psychologische Motiv dieser Reaktion lässt sich anhand des Lehr-Lern-Dreiecks gut beschreiben: wenn das Umfeld instabil wird, orientiert sich der Dozent verständlicherweise an dem, was ihm noch am meisten Sicherheit verspricht – am Thema, also an seiner Sicht der Dinge. Unter diesem Rückzug leiden aber das *gemeinsame* Thema und der *Kontakt* zu den Studenten. Die Qualität der Lehre ist stark gefährdet.

Das Umfeld kennen lernen – und Störungen vorbeugen

Glücklicherweise sind Sie den Umfeldbedingungen Ihrer Lehre nicht schutzlos ausgeliefert. Den Überraschungsfaktor, der auf Ihre Lehre einwirkt, können Sie minimieren, wenn Sie die Umgebung näher kennenlernen. Rechnen Sie von Beginn an mit äußeren Einflüssen auf das Lehr- und Lernverhalten in Ihrem Seminar. Stellen Sie sich das Umfeld als Kugel vor, die – wie eine Zwiebel – aus mehreren Schichten besteht. Die innere Schicht wird von den *Rahmenbedingungen der Lehrveranstaltung* gebildet; sie befindet sich in größter Nähe zu den Dreiecks-Elementen der Lehr-Lern-Prozesse. Darüber ordnet sich die Schicht des *institutionellen Rahmens* an. Die äußere Schicht schließlich beinhaltet die *gesellschaftlichen Bedingungen*, die über den Dozenten und die Studenten in das Lehrgeschehen einwirken. Was genau aber ist mit *Rahmen*, *Institution* und *Gesellschaftliches Umfeld* gemeint?

Der Rahmen der Lehrveranstaltung

Jede Lehrveranstaltung hat ihren Ort und ihre Zeit. Was zunächst wie eine Trivialität klingt, hat enorme Auswirkungen auf Ihre praktische Arbeit als Dozent. Wenn diese Minimalvereinbarung nämlich nicht allen Beteiligten (Dozent, Universitätsverwaltung und Studenten) klar ist, findet die Lerngruppe auch nicht zueinander. Dass es zu einer störungsfreien Kontaktaufnahme kommt, hängt darüber hinaus noch von weiteren Faktoren ab, z.B. von der Einrichtung des Raums: Sind genug Stühle vorhanden und wie sind sie angeordnet? Wenn alle Tische und Sitzplätze nach vorne ausgerichtet sind, wird jeder intuitiv davon ausgehen, dass der Dozent der Hauptakteur der Veranstaltung sein wird. Und dass eine Kontaktaufnahme untereinander nicht unbedingt vorgesehen ist. Um Ihren Studenten den Kontakt zum Thema zu erleichtern, können Sie auch auf technische Hilfen zurückgreifen. Eine Großgruppe lässt sich beispielsweise durch ein Mikrofon am besten erreichen. Dabei sollten Sie aber im Vorfeld schon überprüfen, ob die Studenten (und Sie selbst) auch noch die Wortmeldungen der Kommilitonen verstehen können. Die Umfeldbedingungen der konkreten Lehr-Lern-Situation sind sehr vielfältig und nicht jede Stolperfalle lässt sich durch gründliche Planung schon vor Veranstaltungsbeginn ausschalten. Trotzdem haben Sie – und auch die Studenten – auf die meisten Faktoren einen direkten Einfluss. Die Gestaltung des äußeren Rahmens gehört übrigens zu den drei wichtigsten Leitungsaufgaben eines Dozenten (→ 3. Teil, Leitungsaufgabe 2).

Der Einfluss der Institution Hochschule auf Ihre Lehre

Als Dozent, der mit einem Lehrauftrag ausgestattet ist, gelten ganz bestimmte dienstrechtliche, versicherungstechnische und organisatorische Regelungen für Sie. Und da Sie Teil eines hierarchisch organisierten Systems sind, werden Sie diese Hierarchien in vielen verschiedenen Situationen auch zu spüren bekommen. Insbesondere Berufsanfänger kann das irritieren, zum Beispiel dann, wenn ihr Lehrauftrag nur befristet ist. Einerseits gehören Sie noch nicht fest zur Institution und können bei Fehlern den Lehrauftrag verlieren, andererseits sollen Sie die Hochschule aber gegenüber den Studenten vertreten. Wenn Sie im Fachbereich und an der Hochschule gut integriert sind, profitieren nicht nur Sie selbst davon, sondern auch die Studenten. Gute äußere Anzeichen für förderliche Umfeldbedingungen der Hochschule: Sie sind in Sprechstunden erreichbar, wissen über die aktuellen Diskussionen im Fachbereich Bescheid und kooperieren mit Kollegen. Gute Umfeldbedingungen sorgen also dafür, dass Sie sich innerhalb der Institution sicher bewegen können.

Es gibt wohl keinen Aspekt Ihrer Lehre, der nicht von institutionellen Faktoren beeinflusst ist. Wann Sie für welche Studenten in welchem Raum und zu welchem Thema eine Lehrveranstaltung anbieten, hängt von konkreten Vorgaben der Hochschule ab. Diese wiederum sind Ergebnis der Politik des jeweiligen Dekanats, der Fachbereiche oder der gesamten Hochschule. Und die können sich schneller ändern, als Sie denken. Vielleicht entwickelt Ihre Hochschule gerade das Ziel einer stärkeren internationalen Ausrichtung – und zwingt Sie bald dazu, Ihr Seminar im nächsten Semester auf Englisch zu halten?

Wenn Sitzplätze die Qualität der Lehre bestimmen

Dass von einer guten Kommunikation innerhalb der Institution Hochschule viel abhängt, werden Sie nicht zuletzt in Ihren eigenen Veranstaltungen zu spüren bekommen. Wie ernst nehmen zum Beispiel die Mitarbeiter der Verwaltung ihren Dienstleistungsauftrag den Lehrkräften gegenüber? Bemühen sie sich, Ihnen die Räume (mit genügend Sitzplätzen) und Materialien schnell und unbürokratisch zur Verfügung zu stellen? Und bekommen sie umgekehrt dafür auch Anerkennung von den Lehrenden? Auch in den Sekretariaten werden im Vorfeld Ihrer Lehrveranstaltung viele Fragen beantwortet und den Studenten wichtige Hilfen geleistet. So werden Sie bei Ihrer Lehre entlastet.

Aber auch die Studenten sind ein institutioneller Teil der Hochschule, nicht zuletzt durch ihre formale Einschreibung. Gleichzeitig sind sie von ihr abhängig. Die Studien- und Prüfungsordnungen sind ja nicht nur hilfreiche Handreichungen zur studentischen Orientierung, sie beschreiben auch das Auswahlverfahren, das jeder durchlaufen muss. Ganz machtlos sind sie gegenüber der Institution Hochschule aber nicht. Sie können sich artikulieren: in den Gremien der Hochschule, im Rahmen der Evaluation und einfach dadurch, dass sie den Mund aufmachen – zum Beispiel in Ihrem Seminar oder in Ihrer Sprechstunde.

Das institutionelle Umfeld ist sicherlich Ursache für so manche Störung, die auf Ihre Lehrveranstaltung einwirkt. Aber Sie können sich auch positive Effekte von ihm erhoffen. Zum institutionellen Umfeld gehört nämlich auch die gesamte Campuskultur. Und wenn dort die Stimmung gut ist, wird sich das auch positiv auf Ihre Lehrveranstaltung auswirken. Gibt es an Ihrer Hochschule attraktive Treffpunkte, interessante Gruppen und Freizeitangebote? Werden die Studierenden gefördert, z.B. durch Fremdsprachenkurse und Trainings für den Erwerb sozialer Kompetenzen? Engagieren sich Studenten in den Parlamenten, im Asta und in den Studentengemeinden? Gibt es Beratungsmöglichkeiten und „Spielräume" zur Bearbeitung persönlicher Fragen? Wenn die Hochschulen hier Angebote machen, werden die Studenten Kompetenzen erwerben, die sie wiederum auch in Ihre Veranstaltung einbringen. Davon profitieren auch Sie als Dozent, denn Sie können zielgerichteter und anspruchsvoller lehren.

Das gesellschaftliche Umfeld

Auch die „große Politik" und bestimmte Entwicklungen innerhalb der Gesamtgesellschaft haben Einfluss auf Ihre Lehrveranstaltung. Dazu vier beispielhafte Schlagzeilen aus der Tagespresse und ihre möglichen Auswirkungen: *„Streik bei der Bahn"* – 30 % Ihrer Teilnehmer kommen zu spät ins Seminar. *„Ingenieure gesucht"* – Sie sind gezwungen, den Raum zu wechseln, weil ganz plötzlich die Erstsemesterzahl in Maschinenbau um 28 % gestiegen ist. *„Erhöhung der Studiengebühren"* – Die Studenten wollen von Ihnen plötzlich ganz genau wissen, was Sie ihnen für ihr Geld „liefern". *„Exzellente Zusammenarbeit von Unternehmen und Hochschulen"* – Die Firma, die Ihre Stelle finanziert, schickt Ihnen ein kleines Paket und bittet Sie ganz höflich, in Ihren Veranstaltungen künftig nur noch die mitgelieferten Hemden mit am Kragen aufgesticktem Firmenlogo zu tragen.

Das *gesellschaftliche Umfeld* kann sogar Einfluss auf die Themenwahl der Lehrveranstaltungen nehmen. Auf einmal werden Fächer, die an der Hochschule eine lange Tradition und Geschichte haben, regelrecht zu Orchideenfächern, weil die Zahl der Studenten konstant zurückgeht. – Kein Seminar über Geldanlage kann es vermeiden, den aktuellen Börsengang eines großen Staatsunternehmens zu thematisieren, wenn er zur gleichen Zeit ein großes mediales Echo findet. – Und im Politologieseminar über „Staatliche Sicherheitspolitik" kann mitunter sogar die Tageszeitung zur prüfungsrelevanten Pflichtlektüre werden. – Nicht zuletzt spielt auch das *gesellschaftliche Image* des Fachgebietes, in dem Sie lehren, eine große Rolle, weil davon auch Ihre Studenten betroffen sind. Wenn Ihr Fach den allgemeinen Ruf hat, trocken, schwer, nebensächlich oder gar überflüssig zu sein, müssen Sie wahrscheinlich auch in Ihren Seminaren zuerst Überzeugungsarbeit leisten und Gründe anführen, warum es doch gut ist, sich mit der Materie zu befassen.

Umfeldbedingungen der Studenten

Als der Professor für Elektrotechnik gerade angefangen hat, seine Studenten in ein neues Thema einzuführen, wird die Tür aufgerissen und ein junger Mann platzt herein. Mit einem lauten „Moin, Moin!" schlurft er zu einem freien Platz und lässt sich auf den Stuhl fallen. Alle glotzen ihn an. „Na Alter, kommst wohl gerade aus dem ‚Down-Under'?", sagt seine Sitznachbarin laut und deutlich. Alle lachen, denn das „Down-Under" ist bei Studenten für seine Flatrate-Parties beliebt. Der Professor lacht nicht. Der Student übrigens auch nicht – er kämpft mit seinem überforderten Magen. Der Professor fasst sich ein Herz und tritt auf ihn zu: „So geht das nicht. Ich beurlaube Sie für heute. Kümmern Sie sich erst mal um die Nachwirkungen und schlafen Sie sich aus. Bitte ..." – „Ist ja gut!". Mit etwas Schwung kommt der Student wieder auf die unsicheren Beine, erreicht irgendwie den Ausgang und lässt die Tür hinter sich zukrachen. Der Professor ist ein wenig erleichtert, dass der Störer so schnell und ohne Widerstand den Raum verlassen hat. Aber er nimmt sich fest vor, im Dekanat nachzufragen, wann er Studenten in Zukunft von der Lehrveranstaltung ausschließen darf.

Der Einfluss des studentischen Lebensumfelds kann in einer Lehrveranstaltung zu Irritationen führen. Weniger drastisch verlief der schon früher erwähnte Fall des Studenten, der sich um seinen kranken Vater kümmern musste und deshalb um eine Befreiung von der Anwesenheitspflicht bat. Letzterer konnte immerhin über sein Dilemma sprechen – was dem Dozenten zumindest die Möglichkeit gab, zu reagieren. Dass Studenten sich beim Dozenten über ihre Sorgen äußern, geschieht jedoch nur selten. Schwierige wirtschaftliche Situationen, Beziehungskrisen oder Sorgen um Verwandte und Freunde behalten sie eher für sich oder teilen sich allenfalls Kommilitonen mit. Schade eigentlich, denn meistens sind diese Faktoren so bedeutsam, dass sie sich auf ihre Anwesenheit, Aufmerksamkeit und das Lernvermögen auswirken. Studenten, die mit Belastungen aus ihrem persönlichen Umfeld zu kämpfen haben, ziehen sich oft zurück und bleiben unter Umständen der Hochschule gänzlich fern. In einer solchen Situation kann die empathische Reaktion eines Dozenten oder eines Kommilitonen Wunder wirken. Ein Anruf, eine Mail, in der gefragt wird: „Wo bist Du? Warum kommst Du nicht mehr?", schon würden Studenten wieder daran erinnert werden, dass trotz ihrer privaten Sorgen das Studium wichtig ist und das Lernen weiter gehen kann. So könnten sie erfahren, dass sie nicht nur wichtige Mitglieder der Lerngruppen und ihrer Hochschule sind, sondern auch als Person geschätzt werden.

Veränderungen in den Umfeldbedingungen der Studenten können sich sehr günstig auf das Studium auswirken. Selbst dann, wenn sie auf den ersten Blick wie Störungen wirken. Ein Nebenjob in der Anwaltskanzlei motiviert einen Studenten vielleicht dazu, das Jurastudium zu beschleunigen. Aber auch das drohende Ende der Kindergeldzahlungen kann einen 25-Jährigen zur Examensanmeldung bewegen. Und sogar der Auslandsaufenthalt der Freundin hat seine guten Seiten – jetzt bleibt endlich mal Zeit, das Referat vorzubereiten.

Umfeldbedingungen der Dozenten

Noch nie ist die Professorin für Mathematik zum eigenen Seminar auch nur eine Minute zu spät gekommen. Noch nie. Und heute sind es gleich 20 geworden. Sie kommt gehetzt an, schließt hastig und umständlich den Raum auf und hält dann bis kurz vor Schluss einen langen Monolog. Die Studenten sind irritiert, weil sie den Bezug dieser Rede zum bisherigen Thema nicht verstehen. Außerdem fühlen sie sich von der Dozentin nicht wahrgenommen. Gegen Ende der Sitzung traut sich dann doch eine Studentin, mal ganz offen zu fragen: „Was ist es denn heute los mit Ihnen? Fühlen Sie sich nicht wohl?" – „Oh, doch, doch!" antwortet die Professorin und lächelt ganz unsicher. „Es ist nur so, vor einer Stunde ist mein Sohn Vater geworden. Ist das nicht toll?! Es ist alles gut gegangen! Ich bringe in der nächsten Woche Kuchen mit."

Als Dozent können Sie nicht einfach schweigen, wenn Sie sich nicht wohlfühlen oder wenn Sie mit privaten Themen gerade sehr stark beschäftigt sind. In der Lehrveranstaltung müssen Sie „funktionieren". Da gelingt es dann nur selten, sich auf das Thema zu konzentrieren, freundlich zu sein und den Kontakt zu den Studenten aufzunehmen. Und weil das nicht gut funktioniert, wirkt sich das persönliche „Problem" rasch auf das gesamte Lehr-Lern-Dreieck aus. Aber wenn Sie als Dozent nicht ausführlicher über Ihre persönliche Situation sprechen wollen, warum sollten Sie sie nicht wenigstens kurz erwähnen, wie im obigen Beispiel? Denn sonst besteht die Gefahr, dass sich bei den Studenten Fantasien und Missverständnisse entwickeln: „Was ist denn mit der Professorin los? Sie wird doch wohl nicht krank sein?" – „Stimmt, sie hat auch schon in der letzten Woche so blass ausgesehen. Vielleicht hat sie Probleme mit irgendwelchen Kollegen...?"

Was für die Umfeldbedingungen der Studenten gilt, hat auch für die Dozenten Gültigkeit: Es gibt für die Lehre nicht nur ungünstige, sondern auch sehr positive Umfeldeinflüsse. So kann etwa ein geplatztes Forschungs-Projekt zunächst furchtbar schlechte Laune verursachen, insgesamt aber wird das Seminar von dem kurzfristig entlasteten Zeitplan zumindest in dieser Hinsicht profitieren. Es bleibt mehr Zeit fürs Lehren.

Der Gruppenfaktor

Eine ganz zentrale Umfeldbedingung der Hochschullehre ist das Lernen in Gruppen. Im Lehr-Lern-Dreieck haben wir bisher nicht zwischen Lernprozesse von Einzelnen und einer Gruppe unterschieden. Die besondere Form der Kommunikation innerhalb von Gruppen hat aber auf die Lehr- und Lernprozesse einen so großen Einfluss, dass wir dem Thema einen eigenen Teil des Buches widmen.

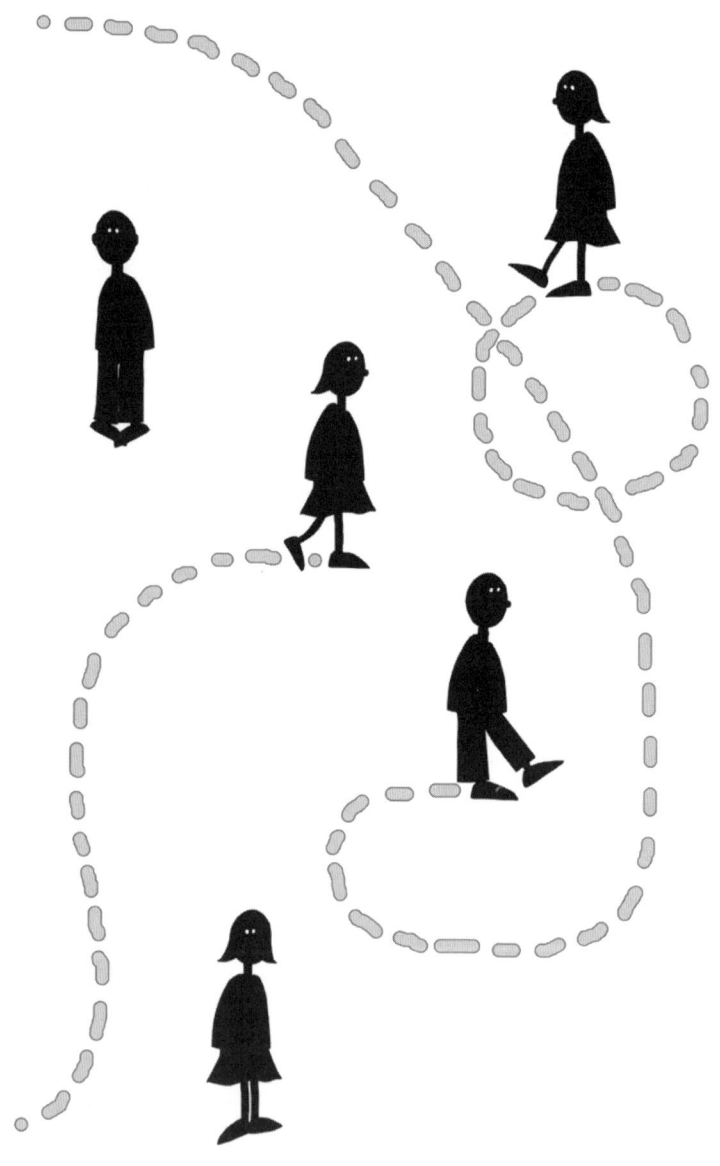

3. Teil
Lehren mit
der Gruppe

1. Gruppen brauchen Leitung

Als die junge Geografiestudentin den Seminarraum betritt, bleibt sie wie angewurzelt in der Tür stehen und stößt einen Seufzer aus. Vorne steht wieder der nervige Kommilitone, der schon in der letzten Sitzung mit seinem Referat nicht fertig geworden war. Richtig, er hatte ja angedroht, heute weiterzumachen. Sie setzt sich in eine Bank und beobachtet, wie er seinen Laptop hektisch bedient. Der Beamer zeigt – für alle gut sichtbar – die Benutzeroberfläche. Unterdessen sucht der Referent verzweifelt nach seiner Powerpointpräsentation. Der Raum ist nur mäßig gefüllt. Pünktlich zum Veranstaltungsbeginn betritt der Dozent den Raum. Auch er bleibt erst einen Moment in der Tür stehen, setzt sich dann aber in die dritte Reihe. Da hatte er auch schon in der letzten Sitzung gesessen. Endlich hat sich auch der Referent zu seinem Ziel durchgeklickt und fängt zu sprechen an. Die Folien, die er präsentiert, zeigen eine ausführliche Gliederung des Themas. Die Texte liest er alle ab. Jeden Gliederungspunkt ergänzt er außerdem mit ein paar Sätzen aus seinem Manuskript. Das Thema des Referats jedoch können die Zuhörer nur erahnen. Es geht irgendwie um die Entwicklung des Schienenverkehrs in Indonesien. Der Referent spricht nun schon eine halbe Stunde. Die ersten Seminarteilnehmer verlassen den Raum. Der Dozent spielt an seinem Ehering und schaut interessiert nach vorne. Nach weiteren 10 Minuten traut sich ein Teilnehmer und hebt die Hand. Weil der Referent aber ganz in sein Manuskript vertieft ist, bemerkt er das Handzeichen nicht. „Hallo, kann ich mal was fragen?" Der Referent blickt auf. „Du stellst uns hier zwar haarklein den Ausbau des indonesischen Schienennetzes vor, aber kannst Du uns mal erklären, worauf Du hinaus willst?" Der Referent errötet. „Ja, schon. Aber dazu muss ich erst noch etwas weiter machen. Das klärt sich alles am

Schluss auf." Und der Referent spricht weiter. Nach 10 Minuten kommt ein weiterer Zwischenruf, diesmal ohne Handzeichen: „Das ist doch alles ohne Zusammenhang." Der Referent, nervös und angespannt, hat insgeheim mit so etwas gerechnet. „Warum? Vielleicht kapierst Du's nur nicht? Ich habe das Recht, mein Referat zu Ende zu lesen. Und das mache ich jetzt auch." Nun rutscht auch der Dozent nervös auf seinem Stuhl hin und her. Mitten im Referat verlassen die beiden Beschwerdeführer lautstark den Raum – „Lächerlich", „Witzfigur". Der Funke springt über. „Das ist doch Bullshit!" ruft einer aus der letzten Bankreihe. Ein anderer: „Es reicht! Schluss machen!". Der Dozent schaut auf die Uhr – die 90 Sitzungsminuten sind fast um – und spricht zum ersten Mal: „Ja, das reicht erst mal. Sie haben sich wirklich Mühe gemacht und sehr viel Stoff präpariert. Vielen Dank. Ich würde sagen, wir beenden die heutige Sitzung und sehen uns dann in der nächsten Woche zum nächsten Referat wieder." Die junge Geografiestudentin packt kopfschüttelnd ihre Tasche und spricht ihre Kommilitonin an: „Komm, wir gehen Kaffee trinken."

Fast wäre der Dozent gar nicht mehr in Erscheinung getreten. Er hält sich aus dem Gruppengeschehen völlig heraus. Aber er scheint auch nicht ganz glücklich mit seiner Rolle zu sein, zumindest wirkt er sehr nervös. Es ist anzunehmen, dass er unter den langatmigen und ziellosen Ausführungen des Studenten genauso leidet, wie die anderen auch. Aber er lässt sich nichts anmerken. Und er schaltet sich auch dann nicht ein, als die ersten Studenten lautstark protestieren. Vielleicht entspricht das seinem Verständnis von der Rolle eines Dozenten in der Lerngruppe?

Vom Vermeider zum Aktivisten

Welche Alternativen hätte der Dozent gehabt? Gleich zu Beginn des Seminars verpasst er seine große Chance, das drohende Chaos zumindest einzudämmen: Weder eröffnet er die Veranstaltung mit einleitenden Worten, noch setzt er dem Referenten ein Zeitlimit. Stattdessen überlässt er ihm die Sitzung komplett. Damit liefert er nicht nur die Gruppe, sondern auch sich selbst rückhaltlos dem Willen des Referenten aus. Aber warum vermeidet er es, die Leitung zu übernehmen? Ist er es denn als Dozent nicht gewohnt, vor einer Gruppe zu stehen? Fürchtet er sich vor der Konfrontation mit Teilnehmern der Gruppe, die vielleicht nicht seiner Meinung sind? Seine Zurückhaltung hat für alle Seminarteilnehmer Konsequenzen. Vor allem für den Referenten selbst, denn der sieht sich nun dazu gezwungen, seine Position zu behaupten. Aber der Student hat eben nur sein Referat vorbereitet und ist nicht darauf eingestellt, auch noch die Gruppenleitung zu übernehmen. Deshalb bemüht er sich auch nicht darum, Kontakt zur Gruppe aufzunehmen. Er spricht vor sich hin, ohne dass für die anderen ein Zusammenhang erkennbar ist. Eine Konfrontation zwischen dem überforderten Referenten und den frustrierten Zuhörern ist unausweichlich. Dass der Dozent zumindest physisch anwesend ist, stabilisiert die Situation zu Anfang noch. Wäre er nicht im Raum gewesen, dann hätte sich vermutlich schon viel früher ein Großteil der Gruppe gegen den Referenten gewandt, während ihn vielleicht eine Minderheit verteidigt hätte.

Obwohl er schweigt, bleibt der Dozent ein wichtiger Faktor in der Gruppe. Sein Handeln wird von den Studenten genau beobachtet. Alle warten auf sein Eingreifen – und er lässt sie alle warten. Warum schreitet er nicht früher ein? Und warum tut er es irgendwann doch und bricht zugleich die Sitzung ab? In gewisser Weise verhindert er mit dem Abbruch, dass sich die Kritik am Referenten auch auf ihn und sein Verhalten übertragen kann. Seine Reaktion sieht nach Konfliktvermeidung aus. Und gerade deshalb „brennt" die Luft im Seminar. Gleich mehrfach brechen die Kontakte ab: Der Referent liest vor sich hin, die Studenten weigern sich, mit dem Thema in Kontakt zu treten und zuletzt verhindert der Dozent die ehrliche Reflexion des Referates und seines eigenen Verhaltens.

Gruppenleitung – der blinde Fleck der Hochschul-Lehre

Wenn ein Dozent seine Leitungsfunktion nicht wahrnimmt, hat die Gruppe ein Problem, wie das Beispiel zeigt. Die Teilnehmer erwarten von dem *anwesenden* Leiter, dass er den Prozess voranbringt. Diese Erwartung wird aber durch sein passives Verhalten enttäuscht. Eine solche Irritation verhindert natürlich die Konzentration der Studenten auf das Thema und behindert damit den Lernprozess. Aber woher kommt die Vermeidungshaltung, die bei vielen Dozenten zu beobachten ist?

„Eine Gruppe zu leiten, ist harte Arbeit und sehr anstrengend", hören wir nicht selten in unseren Seminaren. Das ist eine verbreitete Vorstellung. Viele denken beim Thema „Gruppenleitung" sofort mit Schrecken an eventuell auftretende Konflikte, an eigene Autoritätsprobleme, schwierige Disziplinfragen und an eine unkontrollierbare Gruppendynamik. Da ist es nur allzu verständlich, wenn sich Dozenten einen solchen Stress nicht unbedingt antun möchten. Dass Gruppenarbeit aber auch entlasten kann und vielleicht sogar motivierend wirkt, kommt ihnen kaum in den Sinn. Die Bedeutung von Gruppen muss an den Hochschulen neu entdeckt werden. Gruppen können ein sehr effizientes Mittel sein, um Lernprozesse zu beschleunigen.

Wie ein Anglistik-Professor die Gruppe entdeckte

Dem Professor für Anglistik fällt es diesmal ziemlich schwer, die Seminarsitzung zu eröffnen. Sonst führt er nach der kurzen Begrüßung immer gleich in das neue Thema ein, diesmal aber muss er mit einer unangenehmen Tatsache beginnen: „Meine Damen und Herren, ich muss ihnen leider mitteilen, dass wir heute die letzte Veranstaltung in diesem Semester haben werden, weil ein unaufschiebbarer Klinikaufenthalt diesen Schritt erforderlich macht." Im Raum herrscht Totenstille, alle schauen ihn an. Obwohl er sich fest vorgenommen hatte, den Grund für die Krankenhausbehandlung für sich zu behalten, spricht der Professor weiter: „Es ist nichts Ernstes, nur eine Schilddrüsenoperation. Das ist ein Routineeingriff. Aber ich werde trotzdem vier bis sechs Wochen ausfallen." Noch immer blickt er in besorgte Gesichter. „Sie wissen vielleicht, dass meine Assistentin bis Ende des Semesters in Boston ist. Es gibt also niemanden, der mich vertreten kann. Bedauerlich ist das vor allem für diejenigen, die schon Ihre Referate vorbereitet haben. Sie müssen daraus jetzt Hausarbeiten machen. Und ärgerlich ist es, weil wir das Spätwerk von James Joyce jetzt gar nicht mehr behandeln können. Das tut mir wirklich Leid." Eine Studentin meldet sich: „Können wir das Seminar nicht auch ohne Sie weiterführen? Ich meine bloß, für die letzten sechs Wochen ist doch schon alles vorbereitet." Mit einem solchen Vorschlag hatte der Professor nicht gerechnet. Ja, warum eigentlich nicht? Bisher hatten alle Referenten ihre Beiträge gründlich ausgearbeitet und gut vorgetragen. Aber würde das in seiner Abwesenheit auch so weitergehen? „Was denken sie über den Vorschlag?", fragt er die Gruppe. Viele nicken. Manche wirken skeptisch. „Ich bin in der nächsten Woche dran. Wir können das gerne versuchen", meldet sich ein Student aus der dritten Reihe. Der Professor ist einverstanden: „Schicken Sie mir doch anschließend eine Mail. Wenn ich wieder an den PC kann, möchte ich gerne wissen, ob es geklappt hat." - - - Am Nachmittag ist er sich nicht mehr so sicher, ob es eine kluge Entscheidung war, die Gruppe sich selbst zu überlassen. Wer trägt die Verantwortung? Sind die Studenten versichert, falls irgendein Unfall geschieht? Was sagen die Kollegen, wenn sie erfahren, dass die Studenten das Seminar ohne ihn weiterführen? - - - Am Tag darauf wird er im Krankenhaus aufgenommen und alles dreht sich für einige Tage nur um seine Gesundheit. Aber schon am zweiten Tag nach der Operation bittet er seine Frau, ihm doch den Laptop ins Krankenhaus zu bringen. Und da findet er tatsächlich eine E-Mail aus seinem Joyce-Seminar: „Hallo Herr Professor. Die erste Sitzung ohne Sie ist ganz gut gelaufen. Sehen Sie selbst! Gute Besserung wünscht Ihnen Ihr Joyce-Seminar". Er klickt auf den Link und es öffnet sich ein neues Fenster im Browser. Die Studenten haben ihm einen Videomitschnitt des Referats geschickt. Mit einem Schmunzeln rückt er sich die Kissen seines Klinikbettes zurecht und verfolgt die Präsentation. - - - Eine Woche darauf – der Professor ist seit zwei Tagen wieder zu Hause – bekommt er wieder eine Mail: „Wie geht es Ihnen? Sind Sie schon wieder zu Hause? Hier unsere zweite Sitzung!" Diesmal haben die Studenten nicht nur das Referat gefilmt, sondern auch den Beginn der Sitzung. Der Professor kann mitverfolgen, wie der Referent der Vorwoche am Anfang eine kurze Zusammenfassung gibt und dann zum neuen Thema überleitet. Sehr schön. Und dann beginnt auch schon das neue Referat. Klang und Bild sind diesmal viel besser, er kann die Kopfhörer beiseite legen. Das Ganze wirkt fast schon professionell. Ab und zu erscheint die Referentin per Zoom auch mal größer im Bild, manchmal bekommt er die Zuhörer gezeigt und stellt erleichtert fest, dass die Reihen so gut gefüllt sind wie immer. Und nach dem Referat geht der Film weiter: Ein Student übernimmt die Diskussionsleitung. Der Professor staunt, wie engagiert und strukturiert das Gespräch verläuft. In einer Antwortmail bedankt er sich für die guten Wünsche und die hervorragenden Filme, die ihm die Schonzeit für die Stimme verkürzt hätten. Und er bittet sie, mit dem Seminar genau so weiterzumachen. - - - In der letzten Sitzung des Semesters ist er wieder so fit, dass er das Seminar besuchen kann. Er wird herzlich begrüßt. Seinen Vorschlag, die gefilmten Seminarsitzungen auf der Homepage der Universität abzulegen und damit der Öffentlichkeit zugänglich zu machen, nehmen die Studenten begeistert an. Dann setzt er sich ins Auditorium und bittet darum, diese letzte Seminarsitzung wie die vorangegangenen stattfinden zu lassen.

In diesem Seminar durchlaufen alle Beteiligten einen besonderen Lernprozess. Zwar hatte der Professor gleich von Beginn an einen guten Kontakt zu seinen Studenten, aber mit der doppelten Wendung hatte er nicht gerechnet. Er war davon ausgegangen, dass die Gruppe wegen seines Krankenhausaufenthalts einfach aufgelöst werden müsse. Der Widerstand der Teilnehmer kam für ihn überraschend und lässt zwei Lesarten zu: Einerseits kann er als Ausdruck einer gewissen Emanzipation gegenüber dem Leiter verstanden werden, andererseits spiegelt er ganz sicher auch Solidarität und Wertschätzung wider. Am Anfang hat der Professor noch Bedenken, die Gruppe sich selbst zu überlassen. Deshalb sucht er nach Wegen, wie der Kontakt aufrechterhalten werden kann und bittet seine Studenten, ihm zumindest eine Mail zu schicken. Doch dabei bleibt es nicht. Die Gruppe schickt dem Erkrankten Video-Mitschnitte und gibt ihm damit die Chance, auch weiterhin Teil der Gruppe zu bleiben. „Gegenwärtig" wird der Professor trotz physischer Abwesenheit auch dadurch, dass seine Rollen als Moderator und Diskussionsleiter spätestens ab der zweiten Sitzung von „Stellvertretern" aus der Gruppe übernommen werden. Die Gruppe wird kreativ und entwickelt sich. Sie kann für sich selbst sorgen, hält den Kontakt zum Leiter und erreicht ihr Ziel. Diese Qualitäten sind für eine Gruppe nicht selbstverständlich. Sie gehören aber zu den verborgenen Grundpotenzialen jeder Gruppe, die immer wieder neu entdeckt und entwickelt werden können.

Wie ein Analytiker die Gruppe entdeckte

Exeter (England) im Sommer 1940. Siegmund H. Foulkes hält einen Brief in der Hand, dessen Inhalt auf sein Leben einen enormen Einfluss haben wird. Zwar kommt die Einberufung zur britischen Armee nicht unerwartet, doch sie wird etwas verändern. Aber mit Veränderungen hat der Psychoanalytiker umzugehen gelernt. Aufgrund seiner jüdischen Abstammung verließ er 1933 das nationalsozialistische Deutschland und emigrierte nach England. Hier gelang es ihm allmählich, Fuß zu fassen. Er eröffnete eine psychoanalytische Praxis, wurde britischer Staatsbürger und änderte seinen Namen: aus Fuchs wurde Foulkes. Und nun also der Einberufungsbescheid. Er soll Dienst in einem Militärhospital leisten, und seine Aufgabe würde die Betreuung von Kriegstraumatisierten sein.

Was bedeutet das für seine therapeutische Praxis? Er wird nicht mehr genug Zeit für die Einzeltherapien haben. Unmöglich, die Patienten mehrmals in der Woche zu sehen. Er steht vor der Wahl, seine Tätigkeit ganz einzustellen und die Patienten alleine zu lassen – oder eine Idee umzusetzen, die er schon lange in sich trägt. Seit seinem intensiven Kontakt mit dem Frankfurter Institut für Sozialforschung in den Jahren vor seiner Emigration spielte er mit dem Gedanken, mehrere Patienten zu einer Gruppe zusammenzufassen und sie gleichzeitig zu behandeln. Zu dieser Idee hatte ihn ein interdisziplinärer Denk- und Forschungsansatz angeregt, der ihn für das Gruppengeschehen sensibilisierte und seither in ihm „arbeitete". Sollte er es gerade jetzt wagen, einen Grundsatz der Psychoanalyse zu brechen, demzufolge die psychoanalytische Situation auf das Gespräch zwischen einem Analysanden und einem Analytiker zu beschränken sei?

Riskant war eine solche Überlegung zum damaligen Zeitpunkt durchaus, denn mit ihrer Umsetzung gefährdete er seinen Ruf als Psychoanalytiker – und dadurch auch seine eigene Praxis. Aber es gab auch ganz „banale" Probleme: Hatte er in seinen Praxisräumen überhaupt genügend Plätze für eine therapeutische Gruppe von bis zu acht Teilnehmern? Und würden die Teilnehmer überhaupt dazu bereit sein, sich vor anderen zu öffnen und frei zu assoziieren? Andererseits: Es war Krieg, die Zukunft seiner Praxis stand sowieso auf dem Spiel, was hatte er noch zu verlieren?

Wenige Wochen später verabschiedet Foulkes die Teilnehmer seiner ersten Gruppensitzung, die er kurzerhand in seinem Wartezimmer stattfinden ließ, schließt die Tür, kehrt in seine Wohnung zurück und sagt zu seiner Frau: „Heute war ein historischer Augenblick in der Psychiatrie, aber niemand weiß davon" (Lemche).

Heute ist die Bedeutung von Foulkes Gruppenexperiment bekannt – und die Psychoanalyse um einen Ansatz reicher. Foulkes entwickelte im Laufe der Zeit eine Methode, die es ihm erlaubte, Gruppen und das Handeln in Gruppen genau zu untersuchen. Mittlerweile kommt die Gruppenanalyse nicht nur in der Selbsterfahrung, in der Psychotherapie und in der Supervision zur Anwendung, sie wird auch bei der Analyse gesellschaftspolitischer Konflikte in ihren Wechselwirkungen mit psychischen Prozessen eingesetzt. Vor allem aber verdanken wir ihr wichtige Impulse für die Gruppenleitung. S. H. Foulkes kannte die Lehrerrolle. Als Ausbilder von Psychotherapeuten wusste er, dass es sowohl beim Lernen als auch in der Psychotherapie um die Veränderung von inneren Haltungen geht. Wenn der Dozent die Lehre nicht bloß als reine Instruktion versteht, verändert sich auch die Qualität und Effizienz der studentischen Lernprozesse. Das Lernen wird dann zum „Ergebnis einer veränderten Haltung, die verlangt, dass die durch traditionelle Prägung und Konditionierung bedingten emotionalen Widerstände überwunden werden" (Foulkes 1992, S. 226). Foulkes Erkenntnis basiert auf der Entdeckung, dass Veränderungsprozesse nicht auf eine Zweipersonenbeziehung begrenzt werden müssen, sondern facettenreicher, realitätsnaher und deshalb auch effektiver in Gruppen stattfinden können.

Eine Gruppe von Therapeuten

Was sich damals hinter der verschlossenen Tür von Foulkes Wartezimmer abgespielt hat, ist nicht genau bekannt. Aber Foulkes hat sich oft darüber geäußert, was seinen besonderen Blick auf die Gruppe ausmacht. Demnach ist es sehr wahrscheinlich, dass er in der ersten Sitzung keine Ziele für die Gruppe festlegte, sondern sich darauf beschränkte, den Kommunikationsprozess in der Gruppe zu „stimulieren" (Foulkes 1971, S. 18). Er achtete darauf, dass sich jeder am Austausch beteiligen konnte. Weil alle Gruppenmitglieder das Bedürfnis nach Kontakt, Kommunikation und Beziehung hatten, waren auch alle aktiv am Aufbau eines stabilen Gruppengefüges beteiligt. Foulkes konnte bald beobachten, dass die Verhaltensweisen der Einzelnen auch etwas über die Gesamtgruppe aussagten. Die Kommunikation der Teilnehmer kann also im Hinblick auf den gesamten Gruppen-Kontext gesehen werden (Foulkes 1971, S. 12). Foulkes stellte fest, dass er nicht mehr der einzige war, der gültige Deutungen zu geben hatte; plötzlich war die Interpretation jedes einzelnen Teilnehmers aus der Gruppe hilfreich und weiterführend. Foulkes sprach in diesem Zusammenhang später von einer „Pflege der interpretativen Kultur" (Foulkes 1971, S. 12). Im Laufe des Gruppenprozesses bemerkte Foulkes auch, dass sich allmählich eine *Matrix* bildete, ein immer umfassenderes psychisches Netzwerk von Kommunikation und Beziehungen. Die Matrix, so Foulkes, stellt das gemeinsam gewordene Eigentum der Gruppen dar. Zu ihr gehört nicht nur die Summe der bewussten Erfahrungen, sondern auch die vielen unbewussten Prozesse des Gruppenverlaufs. Die Matrix kann als *transpersonales Phänomen* (Foulkes 1971, S. 19) bezeichnet werden. Ihr dichtes Netzwerk entsteht durch die Kommunikation der Gruppenteilnehmer. Als *Beziehungs*matrix bildet sie ein vielfältig verknüpftes Netz der Teilnehmer und ist deshalb gut vergleichbar mit den Knotenpunkten des neuronalen Netzwerkes im Gehirn (Foulkes 1992, S. 99). Sie wirkt unmittelbar auf den Gruppenprozess, auf die Teilnehmer und auf den Gruppenleiter ein und gibt der Gruppe ihre besondere Gestalt. Die Matrix der Gruppe bildet den Hintergrund für alle Ereignisse, die in der Gruppe stattfinden, wird selbst aber kaum wahrgenommen oder thematisiert. Die in ihr stattfindenden unbewussten Prozesse halten für alle Teilnehmer so manche Überraschung bereit. Immer wieder kommt es in der Gruppe zu unerwarteten Entwicklungen.

Entdecken Sie die Gruppe

Bewegen Sie sich gerne in Gruppen? Reizt es Sie vielleicht sogar, die Leitung in Gruppen zu übernehmen oder ist das für Sie eher eine Last? Haben Sie die Effizienz von Gruppenprozessen schon für sich entdeckt? Vielleicht sind Ihnen Gruppenprozesse vor allem aus dem Privatleben geläufig, zum Beispiel durch Vereinsarbeit oder Sportgruppen? Von ihrem Potenzial her lassen sich Gruppen sehr gut als Motor für das studentische Lernen nutzen. Aber leider wird die Bedeutung vom Gruppenprozessen an den Hochschulen kaum erkannt. Das ist nicht zuletzt an der „normalen" Gruppengröße von Seminaren abzulesen. In der Soziologie wird als „Gruppe" eine Sammlung von mindestens drei Personen bezeichnet, die ein gemeinsames Ziel verbindet und denen die direkte Kommunikation miteinander möglich ist. Großgruppen von mehr als 20 Personen unterliegen einer besonderen Dynamik. Häufig werden sie nicht mehr als „Gruppe" verstanden (König und Schattenhofer 2008). Auch die Lerngruppen an den Hochschulen sind oft so groß und unüberschaubar, dass Gruppenarbeit auf den ersten Blick gar nicht mehr möglich zu sein scheint. Dozenten empfinden die Arbeit mit Großgruppen deshalb oft als zu anstrengend und behandeln Gruppenarbeit als Nebensache. Dazu kommt, dass viele Hochschullehrer gar nicht recht wissen, was alles zu ihren Aufgaben als Gruppenleiter gehört. Das ist umso bedauerlicher, als sich nach unseren Erfahrungen die gruppenanalytischen Erkenntnisse sehr gut für die Arbeit mit Gruppen an Hochschulen nutzen lassen. Vielleicht kann Ihnen das folgende Kapitel helfen, die Gruppenleitung neu für sich zu entdecken.

2. Die Gruppe entdecken

Die unerwünschte Gruppe

Wenn an Hochschulen gelehrt wird, geschieht das meistens vor vielen Teilnehmern, die aber nicht als Gruppe aktiv werden. Nur der Dozent spricht. Und zwar so, als säße nur eine einzige Person vor ihm. Die Tatsache, dass fast immer *vor* einer Gruppe oder eigentlich sogar *in* einer Gruppe gelehrt wird, wird zumeist ausgeblendet. Bereits die Anordnung der Sitze, mit frontal ausgerichteten Reihen, signalisiert: „vorne spielt die Musik". Rückfragen aus dem „Publikum" werden – wenn überhaupt – immer nur an den Dozenten gerichtet. Auch wenn ein Student ein Referat hält, bleibt die Gruppe weitgehend ausgeblendet. Der Student nimmt vorübergehend den Platz und die Rolle des Dozenten ein. Das, was während des Referats in jedem Anwesenden vor sich geht, ist bei dieser stark reglementierten Form der Kommunikation nebensächlich. Wenn es Teilnehmern aus irgendeinem Grund nicht mehr gelingt, sich still zu verhalten und wenn sie sich durch nonverbale Äußerungen, Getuschel oder Zwischenrufe bemerkbar machen, wird das oft als „Störung" empfunden. Die ignorierte Gruppe entwickelt sich dann zum Störfaktor.

Der Dozent und seine implizite Gruppe

Gruppen lassen sich aber nicht einfach ignorieren und ausblenden. Jeder Mensch lebt von Anfang an in Gruppen. Immer wenn wir lernen, arbeiten oder uns in unserer Freizeit beschäftigen, geschieht das mit einem Bezug zu einer Gruppe. Ich lese etwas *von* jemandem, ich erledige etwas *für* jemanden, ich denke *an* jemanden. Nichts reizt unsere Aufmerksamkeit mehr, als soziale Kontakte. Nicht umsonst arbeitet die Werbung mit Darstellungen von Sympathieträgern, um Kaufbotschaften wirksam zu übermitteln. Diese prinzipielle Ausrichtung des Menschen auf das soziale Geschehen führt dazu, dass sich sehr schnell gruppenähnliche Gebilde formen, und zwar unabhängig davon, wie stabil sie sind. Wenn die Fahrgäste eines U-Bahnabteils drei oder vier Stationen miteinander fahren, ohne dass jemand zusteigt, kann es sein, dass sie sich mit Blicken untereinander schon so vertraut gemacht haben, dass sich der neue Fahrgast, der an der vierten Station einsteigt, im Abteil wie ein Fremdkörper fühlt. Ob Sie wollen oder nicht, auch in Ihrer Vorlesung werden die Einzel„hörer" schnell zu Gruppenmitgliedern. Die Gruppenbildung vollzieht sich automatisch und ist unabhängig von Ihrem Lehrstil. Es ist nicht entscheidend, ob Sie interaktiv lehren oder Gruppenarbeit verordnen – „die Gruppe" existiert bereits mit der ersten Sitzung Die Frage ist nur, ob Sie gegen oder mit der Gruppe lehren wollen.

Lernerfolge „to go"

Wenn Sie sich ganz bewusst dafür entscheiden, *mit* der Gruppe zu lehren, werden Sie auch dafür offen sein, Ihren Studenten in der Lehrveranstaltung mehr Raum zu geben. Und damit vollzieht sich ein gravierender Perspektivenwechsel: die Gruppe, die von vielen Dozenten eher als Störung des Lehr-Vortrags empfunden wurde, wird nun zum wichtigen Bestandteil des Lernprozesses.

Diesen Effekt kennen Sie vielleicht von Tagungen oder Konferenzen, an denen Sie selbst teilgenommen haben. Die eigentlichen Höhepunkte einer solchen Veranstaltung sind meistens die Kaffeepausen. Hier kommt man mit Fachkollegen direkt ins Gespräch, hier werden wichtige Kontakte geknüpft und die neuesten Informationen gehandelt. Aus dieser Beobachtung entwickelte der amerikanische Organisationsentwickler Harrison Owen 1985 die Methode des Open-Space (Owen 2001), in der – kurz gesagt – die Kaffeepausen zur zentralen Kommunikations-Plattform einer Veranstaltung werden. Der Gruppe „Raum zu geben" bedeutet hier also zunächst nur, dass die Teilnehmer die Gelegenheit erhalten, anderen mitzuteilen, was in ihnen vorgeht. Dadurch entwickelt sich eine vielfältige Interaktion in der Gruppe, die dazu führt, dass jeder Teilnehmer wichtige Lernerfahrungen macht. Indem jeder über das spricht, was er verstanden hat, erhält er auch Aufschluss darüber, wie er neue Informationen in seinem bestehenden Wissen einordnen und verknüpfen muss. Einen untrüglichen

Beweis dafür, dass ich selbst etwas gelernt habe, bekomme ich dann, wenn ich von anderen, denen ich etwas Neues mitteile, verstanden werde. Lernprozesse laufen in Gruppen über vielfältige sogenannte Spiegelreaktionen ab (Foulkes 1971, S. 11): Wenn ein Gruppenmitglied bei anderen Fehleinschätzungen oder Unverständnis erkennt, ist dies wie ein Blick in den Spiegel. Der Teilnehmer, der die Defizite bemerkt, wird dazu angeregt, über das eigene, noch lückenhafte Verständnis zu reden. Im darauf folgenden Klärungsgespräch kann man gemeinsam nach neuen, angemessenen Lösungen des Problems suchen.

Gruppen steuern sich selbst – wenn man sie lässt

Wenn es in einer Lerngruppe genug Raum für den Austausch über ein Thema gibt, haben die Studenten auch die Gelegenheit, ihren Lernfortschritt zu erkennen und ihre offenen Fragen zu stellen. Und da Sie als Dozent auch Gruppenleiter sind – und damit selbst ein Teil der Gruppe –, können Sie aus erster Hand erfahren, was Ihre Studenten genau verstanden haben und was noch einer eingehenden Vertiefung bedarf. Die Befürchtung, dass die Teilnehmer einer selbstständig arbeitenden Gruppe vom Thema abschweifen und sich stattdessen lieber über den neuesten Blockbuster unterhalten, ist unbegründet. Gruppen haben selbststeuerndes Potenzial. Es fällt auf, wenn Teilnehmer den Kontakt zum Thema verloren haben. Meistens wird das in der Gruppe thematisiert und dann besteht die Möglichkeit, etwas daran zu ändern. Die Gruppe achtet selbst darauf, dass Lernprozesse in Gang kommen. In einer Vorlesung hingegen müssen die Teilnehmer schon ziemlich laut schnarchen, bis jemandem auffällt, dass nicht mehr alle bei der Sache sind. Und selbst dann wird sich der Dozent fragen, ob er darauf reagieren soll.

Gruppen motivieren ihre Teilnehmer

Ein besonderer Vorteil von Gruppenveranstaltungen liegt in der Effizienz der Kontaktaufnahme und Informationsvermittlung. Die Teilnehmer einer Gruppe finden im Allgemeinen recht schnell Zugang zu einem gemeinsamen Thema. Das liegt daran, dass „ein wechselseitiger Einfluss [besteht] zwischen dem, was in der Gruppe und dem, was in den einzelnen Mitgliedern vor sich geht" (Foulkes 1992, S. 29). Nicht nur die einzelnen Individuen wirken in einer Gruppe aufeinander, sondern auch die Gruppe als Ganze auf den einzelnen Teilnehmer. Diese polyphone Resonanz war auch Foulkes vertraut: „Es ist, als ob durch das Anschlagen einer Seite oder eines ganz bestimmten Tones eine spezifische Resonanz im aufnehmenden Individuum, dem Rezipienten, ausgelöst würde" (Foulkes 1992, S. 31). Dieses Resonanzphänomen kann auch in Lehrveranstaltungen genutzt werden. Dort dreht sich alles darum, das Seminarthema in der Gruppe und bei allen Teilnehmern zum „Klingen" zu bringen, damit gelernt werden kann. Wer für sich alleine bisher keinen Kontakt zum Thema gefunden hatte, wird in der Lerngruppe beobachten können, wie die anderen Teilnehmer mit den neuen Informationen umgehen und bekommt dadurch weitere Hinweise für das eigene Verstehen. Wenn die Gruppe aktiv und lebendig ist, wird der Gruppenleiter entlastet, weil er die Lehr-Verantwortung nicht mehr alleine tragen muss.

Urerfahrung „Gruppe"

Als Menschen sind wir mit unserem Verhaltensrepertoire auf das Leben in Kleingruppen eingestellt (Glöckel 2003, S. 80). Seit unserer Geburt leben wir in familiären Kontexten. Auch wer negative Erfahrungen mit seiner Herkunftsfamilie gesammelt hat, weiß in aller Regel, dass die Kooperation innerhalb einer Gruppe sinnvoll und hilfreich ist. Anspruchsvolle Aufgaben, die ein Einzelner alleine nicht lösen könnte, lassen sich mit einer partnerschaftlichen Haltung, mit Arbeitsteilung und Teamarbeit in der Gruppe bewältigen. Selbst wenn im Gruppenprozess Konflikte auftreten, suchen die Mitglieder innerhalb der Gruppe häufig sogar selbst nach Möglichkeiten der Klärung. Die positive Einschätzung der Bedeutung von Gruppen ist gesellschaftlich weit verbreitet und kaum jemand würde wohl widersprechen, wenn einer die paradoxe Behauptung aufstellt: Gruppen können mehr leisten, als die Summe ihrer Mitglieder für sich alleine.

Wenn junge Erwachsene an die Universitäten wechseln, bringen sie bereits viel Gruppenerfahrung mit. Während der Schulzeit haben sie sich daran gewöhnt, in mittleren Großgruppen mit bis zu 40 Teilnehmern zu lernen und zu arbeiten. Großgruppen aber, wie sie an den Hochschulen mit einer Stärke von 60, 120, 200 oder sogar über 500 Personen üblich sind, kennen sie normalerweise noch nicht. Universitäre Großgruppen sind komplexer und unübersichtlicher und haben ein viel größeres Stresspotenzial als die vertrauten Schulklassen. Studenten sind nicht selten geschockt, wenn sie in den ersten Semestern fast nur in großen, überfüllten Hörsälen unterrichtet werden. Sie fühlen sich einsam, unwichtig und müssen mit der Erfahrung umgehen, einfach übersehen zu werden. Kann bei diesen Menschenmassen überhaupt noch von Gruppen gesprochen werden? Zugegeben, in einer Vorlesung mit 600 Teilnehmern wird der einzelne Student im Laufe des Semesters wohl nie mit allen anderen in Kontakt kommen. Trotzdem gibt es den gemeinsamen raum-zeitlichen Gruppenrahmen, das gemeinsame Gruppenthema und den Professor als gemeinsamen Gruppenleiter. Die Teilnehmer bilden durchaus eine Gruppe, wenn auch mit wenig Zusammenhalt (Kohäsion).

Experimente mit der Gruppengröße

Eine Standardgröße für Gruppen in Lehrveranstaltungen festzulegen, ist nicht sinnvoll. Die Teilnehmerzahl sollte sich nach dem richten, was in der Gruppe geschehen soll. Handelt es sich bei der Lehrveranstaltung um eine Vorlesung, in der die Teilnehmer nur zuhören sollen, kann sich die Zahl nach den vorhandenen Sitzplätzen und den akustischen Möglichkeiten des Raums richten. Wenn dagegen möglichst alle Teilnehmer untereinander ins Gespräch kommen sollen, ist eine Gruppenstärke von mehr als 20 Personen nicht mehr sinnvoll. Lernen ergibt sich ja aus einer Reihe verschiedener Tätigkeiten (→ 1. Teil, Lehrstrategie 5) und eben dies ist der Grund, weshalb Gruppengrößen konsequent begrenzt werden sollten. In vielen Fachbereichen ist das selbstverständlich. Die Teilnehmerzahl eines Chemiepraktikums richtet sich beispielsweise nach den zur Verfügung stehenden Laborplätzen. Eine Überbelegung wäre schon aus Sicherheitsgründen verboten. Bei Trainings zum Erwerb universitärer Schlüsselqualifikationen (etwa Rhetorik oder Wissenschaftliches Schreiben) nehmen es die Fachbereiche meistens nicht so genau und erweitern die Teilnehmerzahl auf 40 und mehr. Allerdings wird dabei nicht bedacht, dass es sich auch hier um „Laboratorien" handelt, die nur in einer Gruppengröße von maximal 16 Personen effizient sind. Bei mehr Teilnehmern hat der Einzelne in der Gruppe nicht mehr die Gelegenheit zum Üben, die eigenen Einsichten mit den anderen zu besprechen und von allen Teilnehmern ein Feedback auf die eigene Leistung zu bekommen.

Wenn Sie als Dozent in Großgruppen lehren und ihnen 60, 120 oder mehr Studenten gegenüber sitzen, scheinen die Möglichkeiten der aktiven Teilnahme für den Einzelnen zunächst sehr gering zu sein. In diesem Fall wäre es vielleicht ein Ausweg, wenn der Dozent die Gruppe teilt und mit Untergruppen arbeitet. Je nachdem, welche Tätigkeiten ausgeübt werden sollen, können diese Kleingruppen dann aus 3 bis 7 Studenten bestehen. In den Untergruppen selbst ist es dann möglich, Aufgaben gemeinsam zu lösen und die Ergebnisse später wieder ins Plenum einzubringen. Auch in einem vollen Hörsaal ist es möglich, die Einzelnen zu aktivieren. Sie könnten Ihre Studenten zum Beispiel ab und zu darum bitten, dass sie gemeinsam mit ihren Sitznachbarn Fragen zum Thema sammeln. Diese Murmelpausen sind auf jeden Fall effektiver als das betretene Schweigen im Saal, wenn der Professor sich pflichtschuldig erkundigt, ob noch jemand eine Frage hat.

Die Gruppe als Co-Lehrer

Was würden Sie als Dozent zu folgenden Äußerungen sagen?

„Gruppenarbeit macht mehr Arbeit und dauert länger."

Würden Sie dieser Doppelthese zustimmen? Wenn ja, welche Meinung haben Sie dann zu den folgenden Aussagen?

„Gruppenarbeit motiviert den Lehrenden. Er sieht mehr Sinn in seiner Arbeit und er ist engagierter."

„Gruppenarbeit deckt mehrere Lernphasen ab. Durch die Kommunikation in der Gruppe wird auch schon wiederholt und präsentiert. Die Teilnehmer lernen dadurch gründlicher und auch schneller."

„Gruppenarbeit entlastet den Lehrenden."

Wie kommt es, dass wir dazu neigen, spontan die erste Frage zu bejahen? Vielleicht aus dem Gefühl heraus, dass das gezielte Aktivieren der Gruppe den eigenen Lehrstil umkrempeln wird? Und fordern aktive Gruppen nicht mehr von ihren Leitern? Und schließlich: Bedeutet die Arbeit mit Untergruppen, dass man vorübergehend für mehrere Gruppen verantwortlich ist? Das macht die Sache sehr viel komplexer.

Die Vorteile von Gruppenarbeit überwiegen in jedem Fall. Vielleicht werden Sie das auch erst nach einer gewissen Einarbeitungszeit bemerken. Ihre Entlastung durch die Gruppe geschieht vor allem dadurch, dass Sie nicht mehr der einzige Lehrende sind, sobald Sie der Gruppe mehr Raum geben. Das Thema Ihrer Veranstaltung wird nun von vielen Teilnehmern vorbereitet und präsentiert. Jedes Gruppenmitglied, das sich am Lehr-Lern-Prozess beteiligt, bringt seine Sicht der Dinge mit ein. Dadurch wird auch die Darstellung des Themas facettenreicher. Als Dozent können Sie diesen Prozess mit einer „gleichschwebenden Aufmerksamkeit" (Haubl 2007, S. 86) begleiten. Wenn die Teilnehmer in den Gruppen aktiv sind, können Sie sich selbst mehr aufs Zuhören konzentrieren und überlegen, wie Sie die Gruppen in ihren Lernprozessen unterstützen können. Lehnen Sie sich ruhig auch mal entspannt zurück. Niemand erwartet, dass Sie zu jedem in der Gruppe geäußerten Standpunkt sofort Ihre Meinung sagen. Vertrauen Sie darauf, dass die Teilnehmer sich gegenseitig auf Fehler aufmerksam machen und diese korrigieren werden. Auf diese Weise können alle Beteiligten aus den eigenen Fehlern lernen und von den Ideen der anderen in der Gruppe profitieren.

Lehren mit mehreren Gruppen

Wenn Sie sich in Ihrer Veranstaltung für eine Phase der Kleingruppenarbeit entschieden haben, sind Sie immer für mehrere Gruppen gleichzeitig zuständig. Das muss aber nicht bedeuten, dass auch mehr Arbeitsaufwand auf Sie zukommt. Studenten sind es gewohnt, sich in Gruppengrößen von 7 oder 8 Personen zu bewegen. In dieser Gruppengröße funktioniert das eigenständige Arbeiten allgemein sehr gut. Als Dozent können Sie sich in dieser Phase stärker zurücknehmen und auf Rückfragen oder Ergebnisse warten. Damit Sie aber weiterhin mit ungeteilter Aufmerksamkeit für *alle* Kleingruppen verfügbar sein können, sollten Sie auch alle Teilgruppen „besuchen" und sich nicht nur bei einer aufhalten. Wechselnde Präsenz des Leiters in den Einzelgruppen kann motivationsfördernd sein, obwohl Ihr Besuch den Gruppen- und Arbeitsprozess jedes Mal für kurze Zeit beeinflusst. Wenn Sie die Kleingruppenarbeit mit allen Teams in einem einzigen, großen Raum stattfinden lassen, wäre es wichtig, dass auch Sie den Raum nicht verlassen. Durch Ihre Präsenz halten Sie den gemeinsamen Rahmen der Kleingruppenarbeit aufrecht, denn Sie „verkörpern" ja gewissermaßen den Arbeitsauftrag. In einem Seminar, in dem bereits häufiger Kleingruppenarbeit mit Erfolg durchgeführt wurde, arbeiten die Gruppen mit der Zeit so selbstständig, dass sie sich einen eigenen Gruppenrahmen geben und sich zum Arbeiten außerhalb der Lehrveranstaltung treffen können.

Erwünschte Nebenwirkungen der Gruppenarbeit

Lehren *mit* der Gruppe ist für viele Dozenten eine sehr spannende und reizvolle Erfahrung. Das Lehren erhält einen kooperativen Charakter und bekommt darüber hinaus eine soziale und vielleicht sogar politische Dimension. Selbst in der Seminarsitzung über „Die lineare Krümmungszunahme der Klothoide" im Fach Geodäsie kann ein Dozent durch die Entscheidung für bestimmte Formen der Gruppenarbeit dazu beitragen, dass Werte wie Teamgeist und Selbstverantwortung erfahren werden. Auf diese Weise wenden Studenten bereits im Studium das Gelernte an (nicht erst im Praktikum oder im Beruf) und geben es an die Kommilitonen weiter. Darüber hinaus ist das Lehren im Rahmen einer Gruppe ausgesprochen wissenschaftlich: Die einzelnen Mitglieder lernen hier das Forschen, Hinterfragen, Begründen und Argumentieren. Sie praktizieren die Grundlagen des wissenschaftlichen Arbeitens tatsächlich von Anfang an. Und zwar in einem demokratischen Kontext, denn jeder kann seine Sicht der Dinge beitragen.

3. Die Gruppe nutzen

Gruppen sind zwar komplexe Gebilde und ihre Handhabung ist nicht immer einfach, dennoch lassen sie sich sehr effizient nutzen – wenn man sie als Instrumente zur Unterstützung der Lehre begreift. Eine Begebenheit, die ein Dozent im Rahmen eines unserer hochschuldidaktischen Seminare erzählte, veranschaulicht die Möglichkeiten der Arbeit mit Gruppen:

> „Mitten in einer meiner Seminarsitzungen stehen zwei Studentinnen auf und wollen raus gehen. Weil ich an diesem Tag sowieso schon vom ständigen Kommen und Gehen während des Seminars genervt war, verlor ich die Geduld und fragte sie ganz flapsig: ‚Wohin?' Da hebt die, die als erste aufgestanden war, ihre Hand und zeigt mir ein Päckchen Zigaretten. Dabei sagt sie auch noch so frech: ‚Zigarettenpause!' Das ist doch einfach nur dreist, oder?"

Die Kollegen und Kolleginnen schütteln die Köpfe, einige reagieren mit Achselzucken, als wollten sie sagen: „Warum regst du dich auf? Das ist doch völlig normal." Der Seminarleiter bittet den Dozenten, der das Beispiel eingebracht hat, die Szene noch genauer und mit konkreten Einzelheiten zu beschreiben: Was war vorher passiert, wie sieht der Rahmen dieser Veranstaltung aus? Der Dozent berichtet:

> „Es handelt sich um eine Wahlpflicht-Veranstaltung, ein Training in Verhandeln und Argumentieren, an dem Studenten verschiedener Fachrichtungen teilnehmen. Weil die Gruppe aus 25 Personen besteht, also zu groß ist für einen kleinen Gruppenraum, treffen wir uns in einem großen Seminarraum, in dem die Tische und Stühle hintereinander stehen. Das ist für ein Training in Schlüsselqualifikationen natürlich nicht optimal. In der genannten Sitzung hat eine Teilnehmerin zur Einleitung ein kurzes Protokoll der vorangegangenen Sitzung vorgelesen. Da gab es schon die erste Störung. Ein paar männ-

liche Teilnehmer machten sie ziemlich blöd an. Sie haben gepfiffen, als sie nach vorne kam und bei fast jedem Satz einen dummen Kommentar abgegeben. Das Problem ist sowieso, dass nur fünf Frauen teilnehmen – und 20 Männer. Ach ja, thematisch ging es da um die „Freigabe von Cannabisprodukten". Die Teilnehmer sollten eine Pro- oder Contraposition einnehmen und drei Thesen für sich niederschreiben. Wahrscheinlich waren die beiden Frauen gerade mit dieser Aufgabe fertig, als sie die Pause machten. Sie verpassten dann aber den Beginn der Gruppendiskussion. Sie kamen irgendwann wieder in den Raum, setzten sich und hörten zu."

Was steckt hinter dem Vordergründigen?

Handelt es sich bei dem Vorfall tatsächlich nur um eine „belanglose Störung", der man keine übertriebene Aufmerksamkeit schenken sollte? Über den Ablauf der geschilderten Szene herrscht zumindest bei den Zuhörern des hochschuldidaktischen Trainings zunächst Einigkeit: Zwei Teilnehmerinnen kommen plötzlich auf die Idee, eine Zigarette zu rauchen und sind so dreist, einfach aufzustehen und hinauszugehen, was sich gegenüber dem Dozenten als störendes und rüpelhaftes Verhalten ausnimmt. In der ersten Erzählfassung wirkt die Schilderung tatsächlich so, als enthalte sie keinen besonderen Aussagewert für das Gesamtgeschehen in der Gruppe. Erst als er mehr über die Szene mitteilt, weckt der Dozent Zweifel und revidiert den ersten Erzähleindruck. Geht es wirklich nur um den Drang zur Zigarette, nur um ein individuelles Bedürfnis? Das Aufstehen der beiden Frauen und ihr Verlassen des Raumes sagt plötzlich auch etwas über die Gruppe und deren Zustand aus. Weil das individuelle Verhalten in der Gruppe geschieht, hat es meistens auch etwas mit der Gruppe zu tun. Aber was?

Eine neue Lesart der Szene

Sobald man die neuen Details mit einbezieht, ergibt sich ein anderes Verständnis der Störungsszene. Dabei spielt der Zeitpunkt eine Rolle, zu dem die beiden Frauen die Trainingsgruppe verlassen. Sie haben ihre Thesen bereits geschrieben und sind mit der Bearbeitung der Aufga-

be fertig. Ihr Verhalten beruht demnach weniger auf Arbeitsverweige-
rung. Dass sie den Raum verlassen, hat eher etwas mit der nächsten
Arbeitsphase zu tun, für die eine Pro- und Contra-Diskussion ange-
kündigt worden war. Sie gehen in der Erwartung, dass gleich eine neue
Auseinandersetzung mit dem überwiegend männlichen Teil der Gruppe beginnen wird, vielleicht sogar ein Streit. Höchstwahrscheinlich haben sie dabei noch den Beginn der Sitzung im Kopf, als eine der wenigen anwesenden Frauen einen Kurzvortrag gehalten hatte, der von den
Männern durch Provokationen gestört worden war, ohne dass der Dozent eingeschritten war. Jetzt soll auch noch verhandelt und sogar diskutiert werden. Dass die Frauen keine gesteigerte Lust haben, in der
anstehenden Diskussion von Machos provoziert zu werden und sich
durch ihre Zigarettenflucht schützen wollen, ist dabei nur allzu verständlich. Und wie es scheint, können sie auch vom Dozenten keinen
Schutz erwarten. Vielleicht sorgt bei ihnen auch die Sitzordnung für
Unbehagen, weil die Teilnehmer hintereinander sitzen und jeder in der
Diskussion von allen Seiten unter „Beschuss" genommen werden kann,
ohne den Scharfschützen im Blick zu haben. So gesehen, ist es vielleicht
sogar klüger, das Feld vorher zu räumen. Die Zigaretten sind das Alibi.
Aber so ganz wollen die beiden Frauen die Gruppe dann doch nicht
verlassen. Sie kommen wieder, aber erst nachdem die Diskussion schon
in Gang gekommen ist, die Rollen verteilt sind und sie sich nicht mehr
in der Schusslinie befinden.

Bei unserem Versuch, die möglichen Hintergründe des Vorfalls
genauer zu verstehen, haben wir *drei wichtige Analyse-Instrumente der
Gruppenleitung* angewendet:

- *Das Szenische Verstehen*: Das komplexe Geschehen in einer Grup-
penveranstaltung kann durch die ausführliche Beschreibung einer
konkreten Szene, die als besonders bedeutsam erlebt wurde, verstanden werden. Dabei helfen folgende Fragen: Was ist vorher
passiert? Wie haben sich die verschiedenen Personen verhalten?
Wo hielten sie sich im Raum auf? Wie war die Stimmung? Wie
dachte und handelte der Dozent?
- *Das Übertreten der höflichen Unaufmerksamkeit*: Der Dozent macht
etwas, das er sich bisher nicht zu tun getraut hatte. Er spricht die
beiden Frauen direkt auf ihr Störverhalten an und verlangt, dass
sie ihr Verhalten erklären. Damit verlässt er den unausgesproche-
nen Gruppenkonsens der höflichen Unaufmerksamkeit, der zu-
folge man kleinere Normabweichungen im Gruppenablauf kom-

mentarlos „übersieht". Aber er nimmt damit seine Wahrnehmung ernst und versteht erst dadurch den Grund der Störung.

- *Das Figur-Hintergrund-Prinzip:* Das Verlassen des Raumes enthält eine Bedeutung, die sich als Aussage über das gesamte Gruppengeschehen verstehen lässt. Das Verhalten des Einzelnen (Figur) steht in enger Verbindung zu den Vorgängen in der Gruppe (Hintergrund). Das gilt auch im umgekehrten Fall: Alle Prozesse in der Gruppe (Hintergrund) beeinflussen auch das Individuum (Figur).

Orientieren Sie sich mit dem „Szenischen Verstehen"

Trauen Sie Ihren Gefühlen. Wenn Sie eine Gruppe als schwierig, kompliziert oder chaotisch empfinden, liegt das nicht (nur) daran, dass Sie vielleicht zu wenig geschlafen haben oder aus irgendwelchen Gründen besonders gereizt sind. Ihr Gefühl ist ganz sicher auch eine Reaktion auf etwas, das gerade in der Gruppe geschieht, sich Ihnen aber im Moment noch nicht völlig erschließt. Leider gibt es keine allgemeingültigen Regeln und Deutungsmuster, mit denen man aus einem Ereignis ganz bequem Rückschlüsse darauf ziehen könnte, was in der Gruppe gerade los ist und wie Sie am besten reagieren sollten. Aber gerade weil die Dynamik in Gruppen kompliziert ist, lohnt es sich, wenn Sie sich das Erlebte als Szene ganz konkret vor Augen führen und zu verstehen versuchen, was sich hinter einer Szene noch alles an Bedeutungen verbirgt.

Ein unbestimmter „Eindruck" aus dem Gruppengeschehen verhält sich zu einer Gesamtszene in etwa wie ein Standbild zu einem Kurzfilm. Wenn Sie auf einem Urlaubsbild eines Freundes sehen, wie er Ihnen mit roten Backen und einer Bierflasche in der Hand zuprostet, werden Sie vielleicht denken: „Hat sich's gut gehen lassen, die alte Saufnase". Der dazugehörige „Kurzfilm" aber zeigt die letzte Wegstrecke eines steilen Aufstiegs in den Bergen und die wohlverdiente Abkühlung nach der Einkehr ins Gipfellokal. „Das hast du dir verdient", werden Sie nun vielleicht denken und damit Ihr Urteil revidieren. Als Dozent bekommen Sie oft nur „Standbilder" der Gruppe mit und können – streng genommen – daraus keine aussagefähigen Rückschlüsse auf das gesamte Gruppengeschehen ableiten. Damit Sie sich in der Gruppe orientieren können, sollten Sie deshalb umschalten auf *Szenisches Verstehen* (Haubl 2007, S. 86).

Szenisches Verstehen auf „on"

Alles, was Sie in der Gruppe wahrnehmen, kann Ihnen darüber Aufschluss geben, wie es den Gruppenmitgliedern in ihren Lernprozessen gerade geht. Aus den äußeren Anzeichen, dem Verhalten der Teilnehmer, lässt sich deren Befindlichkeit rekonstruieren. Ein aus Versehen geäußertes Stöhnen, das übereifrige Mitschreiben einer Studentin, das Murmeln in der letzten Reihe, der Duft eines frischen Brötchens, das ein Student in der ersten Reihe auspackt – alles, was Sie mit Ihren fünf Sinnen wahrnehmen, kann sich in Ihrer Vorstellung zu einer Szene zusammenfügen. Der leckere Geruch des Brötchens wird nicht nur Ihnen das Wasser im Mund zusammenlaufen lassen – vielleicht wird die gesamte Gruppe abgelenkt sein und sich nur schwer wieder dem Thema zuwenden können. Mit Hilfe dieser Szene fällt es leichter zu verstehen, wie die Lernprozesse der Einzelpersonen verlaufen. Und es wird Ihnen auch leichter fallen zu beurteilen, ob die Kommunikation der Gruppe noch auf das Thema gerichtet ist. Mit dem *Szenischen Verstehen* haben Sie ein alltagstaugliches Werkzeug für die Arbeit mit Gruppen an der Hand. Es wird Ihnen ermöglichen, eine ganze Fülle von Lebensäußerungen wahrzunehmen, die Ihnen wiederum ein Feedback auf die Effizienz Ihres Lehrverhaltens geben. Dadurch gewinnen Sie wertvolle Hinweise für den jeweils nächsten Schritt im Lehr-Lern-Prozess.

Das *Szenische Verstehen* gibt Ihnen außerdem die Gewissheit, dass Sie mit der Gruppe verbunden sind. Sollte es einmal passieren, dass das „szenische Verstehen" für Sie nicht möglich ist, verwandelt sich die Gruppe zu einem unverbundenen Gegenüber. Viele Dozenten empfinden dann die Gruppe als fremd und manchmal auch bedrohlich. Wenn das eintritt – wie in unserem Beispiel mit der Zigarettenpause –, kann Ihnen vielleicht eine Supervision oder ein kollegialer Austausch unter Dozenten helfen, „die Szene" doch noch zu verstehen und auf diese Weise neue Ideen für das eigene Handeln zu entwickeln.

Höfliche Gleichgültigkeit auf „off"

Weil Menschen ständig mit dem „monitoring" ihrer Umgebung beschäftigt sind, sind sie es gewohnt, in ihrem Lebensalltag szenische Abläufe wahrzunehmen. Das hat Ursachen in der stammesgeschichtlichen (phylogenetischen) Entwicklung. Der Mensch musste sich zum Beispiel schützen, indem er „die Aufmerksamkeit jederzeit etwa auf plötzlich heranspringende Menschen" richten konnte, schreibt der Soziologe Erving Goffman (Goffman 1994, S. 22). Wir können unsere Wahrnehmung auch heute noch zielgerichtet einsetzen. Andererseits verhalten wir uns häufig eher entgegengesetzt, indem wir uns der „civil inattention" (Goffman 1994, S. 20) bedienen, also der „höflichen Unaufmerksamkeit" bzw. der *Höflichen Gleichgültigkeit*. Das geschieht zumeist im täglichen Umgang mit Unbekanntem. Der „daily course" eines Menschen reicht also von Situationen ununterbrochener Aufmerksamkeit bis hin zu Auszeiten im halbwachen Zustand. Auch wenn sich die *Höfliche Gleichgültigkeit* eher wie ein vornehmer Ausdruck für asoziales Verhalten anhört, verbirgt sich dahinter doch ein psychischer Mechanismus, der sogar lebensnotwendig ist. Erst die *Höfliche Gleichgültigkeit* ermöglicht uns den stressfreien Aufenthalt in lebhaften Straßen, überfüllten Aufzügen, vorweihnachtlich gefüllten Geschäften und in Großraumbüros. Eine Fahrt in einer überfüllten U-Bahn im Juli überstehen die Fahrgäste am besten dadurch, dass sie ihre Aufmerksamkeit zurücknehmen und ihre Sinneswahrnehmung einschränken. Alle richten ihre Augen auf einen Punkt und starren „in die Leere". Auf Körperkontakt wird ebenso wenig reagiert wie auf Geräusche, und auch die Atmung unterliegt strengster Kontrolle, um den Geruchssinn besser zurücknehmen zu können. Als Dozent allerdings können Sie sich diese *Höfliche Gleichgültigkeit* nicht immer leisten. Manchmal sind Sie gefordert, einzugreifen.

Fallen Sie öfter mal aus der Rolle

Die *Höfliche Gleichgültigkeit* wird auch an den Hochschulen praktiziert: auf den Gängen, in der Mensa – auch in Ihrem Seminar. Nicht alles, was Sie oder Ihre Studenten sehen bzw. hören können, soll auch reflektiert oder gar besprochen werden. Das kann Themen betreffen, die im Lehrbetrieb eher tabu sind, wie Sexualität, Aussehen, Gefühle, Bedürfnisse … Bei welchen Themen ist *Höfliche Gleichgültigkeit* angesagt und bei welchen nicht? Ein Dozent, der es mit der *Höflichen Gleichgültigkeit* übertreibt, wird sich nur noch auf sich selbst und auf das Thema konzentrieren. Manche Dozenten gehen sogar so weit, den direkten Augenkontakt zu vermeiden. Damit sind sie aber für die Studenten nicht mehr verfügbar. Dozenten, die sich in dieser Weise „ausklinken", lassen sich nicht mehr in die Interaktionen der Gruppe „involvieren" und werden zuletzt auch nicht mehr „situativ angemessen" reagieren (Goffman 1994, S. 20ff.) können. *Szenisches Verstehen* ist bei einer solchen Grundhaltung problematisch und de facto kaum noch möglich, denn die situativen Gegebenheiten der Gruppe werden vom Dozent einfach ignoriert. Um szenisch verstehen zu können, muss die *Höfliche Gleichgültigkeit* deshalb an manchen Stellen abgelegt werden. Der Dozent aus dem obigen Beispiel tut das, indem er die Studentinnen, die für eine Zigarettenpause aufgestanden waren, direkt anspricht. Er will klären, ob sie vielleicht nur auf die Toilette gehen wollten oder ob etwas anderes hinter ihrer „Flucht" steckt. In einer anderen Situation unterbricht ein Lehrbeauftragter plötzlich die Veranstaltung mit den Worten: „Hört mir eigentlich noch jemand zu?", weil er den Eindruck hatte, vor eine Wand zu sprechen. Eine Dozentin spricht zwei Studenten an und bittet sie, ihre privaten Unterhaltungen vor die Tür oder in die Pause zu verlagern.

Sobald Sie die *Höfliche Gleichgültigkeit* einmal hinter sich gelassen haben, werden viele zusätzliche Eindrücke auf Sie einströmen, die Sie als Gruppenleiter auch nicht mehr ignorieren können. Es würde aber weder der Gruppe noch Ihnen etwas bringen, sämtliche Eindrücke ungefiltert weiterzugeben. Damit wären alle vom Thema abgelenkt. Für das angemessene Deuten der Szene steht Ihnen ein weiteres Instrument zur Verfügung: das *Figur-Hintergrund-Prinzip*.

Mit dem Figur-Hintergrund-Prinzip behalten Sie den Einzelnen und die Gruppe im Blick

Soziale Situationen sind mit Bühnenauftritten vergleichbar: „Wir alle spielen Theater" (Goffman 2002). Wir treten in und vor Gruppen auf, präsentieren uns, bauen „auf Vorderbühnen Fassaden auf" und verstricken uns in vielfältige Handlungen. Auch Foulkes arbeitete in Gruppen mit der Theater-Metapher (Foulkes 1971, S. 12f.). Seine Beobachtung: Wenn Einzelne innerhalb einer Gruppe sichtbar werden und handeln, lösen sie sich aus dem Gruppenverband und treten wie Figuren eines Theaterstücks in den Vordergrund. In der so entstehenden Szene bleibt zwar auch die Gruppe auf der „Bühne", aber sie überlässt diesen Akteuren den Raum. Die handelnden Figuren haben natürlich auch Einfluss auf die Gruppe im Hintergrund. Jederzeit können Einzelne aus der Gruppe heraustreten und am Spiel im Vordergrund teilnehmen.

Der Gruppenleiter, der aufmerksam und manchmal unhöflich ehrlich ist, hat es einfacher, die gesamte Szene im Blick zu behalten. Er steht am Rand, wirkt zwar manchmal auch aktiv mit, aber er hält sich eben auch häufig aus dem Bühnengeschehen heraus.

Trotzdem wird auch ein Gruppenleiter nicht verhindern können, dass zwischen Einzelperson und Gesamtgruppe grundsätzlich eine Spannung besteht, die oft Ursache für Konflikte ist. Menschen haben gegenüber Gruppen per se eine ambivalente Haltung: Einerseits möchten sie eigenständig bleiben, andererseits Beziehungen zu anderen eingehen. Konkret bedeutet das: Ein Student, der Ihre Lehrveranstaltung besucht, wird sich in seinem Bedürfnis nach Gemeinschaft durch die Gesamtgruppe angesprochen fühlen. Und weil neue Gruppen bei allen Mitgliedern unausgesprochen Hoffnung auf neue, erfüllte Beziehungen wecken (Foulkes 1971, S. 18), entsteht meistens sehr schnell ein Zusammenhalt, die so genannte Gruppenkohärenz. Wenn diese einmal hergestellt wurde, dauert es aber nicht mehr lange und die ersten Mitglieder werden sich zu sehr „vergemeinschaftet" fühlen. Sie empfinden sich angesichts einer homogenen Gruppe schnell in ihrer Individualität und Autonomie beschnitten. Andere dagegen fühlen sich gerade jetzt in der Gruppe sehr wohl und wünschen sich sogar noch engere Beziehungen. Die auf Autonomie pochenden Teilnehmer dagegen stellen die Gruppenarbeit in Frage, kritisieren öffentlich das Thema, den Rahmen der Veranstaltung – und auch den Gruppenleiter.

Solche zentrifugalen Kräfte gefährden aber die Gruppe nicht – solange die gruppeninternen Auseinandersetzungen auf der „Bühne der Gruppe" stattfinden. Hier können sie von allen wahrgenommen, bearbeitet und vielleicht sogar gelöst werden. Erst wenn die Gefahr besteht, dass Mitglieder die Bühne ganz verlassen, sich also von der Gruppe trennen, sollte der Gruppenleiter einschreiten und sich aktiv für den Fortbestand der Gruppe einsetzen.

In die Szene eingreifen

Das Zusammenspiel von Einzelnem und Gruppe ist für den Leiter nicht nur ein Schlüssel zum Verstehen des Gruppen- und Lernprozesses. Die Erkenntnisse aus diesem Zusammenspiel ermöglichen es ihm auch, mit der Gruppe und den Einzelakteuren *gleichzeitig* zu interagieren. Dazu ein Beispiel.

Der Professor für Literaturwissenschaft ist erleichtert, dass ihm von der Hochschulverwaltung ein größerer Vorlesungssaal für sein Brecht-Seminar zugeteilt wurde. Heute, zur zweiten Sitzung, kommen wieder über 250 Studenten. Und diesmal finden wirklich alle einen Platz. Der Professor beginnt mit einer Einleitung in die heutige Seminarsitzung. Nach vier oder fünf Sätzen meldet sich ein Student. Der Professor unterbricht: „Ja bitte?" Der Student erhebt sich und startet ein längeres Statement: „Also eine Sache muss hier jetzt mal unbedingt gesagt werden. In diesem Seminar geht es ja um Bertolt Brecht und da darf man seine Biografie nicht einfach unter den Tisch fallen lassen. Wenn man ihn nämlich nur als Schriftsteller sieht, unterschlägt man, was der eigentlich für ein Mensch war. Wie ist er zum Beispiel mit seinen vielen Frauen umgegangen? Mit 21 Jahren bekommt er mit seiner Freundin einen Sohn, um den er sich nie gekümmert hat. Seine anderen drei Kinder stammten von zwei verschiedenen Frauen. Als die eine schwanger war, war er noch mit der anderen verheiratet. Von diesem Bertolt Brecht sprechen wir hier! Und es kann nicht sein, dass man sich in einem Seminar über Bertolt Brecht nur mit seiner Lyrik beschäftigt, ohne die Widersprüche der Person zu behandeln." Der Professor schluckt. Im Vorlesungssaal herrscht Stille. Die Studentinnen zu beiden Seiten des Redners haben sich abgewendet, eine rollt genervt mit den Augen. Der Professor antwortet langsam und betont ruhig: „Haben Sie bitte etwas Geduld. Heute ist erst die zweite Seminarsitzung. Zum Glück haben wir jetzt einen Raum gefunden, in dem alle Platz nehmen können. Natürlich wird auch die Biografie von Brecht hier einen Platz haben. Ich wende mich aber gegen jede Art von moralischer Vorverurteilung. Sie können ihn meinetwegen kritisieren, aber nicht auf diese Weise in meiner Veranstaltung und nicht zum jetzigen Zeitpunkt. Ich möchte Sie einladen, mit uns in dieser Veranstaltung den Schriftsteller und Menschen Bertolt Brecht kennen zu lernen. Und schauen Sie dann, ob Sie Ihr Urteil wirklich aufrechterhalten können. Und jetzt lassen Sie mich fortfahren."

Noch am gleichen Tag bekommt der Professor mehrere Mails von Studenten aus seinem Seminar. Er erfährt, dass einige Teilnehmer sehr beunruhigt vom aggressiven Auftreten des Kommilitonen gewesen waren. Nicht wenige hatten eine Eskalation befürchtet. Sie bewunderten den Professor für die Fähigkeit, in einer solchen Situation so ruhig reagieren zu können und teilten ihm ausdrücklich mit, dass sie sich auf den weiteren Verlauf des Seminars freuten. Der Professor lächelt. Tatsächlich war er stinksauer auf den Kerl gewesen und hatte sich in der Situation dazu gezwungen gesehen, improvisieren zu müssen. Letztlich hatte er sogar befürchtet, den „Störer" zu schroff behandelt zu haben. Das Seminar verlief bis zum Ende des Semesters übrigens ausgezeichnet. Der „Störer" blieb in der Gruppe, schwieg lange Zeit und beteiligte sich erst gegen Ende des Semesters ab und zu an der Diskussion.

Die Seminarsitzung startet mit einer positiven Erfahrung: Endlich hat jeder Platz, das Seminar kann beginnen. Plötzlich gibt es aber eine neue Störung: ein Angriff direkt auf den Professor, der das Thema angeblich falsch angeht. Natürlich ist der Professor wütend auf den Störer, denn der versucht, ihm das Thema aus der Hand zu nehmen und es in eine Richtung zu steuern, die nicht im direkten Zusammenhang mit dem Seminar steht und dadurch nicht wirklich lernförderlich ist. Später wird sich der Professor darüber wundern, dass niemand seine Wut bemerkt hat. In der Störsituation selbst reagiert er recht souverän. Seine Reaktion umfasst drei sehr wirkungsvolle Schritte. Zuerst macht er allen Seminarteilnehmern die *Szene* bewusst: ‚Wir sind gerade erst dabei zu starten, also haben sie bitte Geduld'. Als nächstes zieht er eine *Grenze*: ‚Bitte verhalten Sie sich in dieser Vorlesung nicht so und verbreiten sie nicht in aggressiver Weise irgendwelche Vorurteile'. Als drittes bietet er dem Störer eine *Perspektive* an: ‚Bleiben sie in der Gruppe und lernen sie Bertolt Brecht kennen'.

Die drei genannten Schritte hat der Professor in der konkreten Situation zwar auf den Störer auf der „Bühne" angewendet, sie erreichen aber auch den „Hintergrund", also die Gesamtgruppe. Und dort lösen sie erstaunliche Reaktionen aus, wenn auch mit Verzögerung. Der Professor bekommt jede Menge Rückmeldungen, vor allem positives Feedback und Unterstützung. Gerade durch sein engagiertes Auftreten gelingt es ihm, der Gruppe Kohärenz zu verschaffen. Der in den Vordergrund getretene Student muss nicht gehen, er darf bleiben und erhält die Chance, zu neuen Ansichten zu kommen und sich wieder in die Gesamtgruppe zu integrieren. Für diese Lösung tritt der Professor ein und formuliert damit ein Ziel, dem alle im Seminar zustimmen können. Sogar der Störer, wenn auch nur mit Zähneknirschen.

4. Die Gruppe leiten

Sie können sich darauf verlassen, dass Ihre Studenten in Ihrer Lehrveranstaltung ganz automatisch zur Gruppe werden, die Sie für Ihre Lehre nutzen können. Der Einsatz des „szenischen Verstehens" wird Ihnen darüber hinaus wertvolle Hinweise für die Planung des weiteren Lehr-Lern-Prozesses geben. Aber welche Aufgaben als Gruppenleiter werden außerdem auf Sie zukommen, wenn die Gruppe zu arbeiten beginnt? Drei zentrale Leitungsaufgaben möchten wir Ihnen vorstellen:

• Leitungsaufgabe 1. Die Ziele der Gruppe im Blick behalten
• Leitungsaufgabe 2. Auf den Gruppenrahmen achten
• Leitungsaufgabe 3. Die Kommunikation in Gang halten

Leitungsaufgabe 1: Die Ziele der Gruppe im Blick behalten

„Eine Gruppe hat ihren Ursprung dort, wo sich zwei oder mehr Individuen um eine gemeinsame Mitte scharen", behauptet der Gruppenanalytiker Raymond Battegay (Marmet 1992, S. 39). Was aber *ist* diese Mitte? Im Zentrum einer Gruppe stehen immer die gemeinsamen Ziele, auf die sich die Gruppenmitglieder ausrichten (Marmet 1992, S. 39). Ihre Aktivitäten und Energien setzt die Gruppe für das Erreichen dieser Ziele ein. Dafür sind die Teilnehmer sogar fast immer bereit, persönliche Bedürfnisse zurück zu stellen. Ein Weg, um schnell und sicher bestimmte Ziele zu erreichen, besteht für Gruppen darin, dass sie einzelnen Teilnehmern bestimmte Rollenfunktionen zuweist. Eine dieser Rollen ist die des Leiters bzw. der Leiterin. Eine Leitungsrolle muss dabei nicht unbedingt „von außen" verordnet werden. Sie kann sich von selbst ausbilden, das heißt: Personen aus der Gruppe schlüpfen in die Leitungsrolle. Bei der Arbeit mit Kleingruppen in einem

Seminar lässt sich häufig beobachten, dass einzelne Gruppenmitglieder spontan Leitungsaufgaben übernehmen, damit die Gruppe ihr Ziel erreicht:

> In einer Kleingruppe, die eine Aufgabe bearbeitet, erhebt sich plötzlich ein Student und schreibt unaufgefordert ein Zwischenergebnis an die Tafel. Weil er nun schon vorne steht, moderiert er für eine kurze Zeit auch noch die Gruppendiskussion. Nach Abschluss dieser Phase setzt er sich wieder an seinen Platz und überlässt das Feld einem anderen Teilnehmer, der einen neuen Vorschlag in die Diskussion einbringt.

Es ist also auch möglich, dass die Leitung von verschiedenen Gruppenmitgliedern abwechselnd übernommen wird (Marmet 1992, S. 42).

In Ihren Veranstaltungen ist die Frage nach der Führungsrolle angenehmerweise schon geklärt: Leiter sind Sie. Die Frage nach der Leitung taucht nur dann wieder auf, wenn Sie sich für die Arbeit in Kleingruppen entscheiden. Aus der Sicht der Sozialpsychologie ist mit der Leitungsrolle übrigens keine besondere Auszeichnung verbunden. Leiter erhalten mit der Übernahme ihrer Aufgaben nicht die Lizenz zur uneingeschränkten Machtausübung. „Leitung" ist ein Dienst an der Gruppe. Leiter sollen der Gruppe helfen, ihre Ziele zu erreichen. Deshalb besteht die wichtigste Aufgabe jeder Gruppenleitung darin, die Ziele der Gruppe genau im Blick zu behalten und das eigene Leitungsverhalten daran auszurichten. Was aber sind die konkreten Ziele Ihrer Lerngruppen? Wie bekommen Sie als Hochschullehrer „Zielklarheit" (Glöckel 2003, S. 137)?

Das Dilemma mit dem Lernziel

Eigentlich ist die Frage, welches Ziel eine Gruppe erreichen soll, im Kontext der Hochschullehre doch ganz einfach zu beantworten. Weil es immer um die Arbeit mit *Lern*gruppen geht, ist das Ziel natürlich, dass die Teilnehmer etwas lernen. Also müssen Sie als Dozent doch nur ein paar Lernziele vorgeben und später durch Lernkontrollen überprüfen, ob die Studenten diese auch tatsächlich erreicht haben. Und damit der Dozent mit Sicherheit weiß, dass er das jeweilige Grobziel noch im Blick hat, sollte er für jede Sitzung (und vielleicht sogar für die verschiedenen Phasen einer Sitzung) ganz *konkrete* Feinziele formulieren. Immerhin opfern die Studierenden Ihre Zeit und Energie für die Lehrveranstaltung, deshalb können sie auch eine strikte Zielvorgabe von Ihnen erwarten …

Stopp!
Diese Argumentationskette klingt zwar plausibel, sie geht aber wieder nur vom Dozenten und von *seinen* Zielen aus. Das Lernen ist aber immer ein selbstständiger Akt, bei dem sich der Lernende den Lernstoff nur selbst aneignen kann. Genau genommen können Lernziele deshalb auch nur von den Studenten selbst formuliert werden. Wenn dagegen der Dozent solche Ziele formuliert, sollten sie besser *Lehr*ziele genannt werden (vgl.: Glöckel 2003, S. 138.; Eckstein 1978, S 33). Die Seminargruppe steckt jetzt aber richtig in der Klemme: Was genau ist ihr Ziel? Das *Lehr*ziel des Dozenten? Oder doch die *Lern*ziele der einzelnen Teilnehmer?

Learning Outcomes

Vielleicht hilft der Blick in die Modulbeschreibungen weiter? Dort sind die Zielvorstellungen der Hochschule formuliert. Wer sie erreicht, bekommt das Abschlusszertifikat. Modulbeschreibungen unterscheiden in der Regel nicht zwischen den Zielen der Studenten und denen der Hochschullehrer. Sie sprechen nur von „Lernzielen" und „Lernergebnissen". Warum auch nicht? Wer einen Marathonlauf organisiert, legt das Ziel fest, misst die Zeit und gibt die Urkunden aus. Das schnelle Erreichen des Zieltors wird dann automatisch zum Laufziel für jeden Läufer. Aber ein Studium ist keine Sportveranstaltung, bei der es darum geht, durchzuhalten und schnell ins Ziel zu kommen. Hochschullehrer und Studenten haben das Recht, je eigene Lehr- und Lernziele zu verfolgen. Der Blick auf „Lernergebnisse" führt uns also auch nicht weiter.

Möglicherweise hilft ein neuer Begriff aus dem Lehr-Lernziel-Dilemma: An den Hochschulen wird im Zuge des Bologna-Prozesses von „Learning Outcomes" (Schermutzki 2007) gesprochen. Mit Hilfe des Begriffs aus der Wirtschaftswelt wird die Frage, wessen Ziele man hier festschreiben möchte, zunächst umgangen. Es geht um den „Output", also um das, was am Ende beim Arbeiten des Studenten heraus kommt – egal, wie es hineingekommen ist. Wenn ein Arbeitsprozess aber zu messbaren und vergleichbaren Outputs führt, liegt doch der Gedanke nahe, dass es definierbare Inputs gibt, die diese Ergebnisse ermöglichen. Im deutschsprachigen Raum erinnert das Input-Output-Modell an die humoristische Darstellung des so genannten „Nürnberger Trichters". Die im 17. Jahrhundert aufgekommene Vorstellung, man könne die Köpfe der Lernenden öffnen und mit Hilfe eines Trichters einfach neue Informationen hineingießen, die dann verlässlich abgerufen werden können, war schon damals eine Karikatur über das mechanische Lernen und das kontrollierende Lehren. Und ganz sicher auch ein Reflex auf die Schwierigkeiten der damals Lehrenden, die sie mit der Wissensvermittlung hatten. – Aber helfen uns die „Learning Outcomes" nun weiter?

Hoffentlich kompetent

Die Bezeichnung „Learning Outcomes" wird in den Modulbeschreibungen des deutschsprachigen Raums oft mit dem Begriff „Kompetenzen" übersetzt. Liest man im deutschen Hochschulrahmengesetz, wie dort das Ziel des Studiums beschrieben wird, scheint dieser Begriff sehr passend zu sein, auch wenn er selbst nicht auftaucht:

> „Lehre und Studium sollen die Studierenden auf ein berufliches Tätigkeitsfeld vorbereiten und ihnen die dafür erforderlichen fachlichen Kenntnisse, Fähigkeiten und Methoden dem jeweiligen Studiengang entsprechend so vermitteln, dass sie zu wissenschaftlicher oder künstlerischer Arbeit und zu verantwortlichem Handeln in einem freiheitlichen, demokratischen und sozialen Rechtsstaat befähigt werden. (Hochschulrahmengesetz §7)"

Die Fähigkeiten und Kompetenzen, die durch ein Studium „vermittelt" werden sollen, sind also sehr umfangreich. Sie umfassen das berufliche Tätigkeitsfeld, fachliche Kenntnisse sowie wissenschaftliche oder künstlerische und ethisch-gesellschaftliche Fertigkeiten. Tatsächlich aber werden Kompetenzen eher von den Studenten durch eigene Initiative erworben als von den Lehrenden „vermittelt". Wieder steht der Dozent vor dem Problem, dass er gar nicht genau sagen kann, ob sich sein Lehraufwand gelohnt hat. Die Kompetenzerweiterung der Studenten kann ein starker Wunsch des Dozenten sein. Sie geschieht auch tagtäglich. Aber sie kann von ihm nicht erzwungen werden. Nur allzu verständlich, dass die Hochschulen sich in früheren Zeiten mehr auf die Qualität des Inputs, d.h. auf die Aufbereitung des Themas, konzentriert haben. Der „Output" ist eben kaum planbar und noch schwerer zu messen.

Kein Auskommen mit den „Learning Outcomes"

Wenn es um die nationale und internationale Vergleichbarkeit von Studienleistungen geht, ist die klare Formulierung von Mindestanforderungen eine nützliche Sache. Mit ihrer Hilfe kann ein Student einschätzen, welche Voraussetzungen die neue Hochschule verlangt und welche Studienleistungen er vorweisen muss, um später an die alte Uni zurück zu wechseln. „Learning Outcomes" sind solch ein wichtiges Kriterium, mit dem Qualifikationsrahmen für Fächer und Hochschulen (Schermutzki 2007, S. 9) festgelegt werden. Aber können sie Studenten und Dozenten eine Orientierung für ihre Lehr- und Lernziele geben?

Die in den Prüfungsordnungen und Modulbeschreibungen erwähnten Lernergebnisse enthalten nur wenige allgemeine Ziele. Würden sie zu viele Detailvorgaben machen, würde sich der Begriff Studium erübrigen. Aus den vorgeschriebenen allgemeinen „Learning Outcomes" lassen sich aber leider keine konkreten Lernziele ableiten (Glöckel 2003, S. 138f.). Die logische Deduktion funktioniert hier nicht.  Hochschullehrer und Studenten können ein grobes Lernziel nicht einfach in drei oder vier aufeinander aufbauende Lernziele fein unterteilen. Ein Seminar lässt sich nicht allein aus den angestrebten Lernergebnissen ableiten, wie dieses typische Beispiel aus einer Modulbeschreibung zeigt:

Lernziel: Die Studierenden sind in der Lage, die physikalischen Grundlagen für die ingenieurwissenschaftlichen Anwendungen zu verstehen und auf unbekannte Situationen zu übertragen.

Aus diesem Satz lassen sich keine konkreten Lernziele ableiten. Ob die Seminargruppe sich in diesem Semester mit Elektrizität, Thermodynamik oder der Struktur der Materie oder mit allen drei Themen beschäftigen soll, bleibt offen. Überhaupt nicht berücksichtigt wurde hier außerdem der Bereich Optik. Und wenn die Frage auftaucht, ob man die neue Brücke über die Elbe nicht etwas leichter und zierlicher bauen könnte, fehlt noch die Berücksichtigung der physikalischen Grundlagen von Schwingungen und Wellen. Schade, mit dem Weg über die „Learning Outcomes" gelingt es also auch nicht, das Gruppenziel für Ihre nächste Lehrveranstaltung zu finden.

Auf der Jagd nach Punkten

Zumindest in einem Punkt werden sich die Zielvorstellungen Ihrer Studenten mit der Modulbeschreibung decken: wie komme ich an die begehrten „Credit-Points"?

Das Seminar „Arbeit und Migration" im Fachbereich Soziologie läuft nur schleppend. Die Dozentin fühlt sich durch den hohen Geräuschpegel der Teilnehmer gestört. Von den 40 Studenten beteiligen sich gerade Mal die Hälfte. Die anderen lesen, tippen etwas in ihre Notebooks oder – noch schlimmer – unterhalten sich ungedämpft. Die Dozentin kennt auch die Ursache für die studentische Unaufmerksamkeit: die Gruppenzusammensetzung. In ihrem Seminar befinden sich sowohl Lehramtsstudenten, als auch reguläre Soziologiestudenten. Während die Soziologen am Ende eine Klausur oder eine Hausarbeit schreiben oder eine mündliche Prüfung absolvieren müssen, brauchen die Lehramtsstudenten nur ihre Anwesenheit vorzuweisen, damit sie die obligatorischen zwei Creditpoints in diesem Fach erwerben können. Die Dozentin ist genervt. Insgeheim spielt sie mit dem Gedanken, den vielen Störern die beiden Punkte einfach zu schenken – wenn sie im Gegenzug nicht mehr am Seminar teilnehmen …

Die Studenten dieses Seminars haben kein gemeinsames Ziel. Die eine Hälfte der Teilnehmer versucht, am Thema zu arbeiten, um die nötigen Creditpoints zu bekommen, während sich die andere Hälfte ihre Punkte durch Aussitzen erhocken. Die Dozentin aber hat resigniert.

Sie glaubt nicht mehr daran, dass alle ein *gemeinsames* thematisches Ziel finden und eine Gruppe bilden. Vielleicht ist das in diesem Beispiel auch nicht mehr möglich. In diesem Fall könnte es hilfreich sein, das Seminar zu teilen. In einer kleineren Gruppe, in der jeder einen Teilnahmeschein anstrebt, ist es sehr wohl möglich, Kriterien für die aktive Mitarbeit zu vereinbaren und diese auch einzufordern. Durch den persönlichen Kontakt in der Kleingruppe sind die Teilnehmer auch offener für solche Vereinbarungen. Die meisten Dozenten aber versuchen, sich in einer solchen Situation mit einem an und für sich unmöglichen Kniff zu helfen: sie lehren ohne Zielvereinbarung. Sie ziehen „die Sache" durch und quälen sich (und andere) durchs Semester. Dass dabei die Lust am Lehren irgendwann auf der Strecke bleibt, muss wohl nicht extra erwähnt werden.

Mit der Gruppe aus der Ziellosigkeit

Jede Gruppe braucht ein Ziel, sonst wird sie sich erst gar nicht formieren. Aber woher soll sie es nehmen? Sie muss sich selbst eines setzen, d.h. die Gruppenmitglieder müssen sich auf ein Ziel einigen.

Das klingt zunächst sehr aufwändig. Wie sollen sich 30, 60 oder 90 Studenten auf ein gemeinsames Ziel einigen, das sie sich selbst noch gar nicht vorstellen können? Wie lange darf so ein Zielfindungsprozess dauern und werden am Schluss alle mit dem Ergebnis arbeiten können? Und wird das Gruppenziel ganz sicher zum Lehrplan und dem Modul passen?

Ein Ausweg aus dem Lehr-Lern-Ziel-Dilemma könnte sich dann ergeben, wenn die Gruppe versteht, dass aus dem „Entweder-Lehr-oder-Lernziel"-Konflikt ein „Sowohl als auch" werden kann. Dazu müssen sowohl die Lehrziele des Dozenten als auch die Lernziele der Studenten in der Gruppe „auf den Tisch". Wenn dann allen Teilnehmern auch noch die „Outcomes" aus der Modulbeschreibung transparent sind, können sie in ihrer Bedeutung und ihrem Wert von allen wahrgenommen und beurteilt werden. Die Gruppe muss ihr Ziel nicht neu erfinden. Sie kann aus den vorgegebenen Zielvorstellungen ihr eigenes Ziel auswählen und mit eigenen Wünschen ergänzen. So ist eine Form des Lernens möglich, die an Hochschulen eigentlich selbstverständlich sein müsste: das *Selbstgesteuerte Lernen*.

Mythos und Realität des Selbstgesteuerten Lernens

Selbstgesteuertes Lernen ist an den Hochschulen und in der Erwachsenenbildung ein strapazierter Begriff. Die folgende Grundthese der Schulpädagogik zum Thema des selbstständigen Lernens hat sich auch an den Hochschulen durchgesetzt: „Unterricht, der nicht zur Selbstständigkeit erzieht, verdient nicht den Namen Unterricht – er wäre bloße Abrichtung, Manipulation oder Unterhaltung" (Meyer 1997, S. 29). Trotzdem scheint keine unserer Bildungsinstitutionen ein Problem damit zu haben, die Selbstständigkeit der Studierenden in der Organisation ihres Studiums durch immer straffere zeitliche und inhaltliche Vorgaben einzuschränken. Wenn selbst die Lernergebnisse schon vorher festgelegt sind, was können Studierende beim Lernen dann überhaupt noch selbst steuern?

„Selbst"-Rettung beim Lernen

Konfrontiert mit dem Widerspruch zwischen umfangreicher Lernzielvorgabe einerseits und dem Anspruch, Studierende zur Selbstständigkeit zu befähigen, verweisen Dozenten in unseren Seminaren oft auf die Vor- und Nachbereitungszeiten. Das seien doch Räume selbstgesteuerten Lernens, mit denen Lernende ihr „Selbst" retten könnten. Damit beschränken sie die Selbststeuerung aber auf die Eigenarbeit an Büchern, Texten und am Computer. Manche Dozenten meinen, dass Lernen ja immer ein selbst gesteuertes, aktives Neuproduzieren von Vorstellungen im Gehirn sei. Der Student könne gar nicht anders als selbst lernen, auch wenn er instruiert werde. Mit diesem Argument läuft aber der Begriff *Selbstgesteuertes Lernen* Gefahr, ein unspezifisches Klischeewort zu werden (Meueler 2001, S. 86).

Bei der Suche nach einer brauchbaren Definition taucht sehr schnell die Frage auf, was denn beim Lernen überhaupt selbst gesteuert werden kann? Tatsächlich gibt es eine Reihe von „Faktoren im Lernprozess" (Dietrich/Fuchs-Brüninghoff 1999), die vom Lernenden aktiv gesteuert werden können:

- das Ziel des Lernprozesses (woraufhin?, d.h. welches sind die angestrebten Kompetenzen?)
- die Inhalte des Lernprozesses (was?)
- die Lernregulierung (wann, wo, wie lange?)

- der Lernweg (wie?, d.h. auf welche Weise, mit welchen Hilfsmitteln, alleine oder gemeinsam mit anderen ...?).

Es geschieht nur selten, dass wir in Lernprozesse einsteigen, die wir nach allen Aspekten dieser Liste voll und ganz selbst steuern. Natürlich könnten Sie ganz spontan entscheiden, Banjospielen zu erlernen. Sie können Ihre Übungszeiten selbst festlegen und entscheiden, ob Sie ein Übungsbuch verwenden möchten oder nicht. Aber spätestens dann, wenn Sie bei einem Banjolehrer Unterricht nehmen oder wenn Sie einem Freund versprechen, bei seiner Geburtstagsfeier aufzutreten, endet die völlige Selbststeuerung. Denn Lernsituationen mit mehreren Beteiligten sind weder nur rein selbstgesteuert, noch sind sie völlig fremdgesteuert. Das Maß der Selbststeuerung variiert vielmehr je nach Einflussmöglichkeit des Lernenden. Manche der oben aufgeführten Faktoren kann der Lernende stärker als andere beeinflussen. Ganz allgemein kann man jedoch sagen, dass das *Selbstgesteuerte Lernen* eine Form des bewussten, individuellen Lernens ist, die sowohl selbst organisiert als auch durch Institutionen vermittelt stattfinden kann. Und als Form des individuellen oder in der Gruppe stattfindenden „Selbstlernens" mündiger Erwachsener ist das selbstgesteuerte Lernen für Fremdunterstützung immer offen (Dohmen 1999, S. 16). Selbst dann, wenn das Ziel eines Lernprozesses durch die Studienordnung vorgegeben sein sollte, ist *Selbstgesteuertes Lernen* trotzdem möglich. Vorausgesetzt, die Lernenden streben dieses Ziel bewusst und auf eigenen Wegen an. Lehrziele müssen zu Lernzielen werden. Möglich wird das, wenn Dozenten diesen Wandel aktiv unterstützen.

Machen Sie die Lehrziele von Anfang an transparent

Mit den Lehrzielen im Gepäck betreten Sie den Raum zur ersten Seminarsitzung. Die gesamte Einstiegsphase eignet sich gut dafür, dass Sie die Ziele der Studienordnung und Ihre eigenen Lehrziele vorstellen und immer wieder für sie werben. Benennen und besprechen Sie die Ziele. Wenn Sie sie in einer Liste zusammenfassen und als Handout verteilen, können Ihre Studenten die Lehrziele beurteilen. In der Diskussion werden Sie bemerken, ob den Studenten die Wichtigkeit der einzelnen Ziele bewusst ist. Wenn Sie selbst mit einzelnen Zielen der Modulbeschreibung nicht einverstanden sind, spricht nichts dagegen, dass Sie das offen mitteilen. Die Lerngruppe wird Ihre Transparenz mit einer stärkeren Beteiligung honorieren.

Geben Sie Gelegenheit, eigene Lernziele zu benennen

Sie können davon ausgehen, dass die Studenten mit ganz unterschiedlichen Zielvorstellungen in Ihrer Lehrveranstaltung sitzen. Nicht alle wollen nur auf dem bequemsten Weg an Creditpoints gelangen. Ein Student möchte Sie vielleicht in dieser Veranstaltung besser kennen lernen, weil er einen Prüfer für das Examen sucht (Böss-Ostendorf/ Senft 2005, S. 35). Eine Studentin interessiert sich womöglich sehr für Ihre Veranstaltung, weil sie schon weiß, dass sie im nächsten Semester über das Thema ihre Abschlussarbeit schreiben wird. Und ein andere sitzt in Ihrer Vorlesung, weil ihn das Thema einfach nur neugierig gemacht hat – auch das soll es noch geben.

All diese Motive werden Sie nur erfahren, wenn Sie bei den Studenten nachfragen, mit welchen konkreten Lernzielen sie in die Lehrveranstaltung kommen. Probieren Sie etwas Neues aus. Lassen Sie zum Beispiel *Wunschzettel* schreiben: Alle schreiben auf, welche neuen Fähigkeiten sie am Ende des Semesters in Ihrem Seminar erworben haben möchten. Lassen Sie die Zettel einsammeln und lesen Sie die formulierten Ziele – anonymisiert – vor. Dadurch fördern Sie die Selbstbeteiligung und sprechen gleich mehrere Sinne an. Außerdem werden Sie sich wundern, wie genau die Studenten in aller Regel wissen, was sie erreichen wollen. Die *Wunschzettel* haben den Vorteil, dass sie später, etwa nach zwei Drittel des Semesters, noch einmal überprüft werden können. Jeder Teilnehmer soll sehen können, inwiefern seine Wünsche schon in Erfüllung gegangen sind.

Formulieren Sie gemeinsame Lehr-Lern-Ziele

Sobald die Lerngruppe weiß, mit welchen Anforderungen sie von der Studienordnung und vom Dozenten her zu rechnen hat, kann sie eigene Wünsche und Erwartungen formulieren – wenn sie Raum dafür bekommt. Sobald alle drei Zielvorstellungen bekannt sind, lohnt sich der Aufwand, dass Sie eine Zielvereinbarung mit den Studenten treffen. Legen Sie gemeinsam fest, welche Fähigkeiten sie am Ende des Seminars beherrschen sollten. Aber stellen Sie sich darauf ein, dass in der Zielvereinbarung sehr unterschiedliche Lernziele auftauchen. Das Lernen beschränkt sich ja nicht nur auf den kognitiven Bereich des Wissens und Könnens. Es hat auch Einfluss auf das Bewusstsein und das Verhalten Ihrer Studenten (Glöckel 2003, S. 140). Vielleicht legen

Sie selbst und die Studenten eher Wert auf den Erwerb neuer Einstellungen und Überzeugungen, während die Studienordnung mehr auf die Aneignung von Kenntnissen besteht. Es könnte helfen, wenn Sie sich beim Aufstellen von Lernzielen an sechs Kategorien *kognitiver* Lernziele orientieren. Sie priorisieren die Ziele hinsichtlich ihrer Komplexität: von der Fähigkeit, gelerntes Wissen nur wiederzugeben, bis hin zur Fähigkeit, umfangreiche Probleme zu lösen (Stelzer-Rothe 2005, S. 185).

1. Kenntnisse: Wissen reproduzieren können
2. Verständnis: Wissen erläutern können
3. Anwendung: Wissen anwenden können
4. Analyse: Zusammenhänge analysieren können
5. Synthese: Eigene Problemlösungsstrategien angeben können
6. Beurteilung: Eigene Problemlösungsstrategien beurteilen können

Der Versuch, Lehr-Lern-Ziele nach ihrer Wichtigkeit zu ordnen und sie dann gezielt anzustreben, stößt aber sehr schnell an die Grenzen der studentischen Lern-Realität. Ob Studenten ihr Lernverhalten von außen steuern lassen, ist zweifelhaft. Zwar gehören Lernziele zu unterschiedlichen „Funktionsbereichen der Psyche" (Glöckel 2003, S. 139), diese lassen sich aber nicht von einander trennen, weil der Mensch immer als Einheit denkt und handelt. Neue Informationen werden sich nicht ohne sein subjektives Verständnis, d.h. ohne die Verarbeitung durch die ganze *Person* mit ihren Erfahrungen und Fähigkeiten, „erwerben" und zu Kenntnissen verwandeln lassen. Positiv gewendet heißt das: Wer tatsächlich kognitive Ziele erreicht, wird sich auch affektiv (von seinen Gefühlen und Werten her) und oft auch psychomotorisch (in seinen Bewegungen und Fertigkeiten wie zum Beispiel im Studium der Chemie oder Zahnmedizin) weiterentwickeln. Dennoch kann die Beschreibung von Lehr-Lern-Zielen hilfreich sein, sofern sie mit fachspezifischen Verben operiert. Diese bieten einen handfesten Nutzen, weil sie betonen, dass Lernen aus aktiven Handlungen besteht und zu einer Erweiterung der Kompetenzen führt: *begründen* sie ..., *differenzieren* sie ..., *extrahieren* sie ..., *ordnen* sie ..., *unterscheiden* sie ...

Wenn die Ziele zu Beginn des Seminars vereinbart worden sind, haben die Studenten meistens auch schon eine gewisse thematische Orientierung erhalten. Die schriftliche Fixierung der vereinbarten Lehr-Lern-Ziele lässt sich gut als Seminarstruktur für die gesamte Lehrveranstaltung verwenden. Für die einzelnen Lernziele können nun Etappenziele formuliert werden und damit haben Sie schon die dritte Lernphase in Ihrer Lernveranstaltung erreicht: die Phase der Strukturierung (→ S. 65). Außerdem geben die gemeinsam formulierten Lernziele Aufschluss darüber, wie Sie Ihre Lehrveranstaltung methodisch und medial gestalten können. Und Sie erhalten Informationen, die für das Prüfungsdesign wichtig werden (→ 4. Teil).

Auf dem Weg das Ziel im Blick behalten

Wenn die Gruppe ihr Ziel kennt, können Sie als Leiter kräftig aufatmen. Die Gruppe ist gut auf den Lernprozess vorbereitet. Sie wird ihren Weg finden – falls sie das Ziel nicht irgendwann wieder aus den Augen verliert. Das kann im Laufe des Semesters durchaus passieren. Zum Beispiel dann, wenn sich die Gruppe häufig nur unvollständig trifft, wenn Arbeitsergebnisse nicht zum vereinbarten Termin präsentiert werden, wenn die Gruppe sich zu lange bei einem Thema aufhält, ... Wie würden Sie sich als Gruppenleiter in solchen Fällen verhalten?

Machen Sie die Gruppe darauf aufmerksam, wenn der Prozess nicht mehr auf das vereinbarte Ziel gerichtet ist

Zur Entlastung aller Dozenten sei noch einmal daran erinnert, dass der Leiter nicht alleine dafür verantwortlich ist, dass die Gruppe ihr Ziel erreicht. Umgekehrt ist es auch nicht sein alleiniger Verdienst, wenn die Gruppe am Ende tatsächlich erfolgreich ist. Wenn er aber darauf achtet, dass die Gruppe ihr Ziel nicht aus dem Auge verliert, ist er am Lernerfolg in jedem Fall beteiligt. Eine erhebliche Störung des Arbeitsprozesses liegt immer dann vor, wenn die Gruppe nicht mehr auf ihr Ziel ausgerichtet ist. Sie beschäftigt sich vielleicht zu lange mit interessanten Einzelheiten des Themas oder wird von technischen Problemen abgelenkt. Eine Laborgruppe zum Beispiel beschäftigt sich vielleicht viel zu lange damit, die Datenbank fehlerfrei zum Laufen zu bringen und kommt deshalb gar nicht dazu, den Versuch zu starten. Auch wenn alle in der Gruppe noch bester Laune und sehr beschäftigt sind, ist es hilfreich, wenn der Leiter das Problem anspricht und sich dabei selbst mit einbezieht: „Werden wir auf diese Weise das Ziel erreichen?"

Wenn es für Sie absehbar ist, dass Ihre Gruppe das Ziel wirklich nicht mehr erreichen kann, sollten Sie offen darüber sprechen. Gesprächsbedarf haben Sie dann, wenn sich etwa abzeichnet, dass eine

Gruppe zum festgesetzten Termin nicht genügend Interviews für eine quantitative Sozialforschung zusammen bekommen wird und dadurch zu wenig Zeit für die Auswertung innerhalb des Semesters bleibt. Sollten nun die Aufgaben neu verteilt werden? Müssen die Zeitpläne angepasst werden? Oder sollten vielleicht sogar die Ziele verändert werden? Auf den Gruppenprozess wirkt sich eine Realitätsprüfung meistens befreiend aus. Denn wenn eine Gruppe an einem solchen Punkt angelangt ist, hat sich ganz häufig schon Unwohlsein ausgebreitet, weil alle merken, dass sie die Ziele sowieso nicht mehr erreichen können.

Teilen Sie der Gruppe mit, wenn sie ein Zwischenziel erreicht hat

Menschen, die ein großes Ziel vor Augen haben, sind glücklich, wenn sie ihm wieder ein Stück näher gekommen sind. Das gilt auch für Gruppen. Ihre Lerngruppe wird stolz sein, wenn sie weiß, dass sie wieder ein Zwischenziel erreicht hat und auf einem guten Weg ist. Weil es Aufgabe des Leiters ist, das Ziel der Gruppe im Auge zu behalten, ist er auch dafür verantwortlich, die Gruppe darauf hinzuweisen, wenn sie ein Etappenziel erreicht hat. Dafür müssen ja nicht jedes Mal die Sektkorken knallen. Es reicht völlig, wenn Sie den Semesterplan an die Wand projizieren und den neuen Standort der Gruppe im Lehr-Lern-Plan anzeigen.

Leitungsaufgabe 2: Auf den Gruppenrahmen achten

Jede Gruppe, die sich zum Erreichen eines bestimmten Ziels formiert, bildet sehr schnell auch eine spezifische Form bzw. Gestalt aus. Diese Gestalt wird wesentlich durch den Rahmen definiert, der die Gruppe zusammenhält und sie von der „Außenwelt" unterscheidet. In der folgenden Liste haben wir Rahmenbedingungen zusammengestellt, die für Veranstaltungen der Hochschullehre eine Rolle spielen. Überlegen Sie doch einmal, welche drei Rahmenbedingungen Ihnen persönlich für das Lehren am Wichtigsten erscheinen und auf welche Sie in Ihren Veranstaltungen besonders achten.

Pünktlichkeit	Gruppengröße	Kleidung
Arbeitszeiten	Sitzordnung	Möblierung
Erreichbarkeit	Leere Plätze	Essen und Trinken
Informationswege	Licht	Farben
Handytöne	Technische Ausstattung	Umgebung
Pausen	Raumgröße	Temperatur
Zu wenig Plätze	Anrede (Du/Sie)	Luft

Wenn wir diese Aufgabe Teilnehmern in unseren hochschuldidaktischen Seminaren stellen, wird schnell deutlich: Jeder Lehrende hat ganz unterschiedliche Ansprüche an die Gestaltung seines Veranstaltungs-Rahmens. Manche Dozenten achten besonders auf eine ästhetische Ausgestaltung (Möblierung, Farben, Kleidung), andere auf reibungslose Abläufe (technische Ausstattung, Pünktlichkeit, genügend Platz), wieder andere legen Wert auf ein gemütliches Miteinanders in der Gruppe (Pausen, Kaffee oder Tee, Anrede mit „Du"). Für nicht lösbar dagegen halten viele unserer Seminarteilnehmer die Aufgabe, die oben aufgelisteten Rahmenbedingungen nach ihrer Wichtigkeit zu sortieren. Es ergeben sich fast immer lebhafte Diskussionen, die in der Klage enden, dass es überhaupt nicht möglich sei, eine Top 10-Liste zu erstellen. Jede einzelne dieser Rahmenbedingungen kann in bestimmten Situationen eine wichtige Rolle spielen. Manche der aufgeführten Rahmenbedingungen sind deshalb so wichtig, weil sie das Zustandekommen einer Gruppe überhaupt erst möglich machen (linke Spalte). Andere haben einen erheblichen Einfluss darauf, wie die Mitglieder mit einander in Kontakt kommen können (mittlere Spalte). Die Rahmenbedingungen in der letzten Spalte nehmen zwar nur indirekt auf die Kommunikation Einfluss, sie können sie aber trotzdem erheblich beeinflussen.

Für den Rahmen einsetzen

> „Es lohnt sich gar nicht, die Rahmenbedingungen der Lehre zu thematisieren. Die meisten Dozenten haben ohnehin keinen Einfluss auf die Ausstattung der Seminarräume, die Raumgröße, die Sitzordnung, etc."

Durch eine solche Haltung wandeln sich die Rahmenbedingungen zu statischen Vorgaben, denen man sich unterzuordnen hat. Das kann sehr störende Folgen haben: Die Zeit des gesamten Semesters über wird die Beamer-Projektion an der Wand vom Sonnenlicht überblendet, weil die Markise nicht mehr funktioniert. Oder im Vorlesungsraum herrschen immer arktische Temperaturen, weil die Heizung falsch eingestellt ist und niemand für Änderung sorgt. Oder man ärgert sich jede Woche wieder aufs Neue über die Hakenkreuzschmierereien an der vier Meter hohen Decke...

Es kann sich für Sie als Dozent lohnen, die Rahmenbedingungen der Lehrveranstaltung als Elemente zu betrachten, die Sie aktiv mitgestalten können: Eine angenehme Atmosphäre und ein verlässlicher Rahmen erleichtern Ihnen das Lehren und fördern den konstruktiven Gruppenverlauf, weil überflüssige Störungen von Anfang an verhindert werden.

Viele Dozenten befürchten, zu pedantisch und zu direktiv zu sein, wenn sie Wert auf diese „Äußerlichkeiten" legen. Aber wenn ein Dozent sorgfältig mit den Rahmenbedingungen umgeht, halten ihn die Studenten – unserer Erfahrung nach – nur ganz selten für autoritär oder rigide. Meistens ist das Gegenteil der Fall: Wenn Sie sich für gute Rahmenbedingungen in ihrer Gruppe und für die Teilnehmer einsetzen, wird das als ein Zeichen von Engagement für die Gruppe wahrgenommen. Viele Rahmenbedingungen können Sie in der Gruppe absprechen und sich darauf verlassen, dass die Gruppe dann selbst auf die Einhaltung achten wird. Das wird aber auch für Sie Konsequenzen haben: Die Gruppe erwartet auch von Ihnen Verbindlichkeit.

Mal dick, mal dünn – die Gruppenhaut

Wenn man die Gruppe als lebendigen Organismus versteht, dessen Zentrum oder „Mitte" die allen gemeinsame Aufgabe ist, dann ist der Rahmen der Gruppe ihre Grenze. Diese Grenze hat zwei Ausrichtungen: Sie wirkt sowohl nach innen (zur Mitte hin), als auch nach außen (zur Außenwelt hin). Der Gruppenrahmen wird damit gewissermaßen zur Haut dieses Organismus. Sie hält ihn einerseits zusammen und schützt ihn andererseits vor Einflüssen von außen. Erst durch diesen Rahmen bildet sich ein situationsbezogenes *Hier und Jetzt* der Gruppe, in welchem eine ungestörte Kommunikation möglich wird. Er bildet einen Schutz- und Schonraum, der für das Lernen sehr wichtig ist. In ihm kann ausprobiert und trainiert werden, ohne dass der Lernende befürchten muss, dass alles, was er sagt und tut gleich nach außen dringt und für ihn negative Folgen hat. Der Gruppenrahmen garantiert zudem die Anwesenheit aller Teilnehmer. Nicht nur die körperliche, sondern auch die mentale.

Wir möchten dies am Schaubild des „Raum-Zeit-Fensters" verdeutlichen.

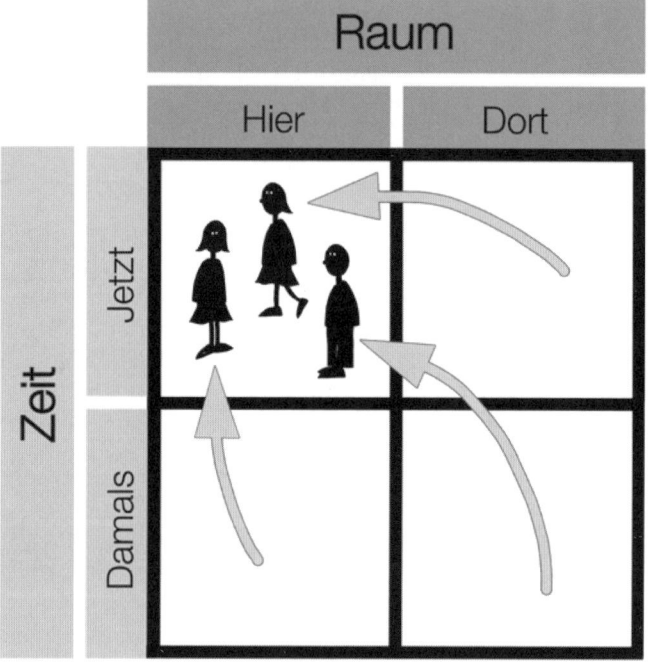

Wo und wann „Gruppe" stattfindet – das „Hier und Jetzt"

Damit aus einer Menge von Individuen überhaupt eine Gruppe werden kann, müssen räumliche und zeitliche Faktoren übereinstimmen. Aus der Perspektive einer Gruppe gibt es zwei *räumliche* Bereiche, die für sie von Bedeutung sind. Das *Hier* in der Gruppe (der Ort, an dem die Gruppe versammelt ist) und das *Dort*, das räumlich irgendwo außerhalb der Gruppe angesiedelt ist. Die aktuelle Anwesenheit, das *Hier-*

Sein der Teilnehmer, ist für die Gruppe unverzichtbar. Das Fehlen eines Teilnehmers bedeutet, dass die Gruppe nicht komplett ist und ihr nicht alle Ressourcen zur Verfügung stehen. Die Gruppe kommt eher an ihr Ziel, wenn sie aus den Erfahrungen und der Kreativität aller Mitglieder schöpfen kann. Fehlen einige Teilnehmer, können die neuen Entwicklungen, die in der Gruppe stattfinden, nicht alle Mitglieder erreichen. Nur im *Hier*, also an dem Ort, an dem die Gruppe sich einfindet, ist es möglich, einander zu begegnen und sich auszutauschen.

Aber auch die *zeitliche* Dimension spielt eine Rolle. Wenn den Teilnehmern der Ort bekannt ist, aber keine verbindliche Uhrzeit für die Treffen vereinbart wurde, reicht das räumliche *Hier* nicht mehr aus. Die Gruppe wird sich nur zufällig begegnen. Neben dem *Hier* muss mit allen auch ein *Jetzt* definiert werden, um gemeinsame Begegnungen und eine Lehr-Lern-Situation zu organisieren. Raum und Zeit müssen zur Deckung gebracht werden.

Wo sind Ihre Studenten gerade?

Selbst wenn es gelingt, ein *Hier und Jetzt* der Gruppe zu erzeugen, kann ein Lernprozess ausbleiben. Was nutzt es, wenn die Gruppenmitglieder nur körperlich anwesend sind? Mit Hilfe der Fantasie kann sich jeder Teilnehmer aus der Gruppe entfernen und sich in Gedanken an andere Orte (Dort) und in andere Zeiten (Damals) begeben (Zukunftsvorstellungen sind im obigen Modell nicht berücksichtigt). Sie stehen oder sitzen dann vor einer Heerschar von Schaufensterpuppen mit glasigem Blick. Vielleicht verweilen einige Teilnehmer gerade bei irgendwelchen Urlaubserinnerungen, dann sind sie im *Dort und Damals*. Andere denken noch an das vergangene Treffen der Gruppe, dann sind sie mehr mit dem *Hier und Damals* der Gruppe verbunden. Oder sie stellen sich vor, was Freunde im Augenblick wohl unternehmen, dann sind sie in Gedanken im *Dort und Jetzt*.

Erst wenn die Teilnehmer sich auf die gegenwärtige Situation konzentrieren, sind sie präsent. Und erst dann wird bewusstes Handeln in der Gruppe möglich. Das neuronale Netzwerk jedes Teilnehmers ist dann offen für Inputs, die er von anderen Teilnehmern erhält. Und weil jeder Teilnehmer selbst Outputs senden kann, wann immer er möchte, verknüpfen sich die einzelnen Gedankennetzwerke zu einem Gruppennetzwerk.

Die Gruppe und ihre bedrohten Grenzen

Wenn Studenten sich verspäten und früher wieder gehen müssen, schrumpft für sie die Anwesenheitszeit. Tritt dieses Phänomen massenhaft auf, dann existiert die Gruppe für lange Zeit nur noch als Fragment. Das ständige Kommen und Gehen beeinflusst natürlich auch die Aufmerksamkeit der Zurückbleibenden. Vor allem aber verhindert es bei den Kurzanwesenden die notwendigen Lernerfolge. Und das beeinträchtigt schließlich auch Ihre Lehre, weil Sie den Kontakt zu den fehlenden Teilnehmern nicht halten können. Es gelingt Ihnen nicht mehr, sie ausreichend mit dem Thema und der Gruppe in Kontakt zu bringen und ihre Lernprozesse weiter zu begleiten. In der nächsten Sitzung werden die Lernvoraussetzungen in der Gruppe verschieden sein und somit der Anschluss des neuen Lernstoffs für die Spontanteilnehmer schwieriger werden. Aber nicht nur ein pünktlicher und gemeinsamer Beginn der Veranstaltung ist wichtig zur Bildung eines verbindlichen Rahmens. Auch das Ende einer Sitzung benötigt eine sorgfältige Durchführung. Optimal wäre es, wenn die Gruppe das Treffen gemeinsam beendet und der Gruppenleiter verlässlich auf einen pünktlichen Schluss achtet. Ihre Studenten haben ein Recht auf Pünktlichkeit, schließlich werden sie ja in anderen Lerngruppen schon erwartet.

Etwas Neues kämpft sich durch

Der Gruppenrahmen ist vor allem deshalb wichtig, weil er die Grenze zu den anderen Raum-Zeit-Bereichen (*Hier und Damals, Dort und Jetzt, Dort und Damals*) markiert und den eigenen Inhalt sichert. Wenn die Gruppe körperlich zur richtigen Zeit am richtigen Ort ist, kann es dennoch sein, dass in der Anfangsphase das *Dort und Damals* einen Lernprozess verhindert. Ihre Studenten werden angesichts der neuen Impulse in der Lerngruppe mit einer Fülle von Erlebnissen aus der eigenen Kindheit, aus der Schulzeit und aus anderen Etappen des Studiums konfrontiert. Nun soll es für sie also um ganz neue Erfahrungen gehen? Die neuen Inputs werden ganz häufig als Bedrohung für das Wohlvertraute erlebt und als persönliche Infragestellung empfunden (→ Lernhindernis 2, S. 32). Die neue Erfahrung fließt nicht undifferenziert mit den alten Gewohnheiten zusammen, sondern bildet im neuronalen Netz des Lernenden eine neue Struktur aus. Das

„Neue" hat eine bessere Chance, sich gegen das „Alte" durchzusetzen, wenn es im *Hier und Jetzt* verortet ist und sich deutlich vom *Dort und Damals* abgrenzt. *Heute*, in *dieser* Übung oder Vorlesung wird der Student aufgefordert, eine neue Sichtweise kennenzulernen und auszuprobieren, möglichst ohne dass er sich aus dem Rahmen entfernt und sich auf das Altbekannte zurückzieht.

Was Ihre Gruppe mit sich herumschleppt

Der Gruppenrahmen leistet aber noch eine weitere Abgrenzung. Mit dem Verweis auf das *Hier und Jetzt* markiert er auch eine Grenze zum *Hier und Damals*, zur Vergangenheit der Gruppe aus früheren Veranstaltungen. Natürlich hat jede Lehrveranstaltung eine Verlaufsgeschichte und jede Gruppe ihren Entwicklungsprozess, die sich auch im *Hier und Jetzt* auswirken. Trotzdem kann Ihnen das strikte Einhalten des Rahmens helfen, dass Ihre Veranstaltung nicht aus den Fugen gerät. Denn aus der Vergangenheit des bisherigen Gruppenverlaufs können immer wieder unbewältigte Konflikte auftauchen. Der Student zum Beispiel, der vor zwei Wochen ein miserables Referat gehalten hat und mit seiner Note nicht einverstanden war, stört heute durch hämische Zwischenrufe. Damit stellt er Sie als Dozent vor die Herausforderung, zu reagieren. Nun käme es einerseits darauf an, dass Sie den Rahmen der aktuellen Sitzung schützen und damit die Interessen der anderen Gruppenteilnehmer vertreten und andererseits den Einzelgänger wieder integrieren. Eine angemessene Intervention sollte beide Aspekte berücksichtigen:

> „Sie scheinen noch über die vorletzte Sitzung verärgert zu sein. Darüber sollten wir nach der Veranstaltung noch mal mit einander sprechen. Jetzt möchte ich aber mit dem aktuellen Programm fortfahren".

Jede neue Zusammenkunft der Gruppe ist keine Neuauflage einer alten Sitzung, sie bringt Veränderungen mit sich. Jede einzelne Lehrveranstaltung ist wichtig, sie enthält neue Informationen und verläuft anders als die vorherige. Deshalb sollte sie nicht verpasst werden. In jeder Sitzung entsteht ein neues *Hier und Jetzt* mit neuen Inhalten. Die Gruppe kommt im Lernprozess ein Stück voran und bewegt sich auf das vereinbarte Ziel zu.

Das „Hier und Jetzt" schützen

Mitten in der Vorlesung klingelt plötzlich ein Handy – „Aha!",
denkt sich der gruppenanalytisch geschulte Professor und deutet
die Situation: Ein Angriff aus dem *Dort und Jetzt* bedroht die Gruppengrenze. Der Angerufene wird aus dem *Hier und Jetzt* gerissen
und wird sich für einige Zeit am Telefon mit der Situation außerhalb beschäftigen müssen. Das lenkt aber auch die anderen Teilnehmer ab: Wer ruft denn da an? Ist mein Handy eigentlich aus?
Vielleicht will mich auch jemand erreichen? Wer könnte das dann
sein? Wie soll ich mit dieser Situation umgehen? Ignorieren oder
den Empfänger des Anrufs nach draußen schicken?

Das *Dort und Jetzt* meldet seine Ansprüche durch Handys und Notebooks an, die mit dem Internet verbunden sind. Neben den Gruppenabsprachen zur Pünktlichkeit ist auch der Umgang mit elektronischen
Medien vom Gruppenleiter zu regeln. Aber das *Dort und Jetzt* verschafft sich noch über ganz andere Kanäle Zugang zu Ihrer Lehrveranstaltung. Gerne werden dazu auch mal Bücher und Skripte anderer
Fächer, spannende Krimis oder auch Urlaubskataloge von Ihren Studenten konsultiert. Der abrupte Wechsel ins *Dort und Jetzt* gelingt dem
Menschen aber auch ganz ohne Hilfsmittel. Körperlich zwar anwesend weilen nicht wenige Teilnehmer einer Vorlesung manchmal gedanklich in ganz anderen Welten. Letztlich ist nicht der Gruppenrahmen der Garant für die Anwesenheit eines Teilnehmers in der Gruppe, sondern der Kontakt und die Verbundenheit der Teilnehmer mit
der Gruppe (und mit dem Thema). Wer völlig im Gruppengeschehen
steckt, wird nicht nebenbei noch in einem Buch lesen und achtet auch
nicht auf eine gerade ankommende SMS.

Mit dem Gruppenrahmen arbeiten

Ein deutlich abgesetztes *Hier und Jetzt* der Gruppe ist für den Lernprozess einerseits sehr förderlich, andererseits darf die *Rahmen-Haut*
der Gruppe nicht so starr sein, dass sie eine unüberwindbare Grenze
für das Vorwissen der Lernenden darstellt. Damit sie lernen können,
muss Ihren Studenten auch immer der Transfer zur eigenen Lebenswelt möglich bleiben. Schließlich soll das neue Wissen ja auch außerhalb der Gruppe angewendet werden können. In seiner doppelten

Funktionsweise ist der Rahmen einer Gruppe übrigens mit einem Bilderrahmen vergleichbar. Beide wollen das „Werk" einerseits betonen, andererseits seine Wirkung auf den Raum verstärken.

Als Dozent haben Sie eine besondere Beziehung zum Gruppenrahmen. Sie sind nicht nur Teil der Gruppe, sondern immer auch Repräsentant der Institution Hochschule. Sie versorgen auf der einen Seite die Gruppe ständig mit neuem Lernstoff, andererseits werden Sie am Ende des Semesters die Leistung der Teilnehmer beurteilen und Noten vergeben. Aus dieser doppelten Aufgabe ergibt sich für Sie als Gruppenleiter eine besondere Position, von der aus Sie den Rahmen gut überblicken können. Und was Sie da so beobachten können, hat es in sich. Denn an der Nahtstelle zwischen „Außenwelt" und Gruppengeschehen wird über Erfolg oder Misserfolg Ihres Seminars entschieden. Die meisten Studenten befinden sich in einer ambivalenten Situation. Sie möchten zwar zur Gruppe gehören, aber gleichzeitig wollen sie nicht eingeschränkt werden. Sie reiben sich an den Rahmenbedingungen, versuchen sie zu umgehen und rebellieren manchmal dagegen.

Wenn der Rahmen zu eng ist

Am Gruppenrahmen reiben sich aber nicht nur die Studenten, auch Dozenten können in ihrem Bemühen, den Rahmen einzuhalten, schon mal an ihre Grenzen stoßen. Wenn Sie hier den Überblick behalten wollen, hilft Ihnen wieder das *Szenische Verstehen*:

> Die Dozentin des Fachbereichs Romanistik wundert sich: Haben die Studenten in ihrem Italienischkurs schon immer so zahlreich mit dem Laptop gearbeitet? Das war ihr bislang noch gar nicht aufgefallen. Von den 23 Teilnehmern haben über die Hälfte den Bildschirm aufgeklappt und tippen ab und zu etwas auf der Tastatur. Was eigentlich? Die Gruppe übersetzt doch gerade ein Sonett von Petrarca. Das würde sie doch schon sehr wundern, wenn jetzt jeder extra die Übersetzung aufschreiben würde, die morgen von ihr doch ohnehin ins Netz gestellt wird. Die Dozentin wendet sich an die Gruppe: „Ich habe den Eindruck, sie beschäftigen sich noch mit anderen Dingen." Alle schauen von ihren Bildschirmen auf. Es dauert eine Weile, bis eine Studentin reagiert: „Morgen schreiben wir eine wichtige Klausur, für die zumindest ich noch

eine Menge Übungsaufgaben durchgehen muss. Ich wollte aber diese Sitzung heute nicht verpassen." Erleichterung in der Gruppe. Die Dozentin überlegt kurz und macht dann einen Vorschlag: „Wie wäre es, wenn wir heute eine dreiviertel Stunde früher Schluss machen, damit Sie sich noch in Ruhe mit den Aufgaben beschäftigen können? Dafür klappen Sie aber jetzt bitte die Laptops zu." Die Lehreinheit geht plötzlich zügig voran und am Ende wundert sich die Dozentin abermals: Mit der Übersetzung ist die Gruppe heute fast so weit gekommen, wie sie es geplant hatte.

Was der Rahmen signalisiert

An den Aktivitäten, die sich rund um den Rahmen einer Lehrveranstaltung abspielen, kann häufig abgelesen werden, wie es der Gruppe geht. Wenn die Rahmenvereinbarungen von allen akzeptiert werden, läuft das Seminar zumeist reibungslos. Die produktive Phase einer Gruppe beginnt. Jetzt können Arbeitsgruppen ihre Prozesse selbst steuern. Dadurch wird der Lernzuwachs jedes Einzelnen unterstützt. Sobald sich die Teilnehmer aber unwohl fühlen, ist der Lernprozess gestört. Und das wirkt sich auch auf die Atmosphäre und den Rahmen aus. Manchmal sind es scheinbar lapidare Dinge, die dem Dozenten die Ruhe und die Konzentration rauben. Dazu ein Beispiel:

Im Rahmen ihres Lehrauftrags „Jura für Wirtschaftswissenschaftler" leitet die junge Dozentin eine Großgruppe. Auf dem Weg zu ihrem Seminar kommt sie am Gruppenraum eines Kollegen vorbei, der wegen der großen Anzahl von Studenten zur gleichen Zeit dasselbe Fach unterrichtet wie sie selbst. Sie bemerkt, dass sein Raum nur zur Hälfte gefüllt ist. Warum sind das nur so wenige?, fragt sie sich und murmelt: „Der braucht am Ende keine 90 Klausuren zu korrigieren". Wenig später betritt sie ihren eigenen Seminarraum – und bleibt im Türrahmen stehen. So voll war es hier noch nie gewesen. Nicht mal die Stühle reichen für alle. Etwa 20 Studenten haben auf den Fensterbänken Platz genommen. Nicht nur das: Weil draußen die Sonne scheint und es sehr heiß ist, haben sie auch gleich alle Fenster aufgerissen. Die Assistentin zögert: Was ist, wenn da jemand rausfällt? Kaum ist ihr dieser Gedanke in den Sinn gekommen, fühlt sie sich auch schon gestresst. Sie bahnt sich einen Weg zum Pult und versucht ihre Unterlagen zu ordnen. Dann trifft sie einen Entschluss und wendet sie sich an die Gruppe, die auf den Fensterbänken sitzt. „Bevor ich anfange, möchte ich, dass sie die Fenster schließen." Die Angesprochenen sehen sich verdutzt an, aber keiner rührt sich. Einer motzt: „Sollen wir vielleicht eingehen? Sind sowieso viel zu viele Leute hier." Die Lehrbeauftragte weist auf die Gefahr hin, dass jemand aus dem Fenster fallen könnte. Die Studenten lachen. „Hier ist genug Platz zum Sitzen, da fällt keiner raus. Außerdem sind wir ja keine Kinder und könnten schon selbst ganz gut auf uns aufpassen". Die Lehrbeauftragte kriegt einen roten Kopf und gibt auf. Unsicher beginnt sie mit ihrem einleitenden Vortrag. Der Gedanke aber, dass jemand aus dem Fenster stürzen könnte, lässt sie die gesamte Sitzung nicht mehr los.

Psychologie der Fensterbank

Nicht die große Menge der Teilnehmer und nicht der zu kleine Raum stören die Lehrbeauftragte, sondern die Tatsache, dass Studenten beim geöffneten Fenster auf der Fensterbank sitzen. Warum hat gerade dieses Detail eine so starke Wirkung? Warum ist die Lehrbeauftragte auch dann nicht ganz bei der Sache, als sie schon mitten im Thema ist und längst schon auf die Gefahr hingewiesen hat? Sie steckt in einem Zwiespalt. Sie beginnt ihr Seminar mit einer viel zu großen Gruppe und weiß, dass zur gleichen Zeit ihr Kollege den gleichen Stoff in einem nur mäßig besuchten Raum behandelt. Einerseits freut sie sich darüber, denn sie deutet den großen Zulauf als Wertschätzung ihres Lehrangebots. Andererseits graut es ihr schon vor dem Berg der zu korrigierenden Klausuren. Dazu kommt ihre aufrichtige Sorge, dass ein Student aus dem Fenster stürzen könnte. Richtig kompliziert wird es für sie, als sie merkt, dass sich diese Sorge verbindet mit dem verständlichen Wunsch nach einer kleineren Gruppe. Das verstärkt ihre Sorge sogar noch. Denn wenn tatsächlich jemand aus dem Fenster stürzte, würde sich ja zu allem Unglück auch noch ihr Wunsch erfüllen ... Damit also dieser Teufelskreis nicht in Gang kommt, muss die Lehrbeauftragte ständig darauf achten, dass nicht tatsächlich das passiert, was sie befürchtet und sie sich zugleich wünscht ...

Den Rahmen wieder herstellen

In dieser Gruppe besteht dringender Handlungsbedarf. Die Leiterin spürt, dass etwas nicht stimmt, aber sie handelt nicht entschlossen. Wenn die Gruppengrößen zweier parallel stattfindender Seminare zum gleichen Thema so stark von einander abweichen wie im obigen Beispiel und es keine Regelung gibt, die für gleich große Gruppen sorgt, muss ein größerer Raum gefunden werden, in dem jeder seinen Platz hat. Und die Korrekturarbeit mit den zum Semesterende anfallenden Klausuren sollte schon zu Beginn des Semesters gleichmäßig aufgeteilt werden. Die Lehrbeauftragte hat die auffälligen Störungen am Rahmen ihrer Veranstaltung wahrgenommen und als Signale gedeutet. Erst diese Störungen haben ihr die Notwendigkeit vor Augen geführt, an den Bedingungen ihrer Lehre etwas zu verändern. - - - Ein Semester später wurden die beiden Parallelgruppen so zusammengestellt, dass sie die gleiche Größe hatten und beide Seminarräume über genügend Sitzgelegenheiten verfügten.

Leitungsaufgabe 3: Die Kommunikation in Gang halten

Eine Gruppe kann nicht *nicht* kommunizieren

Wenn eine Gruppe eine Aufgabe übernommen und relativ stabile Rahmenbedingungen entwickelt hat, ist die interne Kommunikation schon längst am Laufen. Die Teilnehmer beobachten sich, nehmen miteinander Kontakt auf und senden dabei verbale und nonverbale Signale. Ein vielschichtiger Kommunikationsprozess ist im Gange, in dem durch jede Wortmeldung und durch jede Handlung eines Teilnehmers die anderen Gruppenmitglieder etwas lernen können, prinzipiell zumindest. Anders formuliert: Die Positionen im Lehr-Lern-Dreieck wechseln ständig. Eben noch erklärte ein Student seine Sicht auf das Lehrthema, wodurch seine Kommilitonen etwas Neues verstanden haben. Im nächsten Moment aber hört er einem anderen zu und ist plötzlich selbst wieder in der Position des Lernenden. Die gelingende Verständigung, verbal und auch nonverbal, regt dazu an, sich mit dem Thema auseinanderzusetzen und neue Bedeutungszusammenhänge zu entdecken.

Die Position des Lehrers an den Hochschulen ist nicht nur dem Dozenten vorbehalten. Wenn ein Student ein Referat hält oder etwas vor der Gruppe präsentiert, lernt er durch Lehren (Grzega 2003). Selbst zu lehren ist eine effektive Form des Lernens, denn wer einmal einen Gedankengang vor einer Gruppe dargestellt und verteidigt hat, wird ihn so schnell nicht mehr vergessen. Der Dozent und Gruppenleiter wird bei einer studentischen Präsentation durch die Gruppe entlastet, aber nicht arbeitslos. Zwar muss er in dieser Phase nicht mehr jeden Inhalt selbst präsentieren, aber er kann viel für eine effiziente Gruppenkommunikation tun. Er steuert die Lernprozesse so, dass sie effektiv und gewinnbringend für alle Teilnehmer ablaufen können. Wir möchten nun die drei Phasen eines typischen Gruppenprozesses beschreiben und daran zeigen, wie Sie als Leiter die Kommunikation innerhalb der Gruppe fördern können.

1. Phase: Der Anfang der Gruppe

Auch für routinierte Dozenten ist der Beginn einer neuen Lehrveranstaltung eine spannende Sache. Vielleicht liegt das daran, dass sich mit jedem neuen Seminar immer auch eine neue Gruppe bildet. Dieser Prozess kann ganz unterschiedlich verlaufen. Es ist gut möglich, dass Sie am ersten Tag einen vollbesetzten Seminarraum betreten, in dem alle schweigen und Sie anstarren. Für diese Gruppe werden Sie zur Rettung, denn Sie brechen das unangenehme und erwartungsschwangere Schweigen unter den versammelten Personen, die sich nicht kennen. Vielleicht fühlen Sie sich nach der Begrüßung in Ihrer Rolle gar nicht unwohl, denn Sie bekommen sofort die ungeteilte Aufmerksamkeit. In einem solchen Start liegt allerdings auch eine Versuchung. Er verleitet sehr leicht dazu, das gesamte Semester über die Gruppe mit Lernstoff zu versorgen. Das Fatale an einer solchen Abhängigkeit vom Leiter ist aber, dass die Studenten ohne ein eigenes Engagement für das Thema nur schlecht lernen können.

Vielleicht finden Sie aber auch eine ganz andere Situation vor und es herrscht zu Beginn der ersten Sitzung des neuen Semesters im Seminarraum eine lebhafte Stimmung. In der Lerngruppe kennt sich jeder, nur Sie sind der Fremde. Sie packen ihre Unterlagen aus und fühlen sich wie ein Störer, der den anderen durch seine Sachorientierung die gute Laune verderben will. Wie können Sie in einer solchen Situation die Aufmerksamkeit der Gruppe auf sich ziehen? Müssen Sie die gegenwärtige Gruppendynamik abbrechen? Oder gibt es eine Möglichkeit, den guten Kontakt der Studenten untereinander für das Seminar zu nutzen? Eine Idee wäre, den Platz am Pult zu verlassen, etwas auf die Gruppe zuzugehen und sie anzusprechen: „Guten Morgen, sie kennen sich wohl schon untereinander. Nur ich kenne niemanden hier. Ich möchte mich Ihnen vorstellen, denn ich bin der Dozent dieser Lehrveranstaltung". Die Gruppe kommuniziert offen. Sie muss jetzt nur dafür offen werden, sowohl den neuen Dozenten als auch das neue Thema in ihre Mitte aufzunehmen.

Die akademische Hackordnung

In der Anfangsphase gehen die Teilnehmer fast immer sehr sorgsam mit einander um. „Das positive Bedürfnis der Teilnehmer nach Kontakt, Kommunikation und Beziehung" (Foulkes 1971, S. 18) unterstützt den Leiter in seinem Bemühen, den Gruppenstart gelingen zu lassen. Manche Dozenten finden aber gerade den Beginn von Veranstaltungen zäh. Sie stören sich daran, dass aus der Gruppe so wenige Teilnehmer auf ihre Fragen antworten. Dieses Schweigen sollten Sie aber nicht gleich als Desinteresse werten. Dahinter verbirgt sich viel mehr die Unsicherheit der Anwesenden in dieser sensiblen Anfangsphase: „Ich sage lieber nichts, bevor ich noch was Falsches oder besonders Dummes sage. Ich möchte mir innerhalb dieser Gruppe nicht selbst schaden." Kurz nach Beginn der Veranstaltung, manchmal schon am Ende der ersten oder in der zweiten Sitzung, trauen sich die ersten Teilnehmer bereits, etwas auszuprobieren. Sie versuchen, innerhalb der Gruppe eine bestimmte Position einzunehmen und diese für sich zu behaupten. In akademischen Gruppen dreht sich in dieser Phase meistens alles um den Wissensabgleich (*Wer weiß hier am meisten?*) und/oder um die Aufmerksamkeit und Anerkennung des Dozenten. Wen kennt der Professor bereits aus anderen Veranstaltungen? Wer gehört einem höheren Semester an? Wer hat schon die Grundlagenliteratur gelesen? Die Beantwortung dieser Fragen gibt den Gruppenmitgliedern Sicherheit und fördert den Zusammenhalt der Gruppe. Wenn die Teilnehmer sich überhaupt noch nicht kennen, wird diese *Sturm- und Drang-Phase* der Gruppenbildung (Haubl 2007, S. 8) erfahrungsgemäß länger dauern und relativ zurückhaltend verlaufen. Sollten sich die (meisten) Teilnehmer dagegen bereits kennen, dann können Sie damit rechnen, dass die Phase der Positionierung innerhalb der Gruppe zwar rascher erfolgt, dafür aber mit heftigeren Machtkämpfen verbunden sein wird.

Auf dem Lehrplan: Annäherungsversuche

In dieser Anfangsphase kommt es sehr darauf an, dass die Gruppe sich ihrer thematischen Aufgabe zuwendet und mit der Arbeit beginnt. Das wird aber erst möglich, wenn jeder einen Platz in der Gruppe gefunden hat und es zu einer gewissen Normierung von Positionen und Umgangsweisen gekommen ist. Als Dozent können Sie den Verlauf dieser Phase günstig beeinflussen, wenn Sie zu einer Kennenlernrunde einladen – wenn sie gerade passt und die Gruppe offen dafür ist. Gönnen Sie Ihren Teilnehmern genug Zeit für die Orientierung in der neuen Gruppe. Eine ganz einfache Form dafür ist das Gespräch in Dreiergruppen. Hier können sich die Studenten über ihre Vorkenntnisse zum Thema der Lehrveranstaltung austauschen und erste Querverbindungen zu ihren anderen Lehrveranstaltungen entdecken. Nach dieser Runde von ca. 15 Minuten kennen die Studenten dann zumindest schon die direkten Sitznachbarn und haben bereits Kontakt zum Thema aufgenommen.

2. Phase: Die Arbeit der Gruppe

Manchmal kommt die Gruppe lange Zeit nicht über diese Phase der Positionskämpfe und des Imponiergehabes hinaus. Sie dreht sich scheinbar nur um sich selbst. Die inneren Querelen reißen nicht ab, einen stabilen Rahmen gibt es nicht und der Zusammenhalt ist so gering, dass die Gruppe jeden Moment auseinander zu fallen scheint. Kompliziert und unangenehm werden die Auseinandersetzungen in Gruppen meistens dann, wenn die eigentliche Aufgabe der Gruppe aus dem Blick geraten ist und auch der Dozent es nicht mehr schafft, der Gruppe ihre thematische Aufgabe in Erinnerung zu rufen. In diesem Fall kann es passieren, dass die Teilnehmer „Grundannahmen" (Bion 2001, S. 106) über den Sinn und Zweck der Gruppe entwickeln, die kaum noch etwas mit den ursprünglichen Gruppenzielen zu tun haben. Diese Grundannahmen können den Arbeitsprozess in dieser Phase erheblich stören, denn sie führen zur Ausprägung von bestimmten Gruppentypen, mit denen Sie dann versuchen dürfen, zu arbeiten.

A. Die „Hotel-Mama"-Gruppe

Haben Sie schon mal eine richtig „brave" Gruppe erlebt? Alle kleben an Ihren Lippen. Jeder passt sich millimetergenau dem Gruppenrahmen an, keiner stört. Niemand will auch nur eine Minute Ihres Seminars verpassen. Und falls trotzdem mal jemand fehlt, entschuldigt er sich anschließend in einer fast devoten Haltung. „Angepasste" Gruppen sind meistens nicht nur schrecklich langweilig, sondern auch ziemlich anstrengend. Denn ständig sind *Sie* in der Bringschuld. Sie müssen permanent etwas Neues liefern, ohne recht zu wissen, ob die Gruppe wirklich etwas von dem aufnimmt, was Sie da zum Besten geben. Problematisch an diesem Gruppenverhalten: Die Teilnehmer verharren in einer Abhängigkeit vom Leiter, die sich auf alle lähmend auswirkt. Weshalb neigen manche Gruppen zu einer solchen Passivität?

Meistens spielt es keine Rolle, wie alt oder wie „reif" die Studenten sind. Unter bestimmten Umständen sind Erwachsene *aller* Altersstufen bereit, sich von einem Leiter abhängig zu machen. Sie gehen dann unbewusst von der Grundannahme aus, „dass die Gruppe zusammengekommen sei, um von einem Führer betreut zu werden, von dem sie Schutz und Nahrung – materielle und geistige – erhält" (Bion 2001, S. 107). Verständlich wird ein solches Verhalten mit dem Blick auf die Hochschule. Hier wird eine hohe Leistungsbereitschaft gefordert. Die „übermächtige" Institution besitzt die Entscheidungsgewalt darüber, wer den Status eines Hochschulabsolventen bekommt und wem er verweigert wird. Durch die Zertifizierungsgewalt rekrutiert sie die Absolventen für spätere Berufe und Positionen in der Gesellschaft. Eine solche Machtposition kann bei Studenten enormen Leistungsdruck, Ängste und das Gefühl der Überforderung auslösen. Der Rückzug unter den Schutz eines mächtigen und versorgenden Leiters ist deshalb psychologisch verständlich.

Das Zitat als Lern-Ersatz

Für das Lernen aber ist persönliche Abhängigkeit Gift. Es geht beim Lernen ja gerade darum, etwas *Eigenes* aus dem Lernstoff zu machen. Manche begreifen ihn aber nur als eine Art schmückendes Attribut des verehrten Lehrers. Das Gelernte können sie später oft nur als Zitat wiedergeben. So gut wie nie wird es zum Teil des eigenen Denkens. Prüflinge, die in dieser Art „gelernt" haben, beginnen ihre Sätze meistens mit der Nennung unangreifbarer Autoritäten: „Wie schon Adorno sagte …", „Für Kant ist das *Ding an sich*…" oder „Habermas nennt das …". Natürlich ist die Kenntnis von Originalzitaten nicht von Nachteil. Wer Zitate kennt, versucht ja zu belegen, dass er sich im jeweiligen Fachdiskurs auskennt. Ob er sich aber eingehend damit beschäftigt hat oder eine persönliche Auseinandersetzung nur simuliert, wird erst dann deutlich, wenn der Prüfling alles Zitathafte ablegen und eine wohlbegründete eigene Einschätzung seines Gegenstands vornehmen kann. Denn dauerhaftes Wissen kann ich als Lernender nur aus dem bilden, was ich von seiner Bedeutung her für mich selbst entdeckt habe. In Studiengruppen, die sich in Abhängigkeit vom Leiter sehen, dreht sich für die Teilnehmer dagegen fast alles darum, irgendwie das Semester zu schaffen, um bloß nicht aus der Gruppe heraus zu fallen. Hier zählen nur der gute Kontakt zum Dozenten und die guten Noten, die examensrelevant sind, weil sie über die berufliche Karriere entscheiden.

Der Arbeitsauftrag der Gruppe ist dabei fast aus dem Blick geraten. Alle Teilnehmer gehen stillschweigend von der Annahme aus, dass die Gruppe nur existiert, damit ihre Sicherheit und ihre Rundum-Versorgung durch den Dozenten bedingungslos garantiert sind. Der Lehrstoff, der vom Dozenten vorbereitet und präsentiert wurde, ist den Teilnehmern eigentlich egal. Obwohl Sie als Hochschullehrer voll im Mittelpunkt der studentischen Aufmerksamkeit stehen, sind Sie als Person für die Gruppe nebensächlich geworden. Sie sollen gefälligst die Rolle spielen, welche die Gruppe Ihnen zuweist.

Wieder mal archetypisch Student!

Apropos Rollenspiel: auf offener Seminarbühne bekommt Ihr Verhalten als Dozent tatsächlich einen vieldeutigen Charakter – auch ganz ohne Ihre Absicht. Als Dozent sind Sie eben nicht nur einfach Lehrer. Sie sind auch Vertreter der mächtigen Organisation Hochschule und damit Projektionsfläche für allerlei Fantasien. Den Abstand zu Ihnen – vom Status und meistens auch vom Alter her – füllen die Studenten schnell mit Idealisierungen oder Befürchtungen.

„Die Frau Dr. Y. ist toll, die weiß einfach alles."

„Der Prof ist richtig nett. Er hat immer Zeit für einen, manchmal erinnert er mich an meinen Opa."

„Wenn ich die Dr. M. sehe, bekomme ich Ausschlag. Die ist genauso zynisch wie meine Schwester."

„Am tollsten finde ich den Dr. R. Der hat Stil und außerdem ist er ein attraktiver Mann."

Wie sich Studenten wohl über *Sie* äußern?

Egal was Sie tun, wie Sie sich kleiden, wie Sie sprechen oder sich bewegen und verhalten – Sie werden bei den Studenten immer Assoziationen und Fantasien auslösen, die mit Ihrer persönlichen Realität meistens wenig zu tun haben. Abstellen lassen sich solche Fantasien nicht. In gewisser Weise sind sie automatisch Nebenprodukt des Lehrbetriebs. Als Lehrer beabsichtigen Sie ja, dass die Studenten ihre bisherigen Lernerfahrungen in Verbindung bringen mit Ihren neuen Lehrimpulsen. Die Studenten sollen sich ihr eigenes Bild vom Lernstoff machen – und natürlich werden sie dabei auch verschiedene Vorstellungen über Sie entwickeln.

Dozenten sind Objekte studentischer Übertragungen

Für Ihre Idealisierung bringen Studenten bereits fertige innere Bilder mit: Sie sind mütterlich, väterlich, brüderlich, ein unnahbarer Star oder ein weiser, gutmütiger Großvater … Mit dem Analyseinstrument des *Szenischen Verstehens* können Sie erfahren, wer *Sie* für Ihre Studenten gerade sind. Behandelt man Sie wie eine Mutter? Oder sehen manche in Ihnen den eigenen Vater? Oder sind Sie eher die Freundin, der Kumpel, die Schwester, …? Diese Formen der Übertragung führen fast immer zu unerwünschten Nebenwirkungen: Als Leiter werden Sie häufig unbewusst dazu verführt, die Ihnen zugedachte Übertragungsrolle tatsächlich auch zu spielen und sich genau so zu verhalten, wie es von Ihnen erwartet wird. Auf einmal trifft sich die Seminargruppe im Wohnzimmer des Professors und nicht mehr im Hörsaal. Und das, obwohl die Arbeitsbeziehung seiner Ansicht nach gar nicht so besonders gut verlaufen war. Die Wünsche von abhängigen Gruppen und Einzelnen sind für Dozenten häufig mit zwiespältigen Gefühlen verbunden. Sie sind sowohl verführerisch als auch unangenehm. Wie kann man sich aus diesem Netz der Abhängigkeit und Übertragungen befreien?

Was war noch mal die Arbeitsaufgabe?

Nicht nur bei den Studenten ist Unbewusstes am Werk. Manchmal senden auch Dozenten Signale an die Gruppe, über die sie sich nicht immer Rechenschaft ablegen können. Zum Filmklischee ist das Bild des nach Anerkennung lechzenden Professors geworden, der dem jugendlichen Charme einer Studentin erliegt. Dramatisch kann es werden, wenn diese Wünsche und Fantasien tatsächlich ausgelebt werden, wenn also die Idealisierung in einer realen Affäre endet. Oder – etwas weniger dramatisch – wenn der Dozent irgendwann zugeben muss, dass er doch nicht allwissend ist. Übertragungen lassen sich meistens dadurch entlarven, dass die Aussage des Gesprächspartners hinterfragt wird. Indem Sie Idealisierungen und Übertragungen ansprechen, führen Sie die Gruppe zur Arbeitsaufgabe zurück:

> „Wie kommen sie darauf, dass ich alles weiß? Bitte recherchieren Sie auch selbst."

> „Ich bin zwar nett, muss sie am Ende des Semesters aber doch prüfen."

> „Weshalb reagieren sie mir gegenüber eigentlich so feindselig? Wie können Sie zur Arbeitsaufgabe zurückfinden?"

Zwar gehört die hierarchische Struktur zum System des Lehrbetriebs. Und auch die Macht des Lehrers in Hochschulgruppen kann nicht so einfach aufgehoben werden, denn der Dozent hat Aufgaben, Rechte und Pflichten, die nur ihm vorbehalten sind. Trotzdem bedeutet das aber nicht, dass Lerngruppen in Passivität verfallen müssen. Im Gegenteil. Sobald ein Dozent seine versorgende Haltung aufgibt, wird er beobachten können, dass die Gruppe sich auch selbst versorgen kann. Sie wird ihre Aufgabe finden und ihre Ziele erreichen, wenn sie von Ihnen in ihrer Selbstständigkeit gefördert wird.

B. Die „Kampf-Flucht"-Gruppe

Montag, 10.15 Uhr, Raum 1305. Wie an jedem Montag üblich, sind auch heute alle Plätze besetzt. Der Dozent betritt den Raum und projiziert die feindliche Aufstellung an die Wand. Wie lange halten wir heute stand? Bis Punkt 3 oder sogar 5 der Gliederung? Wie ein General führt er die Hörer auf das schwierige Terrain. Nach 60 Minu-

3. TEIL: LEHREN MIT DER GRUPPE

ten die ersten Verluste. Kommilitonen verlassen das Feld. Eigentlich könnte ich jetzt auch gehen, kapiere schon lange nichts mehr. Ich halte aber noch aus. So schnell lasse ich mich nicht unterkriegen. Da, das erlösende Signal zum Rückzug. Schnell zurück in die alten Gräben. Ruhe bis nächsten Montag.

Sollten sich die Studenten in der Arbeitsphase mehrheitlich von der Lehrveranstaltung überfordert fühlen, kann die Gruppe schnell zu der Ansicht gelangen, es sei ihre vorrangige Aufgabe, gegen etwas zu kämpfen (Bion 2001, S. 111). Wenn es der Dozent dann auch noch an einer „versorgenden" Grundhaltung vermissen lässt, bilden sich die Umgangsformen einer „Kampf-Flucht"-Gruppe aus. Der „Gegner" muss nicht automatisch der Leiter sein. Aber er trägt zu einem „Kampf-Flucht"-Verhalten der Teilnehmer bei. Schon allein deshalb, weil er es ja zulässt, dass Anforderungen in die Gruppe kommen, die das Gefühl der Überforderung auslösen. Dagegen wehrt sich die Gruppe eben durch Kampf (sie streitet sich mit dem Dozenten) oder Rückzug (sie beteiligt sich nicht aktiv, Teilnehmer bleiben der Veranstaltung fern). Kämpfe können aber auch zwischen den Gruppenmitgliedern ausbrechen:

Der Lehrbeauftragte sitzt im Büro und nippt an einem Kaffeebecher, als sein Blick auf die Uhr fällt. Oh je, in 10 Minuten beginnt das Kolloquium, in dem die Examenskandidaten ihre Masterarbeiten besprechen. Auf diese Veranstaltung hat er seit einiger Zeit überhaupt keine Lust mehr. Zu Beginn des Semesters war es noch spannend gewesen, die Studenten bei den ersten Schritten ihres Schreibprozesses zu unterstützen. Dann aber hatten einige versucht, sich mit ihren Projekten in der Gruppe zu profilieren. Es war zu heftigen Diskussionen und richtigen Wortgefechten untereinander gekommen. Seitdem werden die Kandidaten, die ihr Projekt vor der Gruppe präsentieren, im Plenum regelrecht fertig gemacht. Manche verlassen sogar unter Tränen den Raum. In der folgenden Sitzung drehen sie den Spieß dann um: Wer die Woche zuvor niedergemacht worden war, mutiert diesmal zum Scharfrichter für die anderen, die nun ihrerseits mit einer Präsentation an der Reihe sind. Keine Frage, der Lehrbeauftragte fühlt sich in dieser Gruppe nicht wohl. Eigenartig ist für ihn nur, dass sich die Gruppe, als er davon sprach, das Seminar wegen der persönlichen Spannungen abzubrechen, vehement gegen eine Auflösung wehrte. Alle wollten unbedingt weiter machen. Also schön, auf in den Kampf.

Es ist schon erstaunlich, dass ausgerechnet die Gruppen, in denen oft die Fetzen fliegen, fast immer sehr stabil sind und über lange Zeit bestehen bleiben. Die Teilnehmer hassen sich, aber sie brauchen einander auch irgendwie. Deshalb kommt es im Gruppenverlauf zu einer sich ständig wiederholenden Kampf-Flucht-Bewegung. Warum der ständige Streit? Erfahrungsgemäß ist es weniger die aufgestaute Aggression, die sich Woche für Woche entlädt. Es geht bei den Auseinandersetzungen vielmehr um einen Kampf um Anerkennung und Nähe. Im obigen Beispiel hat die Gruppe für die einzelnen Teilnehmer vermutlich eine sehr große Bedeutung. Jeder arbeitet tagelang alleine am Schreibtisch vor sich hin, bis er dann nach einigen Wochen die Ergebnisse seiner Arbeit in der Gruppe vorstellen kann. Endlich kann der Masterkandidat mit Fachkollegen, die sein Thema verstehen, über sein Projekt sprechen und von ihnen Hilfestellung bekommen. Die fachliche Kompetenz der Gruppe wird dringend benötigt, folglich sind die Erwartungen an sie auch sehr hoch. Dann aber kommt die Ernüchterung in Gestalt von heftigen Verrissen. Der Referent fühlt sich missverstanden. Die Anforderungen, die von den beiden Kampfparteien an wissenschaftliche Abschlussarbeiten gestellt werden, wachsen im Laufe der Diskussion urplötzlich ins Unendliche und werden unerreichbar. Die Fantasie ist mit beiden durchgegangen. Die Folge: Rückzug des Referenten. Lieber will er wieder alleine am Schreibtisch sitzen. Und Rachepläne schmieden.

Auf in den Kampf – und weg vom Lernziel

In „Kampf-Flucht"-Gruppen werden Sie bei den Teilnehmern häufig eine Spannung zwischen Nähe und Distanz erleben können. Sie stehen irgendwie „unter Strom". Ihr ambivalentes Verhalten legt die Schlussfolgerung nahe, dass sie einerseits die Gruppe brauchen, andererseits aber auf keinen Fall ihre eigene Individualität aufgeben wollen. Dieses Dilemma wächst sich schnell zu einem Lernhindernis aus, denn in „Kampf-Flucht"-Gruppen wird von den Teilnehmern immer das Gefühl zurückgehalten, das dem aktuellen Gruppenimpuls entgegensteht. Das heißt: Arbeitet die Gruppe für kurze Zeit im Plenum gut miteinander, dann nur deshalb, weil die Teilnehmer ihren Fluchtimpuls unterdrücken, mit dem sie sonst gegenüber der Gruppe ihre

Eigenständigkeit signalisieren und bewahren. Diesem Druck halten die Teilnehmer aber nicht lange stand. Es kommt wieder zu Auseinandersetzungen und schließlich zur Flucht. Dann ist der Einzelne endlich wieder allein, muss sich aber irgendwann eingestehen, dass er die Gruppe ja doch irgendwie braucht.

In „Kampf-Flucht"-Gruppen ist es den Studenten nahezu unmöglich, die eigene Meinung oder ein spezielles Fachwissen einzubringen, das die Gesamtgruppe bei der Problemlösung weiterbringen würde. Entweder befinden sich Einzelne auf der Flucht und sind von der Gruppe abgetrennt oder die Befürchtung, dass durch die Markierung eigener Positionen wieder Konflikte auftreten könnten, lähmt den offenen Austausch.

Wo die Aufmerksamkeit so stark auf den Kämpfen der Teilnehmer liegt, ist die Arbeitsaufgabe aus dem Blick geraten. Das Master-Kolloquium im obigen Beispiel hatte ganz sicher nicht zum Ziel, die Beiträge der Kommilitonen gnadenlos abzuwatschen. Ein „Verriss" ist höchstens dem Abschlussgutachten des Dozenten vorbehalten. Wahrscheinlich ging es in der ursprünglichen Arbeitsvereinbarung darum, den Schreibprozess der Einzelnen in der Gruppe zu unterstützen. Nun liegt es am Gruppenleiter, die Gruppe an ihre ursprüngliche Arbeitsaufgabe zu erinnern, damit sie Kampf und Flucht hinter sich lässt und ihre Arbeit zielgerichtet wieder aufnimmt.

Stabile Gruppen sind belastbar

Eine erfolgreiche Gruppe ist mit einem großen Container vergleichbar (Hetzel 2001, S. 135). Der hat nicht nur eine Transportfunktion, sondern ist auch ein Schutzraum für das, was sich in seinem Inneren befindet. Mit ihrem Rahmen und ihren Strukturen bilden Gruppen einen solchen Schutzraum für die produktiven Prozesse, die sich in ihnen abspielen. Was auch immer von außen auf eine Gruppe einstürmt – hohe Studienanforderungen, Reformen an den Hochschulen, unsichere Arbeitsmarktperspektiven etc. –, Ihre Aufgabe als Dozent besteht vor allem im Stabilisieren. Die Gruppe benötigt einen Rahmen der Zuverlässigkeit und Beständigkeit, damit in ihr gelernt werden kann. Für die notwendige Stabilität können Sie sorgen, indem Sie Sicherheit vermitteln: Niemand ist perfekt; alle sind hier, um sich zu entwickeln und zu wachsen; niemand wird aus der Gruppe entfernt, weil er gerade überfordert ist. Weisen Sie immer wieder darauf hin, dass in der Gruppe genug Platz für jeden Einzelnen mit seinen Besonderheiten ist und achten Sie darauf, dass niemand in der Gruppe von anderen verletzt wird.

Hat der Gruppenrahmen eine gewisse Stabilität erreicht, können innerhalb der Gruppe Spannungen und Irritationen direkt bearbeitet werden. Auch hierbei können Sie als Leiter die Gruppe effektiv nutzen. Sie ist nämlich nicht bloß ein leerer Schutzraum, sondern enthält einen sehr effektiven Reaktor. Was in der Gruppe geäußert wird, verändert sich durch die Reaktion der Gruppe. Etwas Unverstandenes kann durch die Beiträge in der Gruppe einem neuen Verständnis weichen. Fehlerhafte Annahmen und Aussagen haben hier ihren Platz, um korrigiert zu werden. Und allzu simpel dargestellte Zusammenhänge werden durch die Lehr-Lern-Reaktionen differenziert.

C   Die „Rosa-Wolke"-Gruppe

Dieser Gruppentyp verwendet eine andere Strategie, um sich von der Arbeitsaufgabe fern zu halten. Die „Rosa-Wolke"-Gruppe setzt ganz auf die Erfüllung ihrer Aufgabe – allerdings erst in der Zukunft. Dabei plant sie aber nicht mit dem Einsatz eigener Arbeit, sondern hofft auf die utopische Erfüllung der Aufgabe durch einen wundersamen Akt. Es wird schon alles von selbst klappen, warum also noch hart arbeiten?

Endgültig angekommen auf der rosa Wolke sind Gruppen, in denen es in größerem Umfang zu Paarbildungen kommt (Bion 2001, S. 109). Wenn sich in einer Arbeitsgruppe zwei Personen näher kommen, ist das Thema der Lehrveranstaltung nur noch halb so interessant. Obwohl die Arbeitseffizienz und Zielorientierung einer Gruppe eigentlich gefährdet ist, sobald sich in ihr eine Fraktion bildet, werden Paare von allen meistens sehr wohlwollend behandelt. Besonders dann, wenn es sich um Liebespaare handelt. Auch vom Leiter. Die Grundannahme: „Da mögen sich zwei, die sind bestimmt zärtlich zueinander und lieben sich …" ist für alle so faszinierend, dass die Gruppe dadurch belebt und aktiviert wird – leider nur in eine völlig falsche Richtung. Aktiv werden solche Gruppen selten im Hinblick auf die rasche Erfüllung der gestellten Aufgabe. Im Gegenteil: Diese ist gar nicht mehr so wichtig, angesichts des Glücks, das durch die Liebe Einzug ins Seminar hält.

Paare in Versuchung

Wenn sich in einer Arbeitsgruppe tatsächlich eine Liebesbeziehung ergeben hat, liefert dies meist den Stoff für weitergehende Projektionen. Welche fabelhaften Zukunftsaussichten ergeben sich nun auf einmal? „Die verstehen sich, da entwickelt sich doch etwas ... Sie mögen sich, da entsteht etwas Neues, vielleicht sogar ein Kind ..." Wie kann die Gruppe jetzt zu ihrer eigentlichen Arbeit zurückkehren? Vielleicht überhaupt nicht – wenn der Dozent ihr nicht hilft.

Paarfantasien, die in einer Gruppe zirkulieren, fördern unterschwellig die Ausprägung einer kollektiven Utopie: „Uns erwartet eine bessere Zukunft." Allerdings langt diesen Gruppen bereits die Utopie. Sie werden sich für das Erreichen dieses Ziel nicht besonders einsetzen. Ein Gruppenleiter, der nicht völlig eins geworden ist mit dieser Gruppe und sich einen Rest an Differenz bewahrt hat, kann die unrealistischen Erwartungen bezüglich der Erreichung des Ziels durchschauen. Er sollte sie unbedingt einer schonungslosen Realitätsprüfung unterziehen: Wo wird die Gruppe am Ende des Semesters stehen, wenn sie so weitermacht wie bisher? Menschen sind zwar schnell gekränkt, wenn man ihnen ihre Utopien nimmt. „Rosa-Wolke"-Gruppen aber sind sehr darauf bedacht, dass die Gruppe weiter besteht. Deshalb brechen sie nicht so leicht auseinander, wenn man ihre Illusionen in Frage stellt.

Die effektive Arbeitsgruppe

Eine Gruppe, die effektiv arbeitet, erkennen Sie an folgenden Merkmalen:

*   sie versteht es, sich relativ selbstständig mit konkreten Inhalten zu beschäftigen,
*   sie kämpft nicht ohne Not gegen den Leiter oder einzelne Teilnehmer an,
*   sie befasst sich nicht allzu sehr mit Fantasien über ihre Mitglieder.
*   sie beschäftigt sich gerne mit ihren Arbeitsaufgaben.

Zu diesem Kriterienkatalog gesellt sich noch ein weiterer Punkt:

*   der effizienten Arbeitsgruppe gelingt ein Gedankenaustausch, bei dem durch die Teilnehmer und den Leiter viel von dem bekannt gemacht wird, was vorher unbekannt war.

Diese These lässt sich am Modell des *Johari-Fensters* anschaulich erläutern.

Die beiden Sozialpsychologen Joseph Luft und Harry Ingham behaupteten 1955, dass es in der Kommunikation vier von einander unterscheidbare Bewusstseinsbereiche gibt (Luft/Ingham 1955). Ihre Überlegungen übertrugen sie in ein fensterförmiges Schaubild mit vier „Feldern".

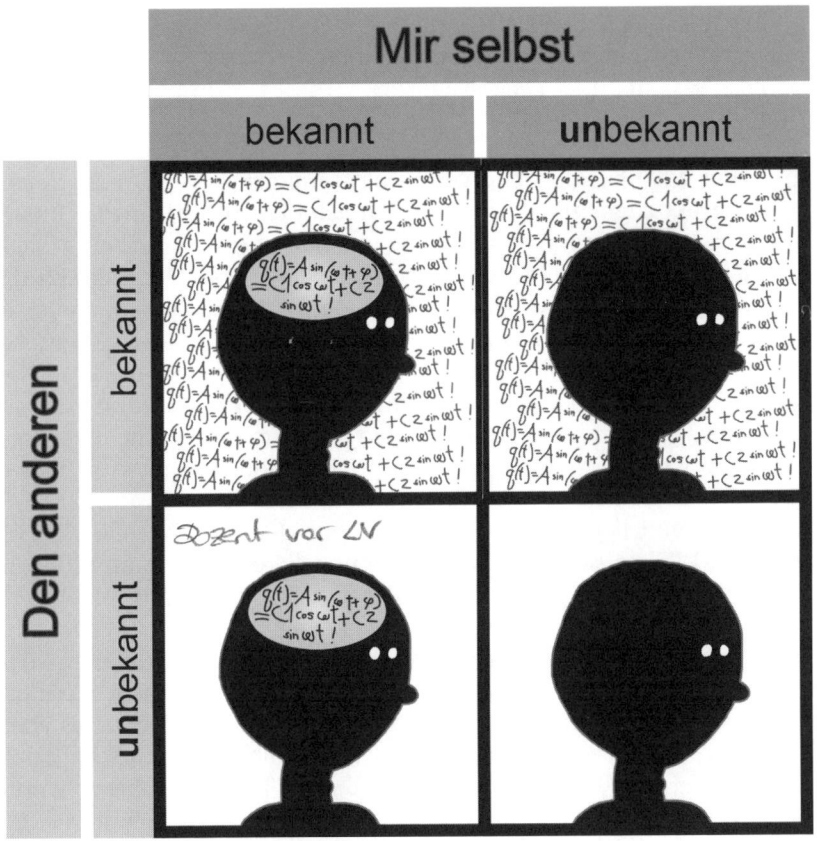

Die links unten abgebildete Person könnte Sie als Dozent darstellen. Sie zeigt Ihren Bewusstseinsbereich unmittelbar vor Beginn Ihrer Lehrveranstaltung: Sie haben viele Gedanken im Kopf, die Sie der

Lerngruppe noch nicht mitgeteilt haben; was Ihnen bekannt ist, kennen die anderen noch nicht. Indem Sie nun über den Stoff sprechen, werden Ihre Gedanken auch den Studenten bekannt: Ihr Bewusstseinsstand und derjenige der Gruppe hat sich verändert (links oben). In einer erfolgreichen Arbeitsgruppe wächst dieser Bereich des *Johari-Fensters* im Laufe des Lehr-Lern-Prozesses. Die Studenten machen sich zu Ihrem Beitrag aber auch ihre eigenen Gedanken, von denen Sie als Dozent zunächst nichts wissen (rechts oben). Weil Sie aber den Studenten Gelegenheit geben, ihr Denken in Worte zu fassen, verringert sich dieser Bereich im Verlauf des Seminars zugunsten des gemeinsam bekannten Wissens (Antons 1992, S. 111).

Das Unbewusste lernt mit

Eines der vier oben abgebildeten Felder ist meistens keinem der Beteiligten direkt zugänglich. Es ist der Bereich dessen, was sowohl Ihnen als auch den anderen in der Gruppe unbekannt ist. Dazu zählt vor allem die Summe der Lebenserfahrungen aller Anwesenden. Dies klingt zunächst nach einem abstrakten Inhalt, der im Moment keine Rolle zu spielen scheint und an den zurzeit niemand denkt. Der gelungene Austausch über ein Thema bedient sich aber aus genau diesem Wissensreservoir und holt Elemente ins Bewusstsein, die zur Situation oder zum Thema passen. Dort werden sie dann mit den neuen Informationen verknüpft. In diesem Feld des Schaubilds befindet sich aber auch das Unbewusste, das am Rande unserer Gewahrwerdung und jenseits davon liegt und sich oft dem direkten sprachlichen Zugriff entzieht. Weil es sich nicht rational kontrollieren lässt, kann es Unsicherheit auslösen. Für Wissenschaftler ist das Unbewusste ein Ärgernis. Mitten im Vortrag schleicht sich zum Beispiel ein Versprecher ein, der wie die Faust aufs Auge passt, genau das Gegenteil dessen ausdrückt, was man sagen wollte, und die Gruppe zum Lachen bringt. Gerade weil unser Unbewusstes nicht zu kontrollieren ist, hat es aber für unser Denken einen hohen Wert. Es stellt nicht nur den Schatz unserer Erfahrungen dar, es birgt auch unsere Intuition. Dieses vierte Feld des *Johari-Fensters* markiert das Unbewusste als Schnittmenge zwischen den anderen der Gruppe und der Einzelperson. Auch unbewusst nimmt die Gruppe miteinander Kontakt auf. Dadurch bildet sich das gemeinsame Unbewusste, die Gruppenmatrix (Foulkes 1971, S. 19), die sich dynamisch auf den Gruppenverlauf auswirkt und zu der jedes Gruppenmitglied Kontakt hat. Ihre Gegenwärtigkeit wird in

Situationen deutlich, die merkwürdig übermotiviert erscheinen. Bei der Diskussion eines speziellen Sachverhalts, zum Beispiel bei einer Textinterpretation, kommt urplötzlich mit aller Heftigkeit eine Diskussion auf, die vorher nicht abzusehen war. Mit einem Mal geraten zwei oder mehr Hitzköpfe aneinander und Positionen, die unvereinbar scheinen, prallen mit aller Härte aufeinander. Die Teilnehmer arbeiten sich in solchen Momenten aneinander ab. So unschön solche Szenen sein mögen, für das Lernen und die Bewusstseinsbildung sind sie sehr fruchtbar, weil es in der Auseinandersetzung um das Thema der Lehrveranstaltung geht. In einer solchen Situation besteht die Aufgabe des Dozenten darin, auf die Einhaltung der Rahmenbedingungen zu achten (z.B. keine persönlichen Angriffe, Höflichkeit wahren, Zeitrahmen einhalten). Indem der Dozent darauf hinweist, dass der Grund des Konflikts in der Sache liegt, beruhigen sich häufig auch die Gemüter. Die eingeschüchterte Gruppe kann in dem Streit womöglich unterschiedliche Fachpositionen erkennen und so von dem Konflikt profitieren.

3. Phase: Das Ende der Gruppe

Sobald die letzten Wochen eines Semesters angebrochen sind, lichten sich in den Hörsälen die Reihen. Anstatt angemessen zu enden, laufen die meisten Veranstaltungen *irgendwie* aus. Natürlich gibt es äußere Gründe für diesen Zerfall. Vor allem die anstehenden Klausuren zwingen die Studenten dazu, die „erlaubten" Fehlzeiten in Anspruch zu nehmen. Viele Dozenten reagieren darauf mit Verständnis und planen für die letzten Sitzungen keinen neuen Stoff mehr ein. Stattdessen vertiefen sie einzelne Themen, die im Semester zu kurz gekommen waren oder sie lassen die Sitzungen gleich ganz ausfallen.

Ganz häufig sind insbesondere solche Gruppen von dieser Semesterdecadence befallen, die sich bisher durch hohe Verbindlichkeit und einen guten Zusammenhalt ausgezeichnet hatten. Warum haben Gruppen ein Problem mit dem Schluss? Meistens liegt die Ursache dafür in einer Angst vor dem Ende, das unterschwellig als *Tod der Gruppe* empfunden wird. Um ihn zu umgehen, versuchen viele Teilnehmer, den Abschied durch einen vorzeitigen Ausstieg zu vermeiden. Wer aber die Gruppe zu früh verlässt, übersieht meistens, dass er den Gruppenrahmen gefährdet und aufhört, mit den anderen zusammen an der gemeinsamen Aufgabe zu arbeiten.

Die richtige Form für starke Gefühle finden

Nicht selten herrscht in den letzten Seminarsitzungen eine melancholische Stimmung. Um das Ende herauszuzögern, verabreden sich Studenten untereinander und auch die Anmeldungen zur Sprechstunde steigen sprunghaft an. Dass wissenschaftliche Seminare von unterschwelligen Emotionen dieser Art geprägt sein können, liegt wohl daran, dass die Teilnehmer sich von einem vertrauten Umfeld und von gelungenen Arbeitsprozessen verabschieden müssen. Sie geben etwas auf, was ihnen fachliche oder sogar persönliche Stabilität verliehen hat (nicht zuletzt auch die vertraute Umgebung ihrer Sitznachbarn). Trauer über Verlust und Vergänglichkeit ist eine angemessene menschliche Reaktion und sie hat auch am Ende eines Gruppenprozesses ihren Platz, denn schließlich ist ja im Laufe des Seminars etwas Wichtiges geschehen. Mit der bewussten Gestaltung ihres Endes sind Gruppen aber meistens überfordert. Als Dozent und Gruppenleiter fällt Ihnen nun eine große Verantwortung zu. Helfen Sie der Gruppe, den Arbeitsprozess gut zu beenden.

Das Lernen geht weiter

Es könnte für Ihre Lerngruppe schon eine Hilfe sein, wenn Sie das Gefühlschaos einfach nur aushalten. Das ist die Voraussetzung dafür, dass die Studenten ihre auf den Abschied eingeschränkte Perspektive wieder erweitern. Denn bei aller Abschiedsstimmung bleibt für Ihre Teilnehmer ja auch etwas Positives zurück. Machen Sie deutlich, dass das Gruppenende kein Abbruch ist und folglich auch keine Katastrophe darstellt. Wenn sich zum Bewusstsein des Gruppenendes auch der Blick auf den fachlichen Gewinn gesellt, kann dies zu einem Ende führen, das befreit und zwar gleich in doppelter Hinsicht. Erstens, weil das Ziel der Veranstaltung erreicht worden ist, die Aufgabe erfüllt werden konnte und die Arbeit damit getan ist. Und zweitens, weil Zeit und persönliche Kapazitäten mit einem Schlag frei werden für neue Lern- und Gruppenprozesse.

Es lohnt sich, wenn Sie als Gruppenleiter dafür sorgen, dass der Rahmen Ihrer Veranstaltung möglichst bis zum Schluss eingehalten wird. Dadurch bleibt die Erfüllung der Gruppenaufgabe im Zentrum des Geschehens und der Lernprozess kann zu einem guten Ende gebracht werden. Die Gruppe wird sich davon überzeugen können, dass sie das Ziel tatsächlich erreicht hat. Ist die Gruppe an diesen Punkt gelangt, sollten Sie als Dozent noch einmal die Gelegenheit nutzen, Ihre Teilnehmer auf den Lerngewinn hinzuweisen und darauf, dass sich das Gelernte auch ohne die Gruppe weiterentwickeln kann. Wo bisher noch die Gruppe und der Leiter helfen konnten, übernehmen die Studenten nun selbst Verantwortung.

Oft ist die letzte Lehrveranstaltung nicht gleichbedeutend mit dem Lern-Ende Ihrer Studenten. Auf die nun anstehenden Klausuren müssen sie sich alleine vorbereiten und auch die Schriftfassung der Referate geschieht nicht von selbst. Bedauerlicherweise enden die meisten Seminare mit Isolationserfahrungen: mit einer Prüfung, durch die sich der Student alleine durchschlagen musste. Darauf reagieren manche Dozenten und bieten in einer der letzten Sitzungen eine Vorbesprechung für die anstehenden Klausuren oder mündlichen Prüfungen an. Sie wollen Ihren Studenten noch etwas mit auf den Weg geben.

Das vermiedene Ende

„Moment mal! War das schon alles? Wir haben doch nur die Hälfte des Stoffs durchgenommen!? Hier weiß doch niemand richtig Bescheid, das Thema ist noch gar nicht ausgeschöpft. Die Seminargruppe hat ihre Aufgaben erfüllt? Da kann ich ja nur lachen. Das war die schlechteste Veranstaltung, die ich je an dieser Hochschule erlebt habe ...“

So kann das Ende einer Lehrveranstaltung auch aussehen. Zumindest in der spontan geäußerten Wahrnehmung eines Teilnehmers. Der Mechanismus einer solchen Reaktion ist deutlich: Indem er die Erfüllung der Gruppenaufgabe anzweifelt und das Seminar abwertet, versucht der Student, das Ende der Gruppe für sich erträglich zu gestalten. Gleichzeitig schwingt in der obigen Äußerung heftige Kritik an der Gruppe mit: Sie ist so schlecht, sie hat keinen Wert, eigentlich ist sie schon lange am Ende. Und weil das so ist, kann jetzt auch tatsächlich das Ende kommen und es gibt auch keinen Grund, zu trauern.

Es gibt aber auch Gruppen, in denen die Teilnehmer kurz vor Schluss noch einmal so richtig aufdrehen. Sie sind zu jeder Sitzung perfekt vorbereitet, die Diskussionen werden noch einmal richtig spannend und als Dozent spürt man, dass jeder die verbleibende Zeit voll auskosten möchte. Wenn es nur so weitergehen könnte.

Häufig wird am Ende der Wunsch geäußert, die Gruppe solle sich doch weiterhin treffen. Eine solche Anfrage kommt für den Dozenten meistens überraschend und er ist sich unsicher, wie er darauf reagieren soll. Denn eigentlich stehen schon neue Verpflichtungen an, die Zeit ist sowieso knapp und in der ursprünglichen Planung war eine Fortsetzung nicht vorgesehen. Aber wenn das Interesse so groß ist, warum nicht? Eine solche Anfrage ist meistens ein weiterer Versuch, das Ende der Gruppe zu vermeiden, indem man es hinauszögert. Ob das der Wunsch der *ganzen* Gruppe ist, lässt sich nur schwer feststellen, weil sich in der emotional sehr dichten Stimmung des anstehenden Abschieds kaum jemand offen gegen weitere Treffen aussprechen würde. Genauso ungeklärt sind dann natürlich auch noch die Folgefragen: Werden sich so einfach weitere Termine finden lassen und werden dann überhaupt alle zu den Sitzungen kommen? In der Schwebe all dieser Fragen besteht die Gefahr, dass die Gruppe gerade durch diese Erwägungen kein angemessenes Ende findet. Eine Fortführung der Gruppe über ihren vereinbarten Zeitrahmen hinaus sollte sorgfältig geplant und verbindlich abgesprochen werden, auch was die dann zu behandelnden Themen betrifft.

5. Die drei Leitungsaufgaben und der „Lehr-Lern-Vertrag"

Wir haben die drei wichtigsten Leitungsaufgaben eines Gruppenleiters und Hochschullehrers beschrieben. Bei jeder dieser Aufgaben stellte sich heraus, dass sie zugleich auch eine Aufgabe der Gruppe ist. Auch die Gruppe muss sich um ihre *Ziele* bemühen, den gemeinsamen *Rahmen* gestalten und die *Kommunikation* weiterführen. Der Leiter unterstützt sie dabei. Für eine Gruppe und ihren Leiter ist es hilfreich, wenn zu Beginn des Prozesses eine Vereinbarung zu diesen drei Punkten getroffen wird. Diese Vereinbarung, von uns *Lehr-Lern-Vertrag* genannt, enthält zunächst die Punkte, die vorgegeben und nicht verhandelbar sind (z.B. Raum und Uhrzeit), die Sie auf Nachfrage aber begründen können sollten. Andere Punkte, wie zum Beispiel die Ziele der Veranstaltung, werden durch Wünsche der Studenten ergänzt. Meistens reicht es völlig aus, diesen Lehr-Lern-Vertrag mündlich zu vereinbaren und von den Teilnehmern im Plenum „abnicken" zu lassen. Wenn es Ihnen notwendig erscheint, kann er aber auch in schriftlicher Form (und mit Unterschrift der Teilnehmer) verfasst werden. Der Nutzen des Kontrakts besteht darin, dass die Studenten sich ernst genommen fühlen, dass sie Verantwortung für die Ziele, den Rahmen sowie den Umgang miteinander übernehmen. Nicht zuletzt geht es darum, dass durch diese Vereinbarung eine Struktur gebildet wird, die den Einstieg in den Lernprozess erleichtert.

Was aber gehört konkret in den Lehr-Lern-Vertrag? Hier ein Muster, wie die Vereinbarung aussehen könnte.

Lehr-Lern-Vertrag

A Ziele

Die Ziele dieser Seminargruppe sind:
(Die vorgegebenen Lehrziele und die Lernziele der Studierenden)

Sie sollen auf folgendem Weg erreicht werden:
(Etappenziele, zusätzliche Übungen, E-learning, Referate ...)

Folgende Leistungsnachweise sollen das erfolgreiche Erreichen des Ziels dokumentieren:
(Hausarbeit, Präsentation, Portfolio, Klausur, mündliche Prüfung, ...)

B Rahmen

Die Gruppe trifft sich: (Ort und Zeit)

Vereinbarungen für die verbindliche Teilnahme: (Pünktlichkeit, Fehlzeiten und Regelungen für Absagen)

Weitere Vereinbarungen: (Mobiltelefon, Internet, Pausen, ...)

C Kommunikation

Störungen, welche die Kommunikation in der Gruppe oder den Lernerfolg beeinträchtigen können, werden möglichst sofort angesprochen.

Jeder Teilnehmer achtet auf seinen Lernerfolg und auf die Ziele der Gruppe.

Der Dozent ist ansprechbar zu folgenden Zeiten und mit folgenden Kontaktdaten: (Sprechstunden, Chat, E-Mail, Telefon)

Weitere Vereinbarungen:
(Ehrlichkeitsvereinbarung, Selbstverpflichtung zum gewissenhaften Umgang mit Quellen, ...)

4. Teil
Lehren mit der passenden Methode

1. Lehren – aber wie?

Auf welchem Weg kann ich als Dozent mein Ziel schnell und unkompliziert erreichen? Für viele Neulinge im Lehrbetrieb ist die Frage nach den richtigen Methoden die Hauptfrage. Aber so einfach ist sie nicht zu beantworten. Meistens gibt es mehrere, ganz unterschiedliche Wege und deshalb müsste die Frage anders lauten: Welchen Weg wollen Sie gehen? Erst dann, wenn die angemessene Untersuchungsmethode, der einfachste Rechenweg oder das passende Argumentationsmuster gefunden worden ist, hat der Wissenschaftler das Ziel vor Augen. *Methodenkompetenz* ist eine besondere Fähigkeit, die erfahrene Fachleute auszeichnet – nicht nur an den Hochschulen.

Allerdings verfügt die Hochschullehre über keinen unerschöpflichen Pool an Instant-Methoden und Gebrauchsanweisungen, die man sich mal eben schnell anlesen kann, um sie dann (publikums)wirksam anzuwenden. Der Didaktikprofessor Hans Glöckel meint dazu: „Es gibt nicht die eine, es gibt aber auch nicht jede beliebige, es gibt die jeweils angemessene Methode und man muss viel wissen, um sie zu finden" (Glöckel 2003, S. 141). Passende Methoden liegen also nicht griffbereit vor, sie müssen gesucht und gefunden werden. Das Finden aber ist keine Angelegenheit, die man dem Zufall überlassen muss. Wer genau weiß, was er sucht und wo sich das Suchen lohnt, wird die passende Methode schneller finden.

Ihr Vorwissen aus den ersten drei Kapiteln wird Ihnen bei dieser Suche helfen. Denn eine angemessene Lehrmethode muss den Lernprozess voranbringen, die Kontakte innerhalb des Lehr-Lern-Dreiecks unterstützen und gegebenenfalls für die Arbeit mit Gruppen geeignet sein. Wenn Sie bei Ihrer Suche systematisch vorgehen wollen, sollten Sie sich an den vier Arbeitsschritten orientieren, die ein Dozent von der Planung bis zur Durchführung einer Lehrveranstaltung durchlaufen wird.

Grobe Planung: Auswahl der geeigneten Lehrformen
Semesterplanung: Zusammenstellung eines Curriculums
Durchführung: Gestaltung einer Lehrveranstaltung
Reflexion: Sicherung des Erfolgs

Mit Hilfe dieser vier Schritte kann die Diskussion über die Lehrmethoden mehr Systematik bekommen. Das erscheint uns dringend notwendig, denn der Begriff „Lehrmethode" ist nicht klar definiert. Eine Powerpointpräsentation wird von vielen Dozenten ebenso als Methode bezeichnet wie eine Übungsaufgabe, ein Projekt oder eine besondere Form der Gruppenarbeit.

Bei der Durchführung jedes dieser vier Schritte schlagen wir Ihnen eine Reihe konkreter Methoden vor, die wir hier aber nur kurz beschreiben möchten. Uns liegt daran, dass Sie eine erste Vorstellung davon bekommen, welche Methoden im jeweiligen Arbeitsschritt Ihre Lehre verbessern können. Für den Fall, dass Sie sich mit einer Methode intensiver beschäftigen möchten und eine genauere Beschreibung benötigen, verweisen wir auf Methodensammlungen, in denen die Lehrmethode ausführlicher dargestellt ist.

Ganz im Sinne unseres Modells des Lehr-Lern-Dreiecks sind Lehrmethoden immer auch *Lern*methoden. Durch die Art und Weise wie Sie in Ihrem Fachgebiet lehren, geben Sie Ihren Studenten eine Form vor, mit deren Hilfe sie mit den Lehr-Themen in Kontakt kommen und sie anwenden können. Die Studenten lernen also nicht nur die Fakten, sondern auch die Methoden des Umgangs mit den präsentierten Fakten. Methodenreichtum ist für die Hochschullehre immer ein Gewinn. Denn mit ihm ist auch eine Vielfalt von Zugängen und Lernwegen verbunden.

2. Grobe Planung: Auswahl der geeigneten Lehrformen

„So saß nun auch unser junger Mann eines Tages voller Neugier im Hörsaal VI und wartete auf ‚ihn'. Man musste schon lange vorher da sein, um überhaupt einen Sitzplatz zu bekommen. Pünktlich um 10.15 Uhr verstummte der brechend voll besetzte Saal und verwandelte sich in die andächtige Stille einer Kathedrale. Er kam. Von den Sitzplätzen aus kaum wahrnehmbar, denn TWA war von kleiner Statur. Erst als er das Podest bestieg, das ihm nun für die nächsten anderthalb Stunden gehörte, konnte man ihn sehen. Der liebevolle Spitzname ‚Teddy' war mehr als eine saloppe Abkürzung für Theodor. TWA hatte auch die Statur eines ‚Teddies'. Klein, rund, fröhlich lächelnd und zugleich respekterheischend. TWA kam nie alleine. Er hatte stets dieselbe Gruppe von Personen um sich. Eine Art emotionaler Personenschutz. Voran der Assistent mit dem Tonbandgerät, das jede Vorlesung aufzeichnete. Zur Seite ‚Gretel', seine Ehefrau, und zuweilen mit leichtem Abstand eine jüngere Dame, über deren Identität es mancherlei Gerüchte gab. Nachdem der Personenschutz seine immer gleichen Plätze genommen und Ruhe im Saal eingekehrt war, begann TWA mit leisen, prägnanten Worten, von denen man meinte, er lese sie ab, weil sie so präzise formuliert waren. So langsam gingen ihm dann auch Sätze wie ‚Das Ganze ist das Unwahre' mit einer gewissen Leichtigkeit von der Hand. Er begann zu adornieren. In jener Zeit war das Adornieren für die ein absolutes Muss, die dazu gehören, ‚in' sein wollten." (Erd 2008)

Dass sich Rainer Erd in seinem zweifellos autobiografischen Erlebnisbericht auch nach über 40 Jahren noch so lebendig an eine Adorno-Vorlesung erinnern kann – spricht das nicht für die Lehrform *Vorlesung*? Und gerade diese ist in den letzten Jahrzehnten immer wieder scharf kritisiert worden. Zunächst einmal spricht die geschilderte Szene für Theodor Adornos Fähigkeit, mit der Lehrform der Vorlesung seine Zuhörer zu fesseln. Er verstand es, in der akademischen Öffentlichkeit aufzutreten, seine Zuhörer anzusprechen und sie dazu zu bringen, ihm *nachzudenken*. Das „Adornieren" prägte das Denken und die Sprache einer akademischen Generation.

Die drei klassischen Lehrformen der Universität

Die universitären Formen des Lehrens bestehen lediglich aus einer Triade: *Vorlesung, Seminar* und *Tutorium* (bzw. Übung). Alle drei unterscheiden sich in der jeweiligen *Aktionsform* des Lehrens. In der *Vorlesung* wird dadurch gelehrt, dass jemand einen bestimmten Sachverhalt vor anderen darstellt. Im *Seminar* zielt die Aktion des Lehrenden auf das Zusammenwirken und den Austausch *mit* den Studenten über ein Thema. Und in den *Tutorien* und Übungen stellt der Lehrende Aufgaben, die dann in der Lerngruppe bearbeitet werden. An den Hochschulen werden diese drei Aktionsformen des Lehrens bis heute in ihrer unvermischten Reinform praktiziert – und konserviert. In den meisten anderen Lerninstitutionen (von der Schule bis zur betrieblichen Fortbildung) haben sich dagegen viele Mischformen des Lehrens herausgebildet. Dort dauert ein Vortrag nie anderthalb Stunden, ohne dass auch eine Einzel-, Partner-, Gruppenarbeit oder ein Lehrgespräch dazwischen geschaltet wird. Die drei genannten Aktionsformen des Lehrens werden zwar häufig auf kreative Weise kombiniert. Trotzdem konnte dadurch noch keine vierte Lehrform entwickelt werden. Immer dann, wenn gelehrt wird, wird entweder etwas dargestellt, etwas zusammen entwickelt oder eine Aufgabe gestellt, die dann in einer Gruppe bearbeitet wird. Alle anderen Formen des Lehrens, vom Edutainment bis zum E-Learning, sind letztlich nur Mischformen dieser drei klassischen Grundformen des Lehrens.

Die drei Aktionsformen der Lehre

A. Darstellendes Lehren

Nicht nur die klassische Vorlesung, sondern auch Vorträge, Reden, Predigten, Filme, Theateraufführungen, Showevents und Onlinepräsentationen arbeiten damit, dass jemand Informationen in aufbereiteter

Form für eine Zielgruppe zur Darstellung bringt. Die Wurzeln der darstellenden Lehrform reichen bis in die griechische Antike zurück. Im 6. Jahrhundert vor Christus war es in der philosophischen Schule der Pythagoreer üblich, dass neue Schüler in ihren ersten sechs Jahren ihren Lehrern nur zuhören durften. Noch nicht einmal das Nachfragen war ihnen gestattet (Glöckel 2003, S. 61). Ob sie sich nach den Lehrvorträgen nicht wenigstens untereinander ausgetauscht haben, ist zwar nicht überliefert, kann aber als wahrscheinlich angenommen werden. Denn das unvermittelte Eintauchen in unbekannte Sprachspiele, logische Verknüpfungen und neue Sichtweisen stellen für das Gehirn eine besondere Herausforderung dar. Es sucht automatisch nach vertrauten Mustern und Anknüpfungspunkten. Diese Suche, deren Tempo vom Zuhörer nicht gesteuert werden kann, weil es vom Vortragenden vorgegeben wird, ist anstrengend. Wenn das Publikum dabei nicht mehr mitkommt, schaltet es gedanklich ab. Enthält die Darbietung auf der anderen Seite aber zu wenige Neuigkeiten, verursacht sie Langeweile. Nicht zuletzt wegen dieser beiden Gefahren wird in Rhetorik- und Managementseminaren immer wieder die Regel betont: *Du darfst über alles reden, nur nicht über xx Minuten.* Die konkrete Minutenangabe ist dabei umstritten. Manche setzen 60, andere 45, 30 oder 20 ein. Unter katholischen Pfarrern wird häufig sogar die 10 genannt.

Wenn Sie sich für die Lehrform des Vortrags entscheiden, bietet sich Ihnen der Vorteil, dass Sie Ihren Zuhörern in relativ kurzer Zeit viele Informationen weitergeben können – allerdings nur, wenn sie ihn gut aufgebaut und durchgeführt haben. Und wenn Sie ihn vor einem motivierten Publikum halten. Ein Vortrag hat aber immer auch den Nachteil, dass die präsentierten Informationen beim bloßen Zuhören noch nicht automatisch gelernt werden. Sie müssen erst noch mitgeschrieben, wiederholt und angewendet werden, um als „gelernt" gelten zu können. Gerade das Mitschreiben aber lenkt vom konzentrierten Zuhören ab. Wenn die Inhalte einer Vorlesung auch auf anderen Wegen zugänglich sind – z.B. durch Skripte oder Bücher –, sagen sich viele Studenten: Warum nicht gleich das Lehrbuch durcharbeiten und sich die Vorlesungszeit sparen? Untersuchungen haben gezeigt (Winteler 2004, S. 18f.), dass die Vorlesung in bestimmten Fächern eher zur Anwendung kommt (z.B. Biologie und Mathematik) als in anderen (z.B. Englisch und Psychologie). Außerdem wählen viele Lehrende meistens dann die Lehrform der Vorlesung aus, wenn sie sich vor praktische „Zwänge" gestellt sehen: Wenn die Anzahl der Studenten in der Lerngruppe zunimmt oder wenn sie aus irgendwelchen Gründen weniger Zeit für die Lehre aufbringen können oder wollen.

B. Zusammenwirkendes Lehren

Sokrates suchte beim Lehren den Dialog mit seinen Schülern. Das Motiv, das für ihn hinter der Wahl einer dialogischen Lehrform steckte, war zunächst „destruktiv": Fragen zu stellen, welche die Denkgewohnheiten des Schülers erschüttern sollten. Durch das weitere Gespräch mit dem Philosophen angeregt, machte sich der Schüler dann selbst auf die Suche nach „besseren" Antworten (vgl.: Platon, Protagoras). Im Dialog sollte die Wahrheit ans Licht gelangen, die in der angeborenen Vernunft des Menschen als verborgen gedacht wurde. Erlebt man den Philosoph in Aktion – d.h. in den Beschreibungen des Sokrates-Schülers Platon –, entsteht häufig der Eindruck, dass Sokrates seine Fragen strategisch platziert und aus einer überlegenen Position heraus das Gespräch lenkt.

Ein Unterrichts- oder Lehrgespräch setzt aber nicht automatisch ein hierarchisches Gefälle voraus, um zu „funktionieren". Es kann auf gleicher Augenhöhe geführt werden – vorausgesetzt, das Interesse des Lehrenden an den Antworten der Studenten ist nicht nur vorgespielt. Die klassische Abschlussrunde nach einem Vortrag, in der die Zuhörer so genannte „Verständnisfragen" stellen dürfen, hat nach unserem Verständnis kaum etwas mit dem zusammenwirkenden Lehren zu tun. Denn hier werden ja keine neuen Aspekte des Themas erarbeitet, sondern nur das Verstehen des Vortrags gefördert. Ein Thema lässt sich aber nur dann *zusammen* entwickeln, wenn die Richtung des Lehrgesprächs vom Dozenten nicht vollständig vorgegeben wird, wenn Freiräume zum Denken und Handeln tatsächlich von Beginn an frei und unbestimmt bleiben, wenn unterschiedliche Positionen und neue Einsichten allen Teilnehmern möglich sind und wenn der Dozent die Studenten wirklich zu Wort kommen lässt.

Ein hartnäckiger Mythos der Hochschullehre besagt, dass die Entscheidung für einen kooperativen Lehrstil automatisch mehr Arbeits- und Zeitaufwand für den Lehrenden nach sich zieht. Aber stimmt das? Die meisten Lehrenden, die sich aus dem genannten Grund gegen einen interaktiven Lehrstil entscheiden, tippen seitenweise Literaturlisten ab, die dann doch niemand liest. Sie scannen halbe Bücher ein und stellen sie ins Netz, nur um den angeblichen Lesehunger der

Studenten zu stillen, der sich angesichts der Futtermassen dann doch nicht einstellt. Kooperatives Lehren dagegen hat neben den schon genannten Pluspunkten einen nicht zu unterschätzenden Effekt für die Studierenden: Das gemeinsam Erarbeitete bleibt am Ende besser im Gedächtnis haften als das im Vortrag „nur" Gehörte.

C. Aufgaben stellendes Lehren

In der Geschichte des Unterrichtens spielt das Stellen von Aufgaben eine große Rolle. Es bildet die dritte Aktionsform des Lehrens, wird von vielen Dozenten aber belächelt und als Lehre zweiter Klasse behandelt. „Aufgaben" stellte früher der Lehrer in einer Landschulklasse, wenn er Schüler aller Altersgruppen vor sich versammelt hatte, die gemeinsam unterrichtet werden mussten. Da er sich immer nur einer Altersabteilung widmen konnte, beschäftigte er die anderen Schüler in der Zwischenzeit mit „Aufgaben", die sie still zu bearbeiten hatten. War er mit einer Gruppe fertig, hörte er die Aufgaben der Stillbeschäftigten ab oder kontrollierte die Hefte. Das Stellen von Aufgaben hat aber bis heute in der Schule überlebt, nicht zuletzt in der Gestalt von „Hausaufgaben", die wie eh und je von Schülern – und vielen Eltern – gehasst werden. An den Hochschulen wird das *Aufgaben stellende Lehren* ebenfalls praktiziert: in Tutorien, Übungen und Laboratorien, die so gut wie nie von Professoren, sondern von Angehörigen des Mittelbaus oder von studentischen Tutoren geleitet werden. Eine Renaissance im Bildungssektor erlebt diese Lehrform seit ein paar Jahren durch die Entdeckung der Gruppenarbeit an Schulen, Hochschulen und im Bereich der Erwachsenenbildung. Projektarbeit, Simulationen und Anwendungen im Bereich des E-Learnings gehören zu dieser dritten Aktionsform des Lehrens. Sie sind im Prinzip „(Haus-)Aufgaben" im neuen Gewand.

Auch Präsentationen, Referate und Vorträge in Seminaren sind das Ergebnis von zuvor gestellten Arbeitsaufgaben. Leider sind sie bei vielen Studenten unbeliebt. Sie glauben, dass das, was sie denken, sowieso niemanden interessiert. Am allerwenigsten den Professor: „Der kennt das doch alles, das habe ich ja schließlich von ihm gelernt." Was denken Sie? Langweilen die Studenten Sie, wenn sie ihre Arbeitsergebnisse präsentieren? Nach unserer Erfahrung trifft das Gegenteil zu. Viele Dozenten finden es durchaus spannend, zu sehen, was die Studierenden aus den von ihnen vorgestellten Inhalten und Aufgaben gemacht haben.

Lehrform: Die Kombination von Aktionsform und Sozialform

Wer heute eine Lehrveranstaltung vorbereiten möchte, wird sich in aller Regel nicht mehr bis zum Ende seiner Veranstaltung auf eine der drei Aktionsformen festlegen müssen. Zwar gibt es nur drei Aktionsformen, trotzdem haben sich viele verschiedene Stile, Methoden und Arten des Lehrens an den Hochschulen entwickelt. Wie ist das möglich? Die Vielfalt entsteht dadurch, dass jede *Aktionsform* immer in Kombination mit einer bestimmten *Sozialform* auftritt. *Darstellendes Lehren* kann in der Großgruppe, in Kleingruppen oder in der Partner- und Einzelarbeit stattfinden. Daraus entsteht eine Bandbreite von Lehrformen. Im folgenden Schaubild haben wir die gängigen Sozialformen der Hochschulen mit den drei Aktionsformen kombiniert:

Aktionsformen

	Darstellendes Lehren	Zusammenwirkendes Lehren	Aufgaben stellendes Lehren
Großgruppe (ab 30 Teilnehmer)	Vorlesung Vortrag	-----	-----
Mittelgroße Gruppe (ca. 16 – 30 Teilnehmer)	Seminar mit Referaten oder Präsentationen Vorlesung	Gruppendiskussionen innerhalb eines Seminars	Übung Tutorium Laborpraktikum Projekt
Kleingruppe (ca. 2 – 16 Teilnehmer)	Vortrag Präsentation	Kolloquium Diskussion Lehrgespräche Videokonferenz	Übung Tutorium Projekt Praktikum
Partnerarbeit	----	Sprechstunde Chat	Tandem (Aufgaben lösen im Austausch mit einem Partner)
Einzelarbeit	Podcasts Webseite Film Buch Skript	----	Referat ausarbeiten Hausaufgaben Hausarbeiten Online-Aufgaben

Sozialformen

Dieses für die Hochschuldidaktik weiterentwickelte Schaubild von Hans Glöckel (Glöckel 2003, S. 61) zeigt, wie sich die möglichen Lehrformen aus der Kombination von Sozialformen und Aktionsformen ergeben. Auffällig sind hierbei die leeren Felder. Sie ergeben sich aus „unmöglichen" Kombinationen. Demnach ist es äußerst schwierig oder nahezu unmöglich, die beiden Aktionsformen des zusammenwirkenden und des Aufgaben stellenden Lehrens in Großgruppen durchzuführen. Auf der anderen Seite (unterer Bereich links) ist das darstellende Lehren in der Präsenzform für die Partner- und Einzelarbeit nicht sinnvoll. Eine Ausnahme stellt hier die Onlinepräsentation im Bereich des E-Learnings dar. Durch die Entwicklung des Internets ist es möglich geworden, einem Einzelnen etwas darzustellen, ohne die rein schriftliche Form (Buch oder Skript) zu wählen. Es ist beispielsweise möglich, dass mehr als hundert Vorlesungsteilnehmer sich Aufgaben herunterladen, Fragestellungen im Chat diskutieren und ihre Lösungen ins Netz stellen. Elektronische Medien bereichern die Palette der Lehrformen.

Die Verknüpfung mehrerer Lehrformen

Die klassische Form der Vorlesung, bei welcher der Professor an den Katheder tritt, dort seinen Vortrag hält und anschließend wieder abtritt, findet heute kaum noch statt. Die meisten Dozenten geben ihren Hörern nach dem Vortrag Gelegenheit, über das Thema zu sprechen. Die Vorlesung als darstellende Lehrform wird also verknüpft mit der Lehrform der Diskussion oder des Lehrgesprächs, an dem sich zumindest ein Teil der Gruppe beteiligen kann. Durch diese Verknüpfungen vergrößern sich die Vielfalt und Möglichkeiten, zu lehren. Einige in der Praxis bewährte Varianten möchten wir Ihnen vorstellen.

Vorlesung mit Unterbrechungen

Nach 10 bis 15 Minuten, wenn der Dozent ein Teilthema behandelt hat, stoppt er seinen Vortrag und lädt zu einer Einzel-, Paar- oder Kleingruppenarbeit ein. Bei einem dieser Zwischen-Stopps könnte es sich zum Beispiel um einen *Denk-Stopp* handeln, bei dem die Studenten dazu aufgefordert werden, die Antwort auf eine Frage zu finden. Oder

der Dozent verordnet einen *Schreib-* bzw. *Mal-Stopp*, bei dem das Tafelbild abgeschrieben werden kann oder er bittet darum, dass die Teilnehmer ein Mindmap zum Thema erstellen. Bei einem *Murmel-Stopp* können die Studenten in Paar- oder Kleingruppen eine Aufgabe lösen, ihr Vorwissen oder ihre Sicht des Themas einander mitteilen oder sich gegenseitig Feedback geben. Nach 2-3 Minuten können Sie den Vortrag weiterführen bis zu einem nächsten Stopp. Nicht immer müssen die in den Pausen entstandenen Ergebnisse im Plenum besprochen werden. Es reicht unter Umständen aus, dass Sie am Ende die richtige Antwort nennen, so dass die Studenten einschätzen können, ob ihre Ergebnisse zutreffend sind. Vielleicht bieten Sie den Studenten an, dass sie sich mit offen gebliebenen Fragen per Mail an Sie wenden können. Eine andere Alternative: Offene Fragen können auch gesammelt werden, damit sie in einem weiteren Stopp in Form eines Lehrgesprächs mit dem Dozenten beantwortet werden. Bei Lehrgesprächen (Knoll 1993, S. 128) kommt es darauf an, dass Sie nicht wieder in die Rolle des Vortragenden schlüpfen, sondern als *Moderator* möglichst viele Teilnehmer mit einander ins Gespräch bringen. Bei konsequenter Umsetzung dieser Methode verwandelt sich Ihre Vorlesung: aus einem monologen Block wird eine Kette von Impulsreferaten, die sich mit Aktivitätsphasen Ihrer Studenten abwechseln (Macke/Hanke/Viehmann 2008, S. 188, S. 197).

Vorlesung mit anschließender Prüfung

Mit dieser Vorlesungsmethode werden Sie garantiert an der gesamten Hochschule bekannt. Und zwar als Professor Gnadenlos. Denn Sie führen bei dieser Variante nach jeder Vorlesung eine schriftliche Prüfung durch. Allerdings dient diese Methode nicht dazu, etwaige niedere Bedürfnisse nach Machtbestätigung zu befriedigen, sondern sie soll die studentische Lerneffizienz erhöhen. Deshalb wäre es optimal, wenn Sie den Studenten vermitteln könnten, dass diese Methode für ihr Lernen tatsächlich sehr effektiv ist (Winteler 2004, S. 130). Sie fördert die Aufmerksamkeit während der Vorlesung, weil die Studenten wissen, dass sie anschließend zum Thema befragt werden. In den letzten Minuten schließlich stellen Sie einige Fragen zu den wichtigsten Punkten der Vorlesung (z.B. durch vorbereitete Blätter, Folie, Computerprojektion). Durch die Beantwortung erhalten die Studenten die Gelegenheit, das neu erworbene Wissen zu testen, es anzuwenden und dadurch auch zu wiederholen. Wenn Sie die Antwortzettel einsammeln oder sie sich sofort als E-Mail zuschicken lassen, können Sie sehen, was von den Inhalten der Vorlesung angekommen ist und gelernt wurde. Die Antworten können unter Umständen auch als Teil der Prüfungsleistung gelten (z.B.: Jeder Student kann drei Vorlesungstests im Semester beurteilen lassen. Die Noten werden mit der Klausur verrechnet). Wenn Fragen und Aufgaben in Lehrveranstaltungen gestellt werden, ist es wichtig, dass der Dozent sie auch beantwortet bzw. Lösungen vorstellt, sonst werden die Studenten sich irgendwann nicht mehr mit den Aufgaben beschäftigen. Ein guter Ort für die Auflösung der Fragen ist der Beginn der nächsten Vorlesung, weil so die Teilnehmer nicht nur eine Rückmeldung auf ihre Lernleistung erhalten, sondern gleichzeitig auch wieder Anschluss an das Thema der letzten Veranstaltung bekommen und ihr Vorwissen für die Verarbeitung des neuen Stoffs aktivieren.

Vorlesung mit Feedback

Was war das Wichtigste, das ich heute in dieser Vorlesung gelernt habe? Was möchte ich noch besser verstehen? Wenn Sie Ihren Studenten in den letzten fünf Minuten offen formulierte Fragen dieser Art vorlegen und schriftlich beantworten lassen, geben Sie ihnen einen Anreiz, das Gelernte bewusst wahrzunehmen und ihre Verständnislücken zu identifizieren. Ihre Antworten auf dem Schreibblock oder dem Bildschirm können die Studenten dann gleichzeitig als wertvolle Exzerpte der Vorlesung nutzen. Aber auch für Sie sind die Antworten interessant, denn sie enthalten Rückmeldungen über Ihre Leistung als Dozent. Wenn Sie dort Einblick hätten, wüssten Sie sofort, wie erfolgreich Sie waren und wo Sie beim nächsten Mal einsetzen sollten. Aber wie kommen Sie an dieses Feedback heran? Lassen Sie die Antworten auf Blätter schreiben und einsammeln? Vielleicht könnten Sie einen Zettelkasten aufstellen und darum bitten, dass immer ein paar Freiwillige ihren Zettel einwerfen? Oder fragen Sie doch einfach mal im Plenum, welche fünf Studenten heute bereit sind, Ihnen gleich eine Mail mit den Antworten zu schicken …

Seminar mit Diskussion

Viele Seminare scheitern, noch bevor sie richtig begonnen haben. Und zwar an den ungünstigen Rahmenbedingungen. Wenn 80 Studenten in einem Vorlesungssaal sitzen, der eigentlich für Frontalunterricht vorgesehen ist und die Prüfungsordnung auch noch verlangt, dass im Laufe eines Semesters 30 Referate gehalten werden, bleibt wenig Zeit für das aktive Zusammenwirken und Problemlösen in der Lerngruppe. Nicht wenige Dozenten behelfen sich damit, dass sie das Seminar zu einer Vorlesung umfunktionieren und in jeder Sitzung Referate halten lassen. Referate, die zudem häufig schlecht gemacht sind, weil unsichere Studenten stundenlang ihre Zusammenfassungen der vorgegebenen Literatur ablesen. Wenn aber das Seminar nur 25–30 Teilnehmer hat und der Raum außerdem in Hufeisenform bestuhlt ist, gibt es keinen Grund, Seminare immer noch wie Vorlesungen zu gestalten. Die meisten Themen lassen sich aus verschiedenen Perspektiven behandeln, so dass drei oder vier Referenten in einer Seminarsitzung zum Beispiel eine moderierte *Podiumsdiskussion* führen können, bei der sich an bestimmten Stellen auch das „Publikum" einschalten kann. Wenn Sie sich für eine *Pro- und Kontra-Diskussion* (Knoll 1993, S. 146; Macke/Hanke/Viehmann 2008, S. 217) entscheiden, können sogar alle teilnehmen. Die Gruppe wird in zwei Parteien geteilt. Die eine muss zunächst Argumente für eine Pro-Position zum Thema sammeln, während die andere Partei Contra-Argumente zusammenträgt. Anschließend diskutieren die Parteien im Plenum mit Einzelstatements und/oder in einer Debatte über das Thema. Zwischendurch können die Themen auch durch Referate und Vorträge von maximal 20 Minuten vertieft werden. Mit dem Stichwort *Diskussion* ist allerdings nicht ein grenzen- und zielloses assoziatives Gerede gemeint. Eine fruchtbare Diskussion sollte immer ein relevantes oder bedeutungsvolles Thema haben, aus dem sich ein Ziel oder eine Fragestellung ableiten lässt. Bevor es losgeht, sollte für die Diskussion auch immer ein zeitlicher Rahmen vereinbart werden. Außerdem müssen Diskussionen geleitet (moderiert) werden und alle Teilnehmer sollten zuvor auch bestimmten Regeln (z.B. Ausreden lassen, keine verletzende Kritik äußern) und einem konkreten Ablaufschema zustimmen (Vorbereitung, verschiedene Phasen der Durchführung, Nachbereitung).

Seminar im Fishbowl

Wenn in der Seminargruppe das bereits vorhandene Wissen genutzt werden soll, lohnt sich der Einsatz der so genannten *Fishbowl*-Methode (Hostie 1975, S. 130). Angenommen, die Gruppe hat die Aufgabe, einen Text oder ein Bild zu analysieren, oder es soll ein Fall besprochen werden, der vorher in einem Referat vorgetragen wurde. Die Gruppe ist dafür aber zu groß, so dass sich nicht alle daran beteiligen können. Hier hilft das „Aquarium" weiter. Denn bei ihm gilt: Von außen beobachten einige Teilnehmer, was bei den anderen drinnen passiert. Es sind also alle beteiligt. Zum Ablauf: Die *Fishbowl*-Methode benötigt einen tischfreien Stuhlkreis. Die Gruppe (12-30 Personen) wird dann durchgezählt und jeder zweite Teilnehmer rückt mit seinem Stuhl etwa zwei Meter in die Mitte. Dadurch bilden sich ein In-

nen- und ein Außenkreis. Die Teilnehmer des Innenkreises, die sich also im Aquarium befinden, besprechen für 10 bis 20 Minuten eine Fragestellung, einen Fall oder ein Thema. Die Teilnehmer des Außenkreises bekommen den Auftrag, die Innengruppe zu beobachten und besonders darauf zu achten, wie sie mit dem Thema umgeht oder die Fragestellung löst. Sie können sich Notizen machen. In der Auswertungsrunde im großen Kreis äußern die Mitglieder des Außenkreises später ihre Beobachtungen und die Teilnehmer des Innenkreises können darauf Bezug nehmen. Wenn das Thema noch nicht ausgeschöpft behandelt wurde, können in einer weiteren Runde nun die bisherigen Beobachter ins Aquarium eintauchen. Die Rollen werden getauscht. In einer Gruppe über 30 Personen könne auch zwei Aquarien eröffnet werden. Eine andere Variante (Meueler 2001, S. 199) sieht vor, dass der Innenkreis offen ist. Dort stehen dann vier bis sechs leere Stühle und jeder, der zu dem angesagten Thema mitdiskutieren möchte, begibt sich aus dem Außenkreis in das Innere der Gruppe. Ganz nach Belieben kann jeder wieder in den beobachtenden Außenkreis zurückkehren.

Schneeballseminar

In dieser Seminarform durchläuft ein Thema die wachsende Gruppe (Knoll 1993, S. 182). Zunächst beschäftigt sich jeder Einzelne mit dem Thema und macht sich Notizen. Dann werden Paargruppen gebildet, in denen die bisherigen Gedanken mitgeteilt und verglichen werden. Anschließend beschäftigen sich zwei Paargruppen mit dem Thema oder mit einer weiterführenden Frage. Aus den Vierergruppen können noch Achter- oder Sechzehnergruppen gebildet werden, bis sich die Gesamtgruppe schließlich im Plenum trifft, um die Ergebnisse zusammenzutragen oder ein weiteres Thema zu bearbeiten. Wenn das Schneeballseminar sich in allen Gruppenkonstellationen nur mit einer einzigen Fragestellung beschäftigt und wenn jedes Gruppenergebnis auf eine farbige Karte geschrieben wird, entsteht am Ende eine Themenpyramide: Auf Basis der vielen Ergebnisse aus der Einzelarbeit lassen sich die Ergebnisse der Paargruppen, der Vierer- und Achtergruppen Schicht um Schicht übereinander anordnen, die Spitze der Pyramide bildet das Ergebnis des Plenums (Macke/Hanke/Viehmann 2008, S. 219).

Seminar als Gruppenpuzzle

Eine sehr abwechslungsreiche Lehrform ist das Gruppenpuzzle (Winteler 2004, S. 140). Hierbei handelt es sich um ein Puzzle, das auf ganz unterschiedliche Art und Weise zusammengesetzt werden kann. Gerade das macht den Reiz dieser Lehrform aus. Zunächst stellt der Dozent das Thema vor und spricht mit den Studenten die Ziele ab. Er kann auch einen Input geben, der die Teilnehmer in das Thema einführt. Dann werden Kleingruppen gebildet, die Teilbereiche des Themas bearbeiten. Die Kleingruppen arbeiten also nicht alle am gleichen Thema, sondern beschäftigen sich arbeitsteilig mit anderen Themen. Danach tritt die Großgruppe wieder zusammen, um neue Kleingruppen zu bilden. Nun wird darauf geachtet, dass in jeder neuen Gruppen mindestens ein Teilnehmer der bisherigen Arbeitsgruppen vertreten ist. Jeder Teilnehmer wird dadurch zum Experten für ein bestimmtes Teilgebiet und kann den neuen Gruppenpartnern den Stoff vermitteln, der in den vorangehenden Gruppen erarbeitet wurde. In der letzten Phase treffen sich alle noch einmal im Plenum, wo die Ergebnisse gemeinsam diskutiert und der Gruppenprozess reflektiert werden kann.

Fallarbeit

> Nach der dritten Sitzung zum Thema Wärmedämmung und Ener-
> gieverbrauch führt der Dozent am Fachbereich Architektur in eine
> Fallstudie ein: Die Studenten bekommen die Aufgabe, in Gruppen
> zu 5 Personen jeweils ein konkretes Gebäude auf dem Campus zu
> untersuchen, den Energieverbrauch zu bestimmen und Vorschläge
> für Einsparungen zu machen. Die Ergebnisse sollen in der über-
> nächsten Sitzung präsentiert werden.

Fallstudien sind in vielen Fachgebieten ein ideales Mittel, um Fachkenntnisse und Methodenwissen der Studenten mit einander zu verbinden.
Die Architekturstudenten machen sich mit einem ersten Vorwissen auf
den Weg. Sie wissen in etwa, nach welchen Daten sie suchen müssen. Sie
werden Methoden finden, die verschiedenen Verbrauchsdaten zu verknüpfen und sie werden in der Literatur nach Hinweisen für Einsparun-
gen suchen. Die Fragestellung der Fallstudie verbindet das konkrete Gebäude mit den theoretischen Grundlagen des Fachgebiets und macht sie
anschaulich und handhabbar. Einen besonderen hochschuldidaktischen
Wert haben Fallstudien aber auch deshalb, weil sie Entscheidungsübun-
gen sind (Dummann u.a. 2007, S. 90). Die Studenten werden auf viele Alternativen und Möglichkeiten stoßen. Im Blick auf die anstehende Diskussion mit ihren Kommilitonen und spätestens für die Präsentation am
Ende werden Sie sich für die beste Alternative entscheiden müssen. Und
eben diese Entscheidungsfindung motiviert zur persönlichen Auseinandersetzung mit dem Thema. Der konkrete Fall holt einen Teil der Wirklichkeit in den Seminarraum. Meistens geschieht das in schriftlicher
Form. Für die verschiedenen Fachgebiete können Aufgaben und Materialien zur Fallarbeit im Internet gefunden werden. Meistens handelt es sich
entweder um „offene Fälle", wenn keine Lösung mitgeliefert wird, oder
um „geschlossene Fälle", wenn zwar eine Lösung angegeben ist, diese
aber beurteilt werden muss. Ein geschlossener Fall kann zu einem offenen werden, wenn die Teilnehmer die Aufgabe bekommen, alternative
Lösungen zu entwickeln (Knoll 1993, S. 137).

Planspiel

Während sich die Fallarbeit der Analyse von Situationen und der Prog-
nose bestimmter Erfolgsaussichten widmet, lädt das Planspiel die Teilnehmer dazu ein, selbst zu spielen und verschiedene Anfänge auszu-

probieren. Planspiele sind Rollenspiele, in denen fachlich relevante Situationen simuliert und typische Abläufe durchgespielt werden. In einer Vorbereitungsphase werden die Teilnehmer mit einer ganz konkreten Situation konfrontiert: Die Firmenleitung bittet den Betriebsrat zu einem Gespräch, denn der Standort muss aus wirtschaftlichen Gründen geschlossen werden. Jeder Teilnehmer nimmt nun eine Rolle ein und liest die Rollenbeschreibung. Nach dieser Vorbereitungsphase folgt eine oder mehrere Spielphasen. Bei dem Gespräch der ersten Spielphase teilt der Vorstand dem Betriebsrat zunächst seinen Entschluss mit. Betriebsrat und Geschäftsleitung ziehen sich anschließend zur Beratung zurück und entwickeln Strategien für die weitere Verhandlung. Im anschließenden Gespräch mit dem Vorstand werden verschiedene Formen eines Sozialplans diskutiert. Für die abschließende Reflexionsphase legen die Teilnehmer ihre Rollen wieder ab und analysieren ihre neuen Erfahrungen und Handlungsmöglichkeiten. Hier geht es sehr um die Entwicklung ihres eigenen Urteilsvermögens und um den Ausbau ihres Verstehens. Jetzt können auch offene Fragen auftauchen, die der Dozent durch seine fachlichen Kenntnisse beantworten kann – oder die von den Studenten als Aufgabe für die nächste Sitzung in der Fachliteratur nachgeschlagen werden sollen. Planspiele können zu Beginn eines neuen Themas durchgeführt werden, dann regen sie dazu an, sich selbstständig mit den Inhalten und Antworten zu beschäftigen. Wenn sie nach einer Vorlesungsreihe durchgeführt werden, dienen sie als Anwendungsbeispiele, die das erworbene Wissen in der Praxis einüben.

Projekt

Im Unterschied zur Fall-*Studie* und zum Plan-*Spiel* wird es beim Projekt wirklich ernst. Als konkretes Vorhaben, das mit einem vorher vereinbarten Ziel verbunden ist, überschreitet es bewusst den Rahmen der Simulation. Projekte zielen auf die Herstellung eines Produktes, einer Dienstleitung, also auf ein *wahrnehmbares* Ergebnis. Das kann – je nach Fachbereich – ein Buch, eine Internetpräsenz, eine Geschäftsgründung, eine Veranstaltung, ein Auftritt oder etwas Vergleichbares sein. Projekte, die im Lernkontext der Hochschule durchgeführt werden, sollten unbedingt einen klaren Bezug zu den Lernzielen haben und sich nicht in einer beliebigen Aktivität erschöpfen. Durch ein konkretes Projekt können die Lerninhalte praktisch erfahren und angewendet werden. Die im Projektverlauf entstehenden Probleme motivieren die Teilnehmer dazu, selbstständig nach Lösungen zu suchen, nachzulesen, zu forschen, zu fragen. Dabei ist es meistens notwendig, auch einmal über den Tellerrand des Fachgebietes zu schauen und interdisziplinär zu arbeiten. Viele Projekte werden erst durch Kooperation mit Unternehmen und Einrichtungen außerhalb der Hochschule möglich. Wenn Sie eine aufwändige Projektarbeit planen, erkundigen Sie sich aber vorher, ob der damit verbundene Arbeitsaufwand Ihre Studenten nicht überfordert. Eine Absprache mit den anderen Dozenten des Studiengangs stellt sicher, dass nicht zu viele Projektarbeiten im gleichen Semester durchgeführt werden.

Jedes Projekt kann in verschiedene Phasen eingeteilt werden. Als erstes muss das Ziel der Unternehmung gefunden und beschrieben werden. Es sollte realistisch sein, d.h. erreichbar sein in der Zeit und mit den zur Verfügung stehenden Mitteln. Dann folgt eine Planungsphase, in der die Zwischenschritte, die Organisation und die Arbeitsaufteilung in der Gruppe vereinbart werden. In der dritten Phase, der Projektdurchführung, ist eine Projektsteuerung notwendig: Die einzelnen Schritte werden dokumentiert und der Projektplan einer regelmäßigen Kontrolle unterzogen, um notfalls Korrekturen im Ablauf vornehmen zu können. Liegt schließlich ein Projektergebnis vor, sollte dies auch in einem Abschlussgespräch begutachtet werden. Ein Projekt im Lehrkontext kann auch dann erfolgreich verlaufen, wenn das Projektziel verfehlt wurde. Gerade durch die Dokumentation des Projektverlaufs und der Reflexion des Ziels können enorme Lernergebnisse erreicht werden.

Training

Von Training wird bis heute an Hochschulen nur ganz selten gesprochen. Man überlässt das Thema eher den Fitnessstudios, Sportvereinen, den Volkshochschulen und Anbietern der beruflichen Weiterbildung. Schade eigentlich, denn viele Studenten sind nicht fit im Recherchieren, wissenschaftlichen Lesen und Schreiben, Rhetorik, Organisieren, Kommunizieren ... Spezielle Fertigkeiten, die angehende Wissenschaftler dringend brauchen, können aber nicht durch bloßes Zuhören und Zusehen gelernt werden. Hier hilft nur Ausprobieren und Trainieren weiter, ganz so, wie auch das Fahrradfahren oder Schwimmen nur durch Praxis funktioniert. Wie reagieren Sie aber, wenn Sie bemerken, dass die Studenten Schwierigkeiten haben, die notwendige Literatur zu finden oder die Laborgeräte richtig anzuwenden? Was tun Sie, wenn Ihre Seminarteilnehmer einfach viel zu viel Zeit mit der Handhabung des Statistikprogramms verplempern? Vielleicht lohnt es sich, wenn Sie als Dozent nun doch einige „Softskill-Sessions" (Eckstein 1978, S. 126) dazwischen schalten. Dadurch könnten Ihre Studenten die fehlenden Methoden einüben. Beim Training stehen ganz generell das Ausprobieren und Selbermachen im Vordergrund. Das Trial-and-Error-Prinzip kommt hier zwar zur Anwendung, wird aber nicht in aller Konsequenz durchgeführt. Um ihnen Irrwege zu ersparen, können Sie die Studenten im Training auf Fehler hinweisen. Als Dozent bekommen Sie einen direkten Einblick in die Fähigkeiten Ihrer Studenten und können mit direktem Feedback korrigierend eingreifen. Gruppentrainings haben den besonderen Vorteil, dass die Teilnehmer auch an den Fehlern und Erfolgen der anderen lernen.

Exkursion

Bei den meisten Lehrformen geht es darum, die Außenwelt durch praktisches Handeln in den Seminarraum hinein zu holen. Dadurch soll die Relevanz der Theorie und des Lernstoffs betont werden. Die Exkursion dagegen verfährt umgekehrt. Sie erlaubt sich einen Ausflug in die Praxis. Was bisher nur mit Sprache oder elektronischen Medien dargestellt werden konnte, um es zu analysieren und zu verstehen (z. B. Darstellungen von Gemälden), wird nun unmittelbar erlebt. Exkursionen können Museums- und Archivbesuche, Behörden- und Betriebsbesichtigungen, Ausgrabungen oder Naturerkundungen sein. Je nachdem, um welches Thema es gerade geht. Was dann vor Ort geschieht, ist wiederum abhängig von der Lehrform, die Sie wählen. Halten Sie eine Vorlesung vor dem Exponat? Oder lassen Sie Referate halten? Wird es bei der Exkursion Gruppenarbeiten geben? Starten Sie mit einem Planspiel oder haben Sie Trainings vorgesehen? Unter didaktischen Gesichtspunkten betrachtet, verlaufen die meisten Exkursionen wesentlich lebendiger als die Sitzungen im Hörsaal. Das liegt sicher am „Tapetenwechsel". Häufig bringt die veränderte Umgebung die Dozenten auf neue Ideen. Erst bei der Exkursion in die neue Pinakothek kam der Kunstpädagogikprofessor darauf, seine Studenten aufzufordern, selbst einmal Stifte in die Hand zu nehmen und das zuvor besprochene Bild aus einer neuen Perspektive zu zeichnen ...

Praktikum

In vielen Fächern sind Praktika ein fester Bestandteil des Studiums. An manchen Hochschulen schlüpfen Dozenten regelrecht in die Rolle von Praktikumsbeauftragten und vermitteln ihre Studenten in Unternehmen, Schulen oder andere Organisationen (Dummann u.a. 2007, S. 97ff.). Indem sie viele Aufgaben gleichzeitig wahrnehmen, stehen diese Dozenten ganz im Dienst des Lernerfolgs ihrer Studenten: angefangen von der Vermittlung der Praktikumsplätze über die Betreuung während des Praktikums bis hin zur Beurteilung des Praktikumsberichts. Häufig kommt es vor, dass Studenten die neuen Erfahrungen aus dem Praktikum mit dem Wissen aus den Lehrveranstaltungen nicht gleich verbinden können. Sie erleiden oft einen Realitätsschock, der sie überfordert. Mit der Folge, dass sie an den Inhalten des Studiums massiv zweifeln. Oder sie erkennen für sich keine Chance, irgendwann einmal den Anforderungen des Berufes gewachsen zu sein. In solchen Fällen können Mentorenprogramme eine wichtige Auffanghilfe bieten. Sie unterstützen die Studenten dabei, ihre Verunsicherungen in neue Lernerfolge zu verwandeln.

Aber selbst wenn Sie nicht direkt mit der Betreuung der Praktika beauftragt sind, können Sie beim Lehren von den Erfahrungen des Praktikums profitieren. Erkundigen Sie sich, ob Berichte oder Fälle aus der Praxis Ihrer Studenten das Veranstaltungsthema veranschaulichen können. Ein Seminar in pädagogischer Psychologie zum Thema „Umgang mit auffälligem Verhalten von Schülern im Unterricht" etwa kann sich dazu hervorragend eignen – wenn es sich direkt an ein Schulpraktikum von Lehramtskandidaten anschließt. Dann stehen Fälle en masse aus der Erfahrung Ihrer Teilnehmer zur Besprechung bereit. Oder vielleicht verfügen Studenten Ihres Seminars auch am Ende des Praktikums noch über so gute Kontakte zu „ihrer" Firma, dass sich daraus ganz unkompliziert eine Einladung zu einer Exkursion oder ein Expertenbesuch ergeben kann?

E-Teaching

Der Computer hat das wissenschaftliche Arbeiten und das Lernen im Studium revolutioniert. Elektronische Medien erleichtern das Speichern, den Abruf und das Verwerten von Informationen. Was als Lernhilfe nahezu selbstverständlich geworden ist, hat längst auch das Lehren erreicht. Starre, traditionelle Lehrformen der Hochschulen können mit Hilfe von elektronischer Unterstützung sehr effektiv aufgebrochen, erweitert und variiert werden (Bremer 2007). Dabei lassen sich verschiedene Grade der elektronischen Unterstützung des Lernens und Lehrens an den Hochschulen unterscheiden:

a: Die Inhalte des Lernstoffes werden mit Hilfe der elektronischen Medien lebendiger und anschaulicher dargestellt

Die neu konstruierte Kurbelwelle im Fach Maschinenbau kann im Lehrsaal wandfüllend projiziert und von allen Seiten betrachtet werden – dank dreidimensionaler Darstellung. Und sie kann sich schließlich sogar drehen und ihre Funktion in einem Ferrari Testerossa demonstrieren, bis dieser schließlich mit gesampeltem Originalsound in der Ferne verschwindet. Der Einsatz von Klangbeispielen, Videoausschnitten und Interviews ist kein Problem mehr – wenn die Technik vorhanden ist, wenn man sich mit ihr auskennt und wenn der gesetzliche Urheberschutz nicht in die Quere kommt. Der Einsatz von Multimedia in der Präsenzlehre dient dazu, die Studenten in ansprechender Weise mit dem Thema der Veranstaltung in Kontakt zu bringen, damit das Lernen möglich wird und Spaß macht.

b. Der Lernstoff wird im Netz zur Verfügung gestellt und ist unabhängig von Raum und Zeit zugänglich

Wenn die Bibliotheken abends schließen, bleiben die Computer und das Internet weiterhin offen für Lesesaalbesucher aus der ganzen Welt. Das macht die Recherche einfacher, auch wenn gleichzeitig das Problem auftaucht, wie man die riesigen Datenmengen am besten filtert. Wenn Sie als Dozent die Inhalte Ihrer Lehrveranstaltung online zur Verfügung stellen, unterstützen Sie Ihre Studenten, weil diese nun in zeitlicher und räumlicher Unabhängigkeit lernen können. Das muss nicht unbedingt zu Lasten der Anwesenheit in Ihrer Lehrveranstaltung gehen. Viele Ihrer Studenten werden sich die Zusammenfassungen oder die Schaubilder der letzten Sitzung noch einmal anschauen oder sie bereiten sich im Internet auf die nächste Sitzung vor. Gut gemachte Lernplattformen ergänzen zwar die Lehrveranstaltung, aber sie ersetzen sie nicht. Denn die Unmittelbarkeit ihres persönlichen Umgangs mit dem Thema in einer Lehrveranstaltung kann (noch) nicht völlig virtuell rekonstruiert werden. Besonders fortschrittlich in der Entwicklung und Anwendung des E-Teachings sind Fernuniversitäten, weil ihr Konzept den Verzicht auf Präsenzlehre vorsieht.

c. Die computergesteuerte Kommunikation motiviert zur aktiven Teilnahme an Lernprozessen

Das Gelingen des Lernprozesses hängt in hohem Maße davon ab, ob der Austausch über das Gelernte stattfindet. Zum Glück ist Ihr Seminar aber nicht mehr auf einenhalb Stunden pro Woche begrenzt. Die Diskussion über das Thema Ihrer Lehrveranstaltung kann die ganze Woche über stattfinden: im Seminar-Chat oder im Forum, das Sie auf dem Uni-Server eröffnet haben (Bremer 2005). Dort können Sie Ihrer Gruppe auch Aufgaben stellen, die von den Seminarteilnehmern einzeln oder im Austausch gelöst werden.

Das Internet erleichtert die Kommunikation. Und Sie sind – wenn Sie wollen – per Mail immer für die Studenten erreichbar. Auch in Fragen der Organisation können Sie sich elektronisch unterstützen lassen. Wenn sich Ihre Studenten zum Beispiel online zum Seminar anmelden, bitten Sie sie darum, sich an einer Umfrage auf Ihrer Lehrplattform zu beteiligen. Das Ziel der Befragung besteht darin, den Wissensstand der Teilnehmer zu erfassen, damit Sie Ihre Lehrveranstaltung anpassen können. Wahrscheinlich werden Sie sich so manche Sprechstunde ersparen, wenn Sie organisatorische Fragen per Mail beantworten. Auch die einzelnen Arbeitsgruppen werden online miteinander kommunizieren, wenn Sie sie mit den Plattformen vertraut gemacht haben. Die Studenten brauchen sich dann zur Vorbereitung eines Beitrags für die nächste Sitzung nicht mal zu treffen. Und wenn die Gruppen Klärungsbedarf haben, lohnt sich vielleicht sogar die Schaltung einer Videokonferenz.

Die Möglichkeiten des E-Teachings sind sehr vielfältig. Oft klagen Dozenten aber darüber, dass nicht alle Studenten souverän mit dem Computer umgehen können. Und manche besitzen nicht mal einen funktionierenden Rechner, obwohl sie „Digital Natives" sind. Die technisch gesteuerte Kommunikation ist eben abhängig vom Besitz dieser technischen Möglichkeiten und vom Erwerb der Fähigkeiten, mit ihr umzugehen. Sind diese technischen Probleme des E-Learnings aber erst mal gelöst, tauchen sie auf einer anderen Ebene wieder auf. Sie begegnen Ihnen als die altbekannten didaktische Fragen: Wie präsentieren Sie sich als Lehrender im Netz? Wie bringen Sie die Studenten mit dem Thema in Kontakt und wie können Sie durch die (elektronische) Kommunikation Lernprozesse in Gang setzen? Die didaktischen Grundlagen der Lehre gelten eben auch im Internet.

Checkliste zur Auswahl der richtigen Lehrform

Überprüfen Sie die Lehrformen Ihrer nächsten Lehrveranstaltung mit Hilfe der folgenden Kriterien:

☑ Können die Lehr- und Lernziele der Gruppe mit der von mir gewählten Lehrform erreicht werden? Führt die Lehrform zu absehbaren Ergebnissen, mit denen die Gruppe weiterarbeiten kann?

☑ Bringt die ausgewählte Lehrform die Studenten in Kontakt zum Thema der Veranstaltung oder lenkt sie leicht auf andere Gebiete ab?

☑ Welche Phasen des Lernprozesses werden durch die gewählte Lehrform unterstützt? Welche Lernphasen können durch andere Lehrformen besser unterstützt werden?

☑ Ist es gewährleistet, dass die gewählte Lehrform den Kontakt zwischen Dozent und Teilnehmern nicht unterbricht? Sind die Studenten auch nicht für längere Zeit sich selbst überlassen?

☑ Passt die Lehrform, für die ich mich entschieden habe, in den Veranstaltungsrahmen? Ist von den folgenden Elementen alles Notwendige vorhanden: Raumausstattung, Zeitbudget, Materialien und Medien?

☑ Ist der für die Lehrform notwendige Vorbereitungsaufwand für mich überhaupt zu leisten?

☑ Passt die Lehrform zu der vorgeschriebenen oder gewählten Prüfungsform? (Hintergrund: Bitte bedenken Sie, dass der Lernaufwand im angemessenen Verhältnis zur Prüfungsleistung stehen sollte. Arbeitsintensive Projekte und ausgearbeitete Präsentationen sind für Ihre Studenten nicht sinnvoll, wenn sie am Semesterende sowieso nur eine notenrelevante Multiple-Choice-Klausur schreiben müssen. Wenn Sie die Studenten durch besondere Lehrformen auch zu mehr Leistung motivieren wollen, sollte diese auch bewertet werden.)

☑ Ist ein Wechsel der Lehrform in der jetzigen Lehrphase notwendig und habe ich ihn gut begründet? (Hintergrund: Jeder Wechsel in eine andere Lehrform ist ein Eingriff in den Gruppenprozess. Sie ändern das Setting Ihrer Lehrveranstaltung. Die Studenten müssen sich auf eine neue Umgangsform einstellen und das irritiert zunächst. Wenn Sie der Gruppe einen Wechsel der Lehrform ankündigen und ihn stimmig erklären können, warum Sie gerade jetzt die Arbeits- oder Sozialform ändern möchten, wird das den Wechsel erleichtern.)

Ein exzellentes Beispiel: Die Ted-Vorlesung

Theo Dingermann hat sich vermutlich vom TV-Format der Ratesendung „Wer wird Millionär" inspirieren lassen. Denn der Frankfurter Biologieprofessor hat im Jahr 2007 eine ebenso raffinierte wie lernfördernde Lehrform entwickelt und seine Vorlesungen mit einem TED-System kombiniert, das seinen Hörern eine besondere Form der Beteiligung ermöglicht. Jeder Student erhält zu Beginn der Vorlesung eine Art Fernbedienung. Dingermann unterbricht nun an bestimmten Punkten immer wieder seinen Vortrag und richtet Fragen ans Plenum. Die Studenten bekommen auf einer Leinwand bis zu drei mögliche Antworten eingeblendet und haben eine Minute Zeit, per Knopfdruck die richtige Wahl zu treffen. Das Ergebnis wird von einem Computer ausgewertet und anschließend als Balkendiagramm wieder auf die Leinwand projiziert. Weil die Auswertung anonym erfolgt, trauen sich die Studenten auch dann etwas zu wählen, wenn sie sich bei den Antworten nicht sicher sind. Auch die falschen Antworten sind wichtig, denn aus ihnen erfährt der Dozent, was den Studenten noch unklar ist und er kann darauf genauer eingehen. Mit dem *„Interactive Voting"*-System hat der Dozent jeder Zeit die Möglichkeit, eine direkte Rückmeldung einzufordern. Auch für die Studenten hat dieses System seine Vorteile: Sie können ihren Lernerfolg direkt überprüfen. Das führt dazu, dass die Teilnehmer während der Vorlesung gedanklich präsenter sind und gerade dann besonders aufpassen, wenn sie zuvor falsch getippt haben. Übrigens: Theo Dingermann ist 2007 in Frankfurt am Main mit einem Preis für exzellente Lehre ausgezeichnet worden und hat sein Preisgeld in die Technik des *„Interactive Voting"*-System investiert.

Nicht nur die kreative Verwendung technischer Hilfsmittel macht das obige Beispiel zu etwas Besonderem. Vor allem die gelungene Kombination der Lehrformen zeichnet diese Idee aus. Durch die Fragen und die zeitnahe, elektronische Auswertung gelingt es dem Dozenten, in Großgruppen nicht nur darstellend zu lehren, sondern auch das *zusammenwirkende* mit dem *Aufgaben stellende Lehren* zu verbinden. Die Fragen, die Dingermann regelmäßig an das Publikum richtet, werden deshalb nicht als störend empfunden, weil sie sich immer auf die bereits behandelten Inhalte oder auf noch anstehende Themen beziehen.

3. Semesterplanung: Zusammenstellung eines Curriculums

Ein lernfreundlicher Veranstaltungsablauf besteht aus einer stimmigen Kombination verschiedener Lehrformen. Vielleicht steigen Sie in Ihr Seminar mit der Vergabe mehrer Impulsreferate ein, um die Teilnehmer auf einen gemeinsamen Wissensstand zu bringen? In die Semestermitte platzieren Sie dann eine Gruppenarbeit und am Ende stehen Einzel- und Partnerarbeiten mit Plenumspräsentationen auf dem Programm? Wichtig ist, dass die von Ihnen gewählte Abfolge der Lehrformen zielgerichtet und nützlich ist. Wenn die Studenten spüren, dass sie gut geführt ans Ziel kommen werden, weil Ihr Ablaufplan stimmig ist, wird auch die Gruppendynamik konstruktiv bleiben. Denn bei jedem Formenwechsel sollten Sie damit rechnen, dass die Gruppe unvorhergesehen reagiert. Wie aber sieht ein stimmiges „Curriculum" (lat. currere = laufen) aus und welchen Gang soll Ihre Lehre nehmen? Der Didaktiker Hans Glöckel versteht unter Curriculum die „planmäßige Aufeinanderfolge der Unterrichtseinheiten" eines Fachgebiets und unterscheidet sieben verschiedene Arten (Glöckel 2003, S. 187; S. 190). Diese lassen sich jedoch auf *drei Grundtypen* aufteilen: das lineare, das *zweidimensionale* und das *dreidimensionale Curriculum*.

A. Das lineare Curriculum: Die Perlenkette

Ein lineares Curriculum hat meistens diese Form:

Der Musterablauf eines linearen Curriculums ist einfach und verlockend: alles ist schön gegliedert, zielorientiert, konsequent und verspricht einfachste Handhabung. Wie bei einer Perlenkette sind die Elemente und Inhalte hintereinander geordnet. Das große Hauptthema wird in Unterthemen aufgeschlüsselt und auf die verschiedenen Einzelsitzungen verteilt. Das jeweilige Lehrziel kann ebenfalls eingetragen werden; die entsprechende Lehrform kommt dazu und am Ende listet man nur noch seine Materialien auf. Alles hat seinen vorgegebenen Platz. Nichts wurde vergessen. Deshalb muss alles auch genau in dieser Reihenfolge gelehrt werden. Alles passt zueinander und bezieht sich aufeinander. Wer nach diesem Curriculum vorgeht, braucht später nicht mehr auszuwählen oder zu variieren.

Aber die Stringenz des linearen Musters ist zugleich auch seine Kehrseite. Es ist als Modell unflexibel und sieht situative Spontaneität einfach nicht vor. Allem voran aber impliziert es, dass die zu behandelnden Grundbegriffe in einer strengen Reihe auf einander folgen *müssen*. Die behandelten Themen erhalten den Nimbus von „an sich seienden Objektivitäten" (Klafki 1996, S. 122): So war es, so ist es, so muss es sein. Aber woher kommt diese beneidenswerte Sicherheit? Wer legt das so fest? Selbst wenn die Grundelemente wirklich so folgerichtig aufeinander verweisen würden und wenn das Fach wirklich eine so strenge innere Ordnung hätte, müssen sie dann auch zwangsläufig in dieser starren Abfolge behandelt werden? Auch hier ist lerntheoretisch wieder die Grundschuldidaktik um Meilen voraus: Kinder eignen sich heute das Lesen nicht mehr dadurch an, dass sie ganz streng einen Buchstaben nach dem anderen lernen. Die Fibeln der ersten Klasse beginnen mit ganzen Wörtern und nicht mehr mit simplen Vokalfolgen. Trotzdem wird das Alphabet ganz nebenbei noch gelernt, weil es ein starkes Strukturmodell ist.

Dass die Linearität des Musters auch zu den besten Inhalten und lernförderlichem Verhalten führt, ist ein Mythos, der sich hartnäckig hält. Tatsächlich fühlen sich Studenten bei Veranstaltungen, die dem linearen Curriculum folgen, eher wie Wanderer im dichten Nebel (Glöckel 2003, S. 192). Sie werden vom Dozenten in eine undurchschaubare Suppe hineingeführt und von einer Straßenlaterne zur nächsten gelotst. So kommen sie zwar auch ans Ziel, nehmen aber von ihrer Umgebung nichts wahr. Wenn sich der Nebel ab und zu etwas lichtet und ein Student eine Frage zur Umgebung stellt, ist das für den Ablauf nur lästig. Für die sorgfältige Beantwortung bleibt keine Zeit. Man muss ja schließlich den nächsten Mast erreichen. Deshalb wird im linearen Curriculum viel auf Verdacht gelernt. Die Studenten müssen sich vieles merken, dessen Sinn und Nutzen sie erst später, vielleicht bei der nächsten Laterne, verstehen können. Die meisten Dozenten, die über Zeitnot klagen, verfolgen eine solch strenge Planung, bei der sie kaum Rücksicht auf das Lerntempo der Studenten nehmen, weil sie Angst davor haben, in Verzug zu geraten. Die Studenten dürfen nichts verpassen. Denn wer krankheitsbedingt fehlt, verliert schnell den Anschluss. Wer aber eine oder zwei Sitzungs-„Perlen" verpasst hat, für den heißt es dann: „Game over. Try again next term?"

B. Das zweidimensionale Curriculum: Das fremde Land

Natürlich weiß ein Urlauber nach einer dreiwöchigen USA-Reise fast nichts von dem Land. Aber selbstverständlich kennt er es besser als jemand, der nie dort war. Sein Zugang zu diesem Land gleicht einem Kennenlernen nach dem Prinzip des zweidimensionalen Curriculums.

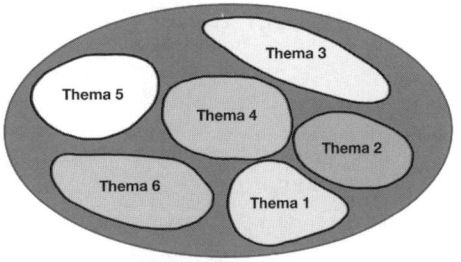

Das zweidimensionale Curriculum versteht das gesamte Stoffgebiet als Fläche und teilt es in größere Felder ein. Im Gegensatz zum linearen Curriculum gibt es hier keine von vornherein festgelegte Abfolge einzelner Themen. Hinter diesem Konzept steckt die Vorstellung, dass der Lernende besondere, für das Fachgebiet prägnante Felder kennen lernen muss, um einen Gesamteindruck zu bekommen. Ihm ergeht es wie dem Urlauber, der ausgewählte Orte in den Vereinigten Staaten besucht, an denen sich die Besonderheiten dieses Landes gut widerspiegeln. Ein solches Curriculum zielt darauf, den Studenten die Grundkategorien oder Basiskonzepte des Fachgebiets bekannt zu machen, mit deren Hilfe sie sich später orientieren und dann selbstständig auf dem Feld weiterarbeiten können. Dieses Curriculum kennt auch Lernziele, die sich einerseits auf die zu lernenden Basiskonzepte beziehen und andererseits an den zu erwartenden Lernerfolgen orientieren. Es geht um ein Lernen an typischen Fällen oder prägnanten

Beispielen, wobei die ausgewählten Teilbereiche des Themas möglichst die Gesamtstruktur des Faches widerspiegeln sollten.

Auch das zweidimensionale Curriculum hat seine Grenzen. Bei der Auswahl der Grundkategorien bzw. Themen können Sie als Dozent auch daneben liegen. Um im Bild zu bleiben: immer besteht die Gefahr, dass die von der Reiseleitung für die USA-Reise ausgewählten Orte nicht bei den Teilnehmern ankommen. Die Prinzipien, Beispiele oder Konzepte, die Sie für Ihre Lehrveranstaltung auswählen, können auch an Ihren Studenten vorbeigehen, denn sie werden mit Fragen und Problemen konfrontiert, die sie noch nicht kennen. Wenn die Thematisierung der einzelnen Punkte die Studenten nicht dazu anregt, das Fachgebiet vom Ort Ihrer Fragestellung aus zu betrachten und weiter zu erkunden, hat sich die Reise leider nicht gelohnt.

C. Das dreidimensionale Curriculum: Die Spirale

Eine dritte Dimension erhält das Curriculum dann, wenn Sie die Lernaktivität der Studenten ins Zentrum rücken. Automatisch spielt dann nicht mehr Ihre feste Themenvorgabe die Hauptrolle, sondern die Fragen der Lerngruppe. Dozenten, die ihren „Lehrgang" nach diesem Modell durchführen, fragen zunächst nach dem tatsächlichen Vorwissen und dem Interesse ihrer Studenten, weil sie davon ausgehen, dass diese ihre fachlichen Kompetenzen erweitern *wollen*. Wenn Sie sich bei Ihren Studenten erkundigen,

Perspektive 3

Perspektive 2

Perspektive 1

Stoffgebiet

welche Aspekte des Themas Ihnen schon vertraut sind, regen Sie sie dazu an, das Fachgebiet aus einer gewissen Draufsicht zu betrachten und sich auf diese Weise einen Überblick zu verschaffen. Dagegen führt die Frage, mit welcher Fragestellung des Themengebietes sich die Studenten zuerst befassen wollen, zu einer Perspektivumkehr: Sie müssen nun ganz nah an das Fachgebiet herangehen und es mikroperspektivisch durchsuchen, um einen Ansatzpunkt zu entdecken. Das dreidimensionale Curriculum führt die Lernenden wie auf einer Wendeltreppe durchs Thema: spiralförmig und multiperspektivisch. Es stellt beide – Dozent und Studenten – vor eine besondere, aber auch lohnende Herausforderung.

Ein dreidimensionales Curriculum orientiert sich an einer Fragestellung, die aus der Sicht der Lernenden formuliert wird. Eine solche Lernperspektive kann beispielsweise die Frage der *Genese* sein. Wie ist etwas geworden? Welche Wandlungen gab es in einem bestimmten Entwicklungsprozess? Auf welche Probleme sind die Forscher in diesem Gebiet gestoßen und wie haben sie diese gelöst? Welche Parallelen gibt es zu heutigen Entwicklungen? Die Frage nach der Entstehung eines Sachverhalts ist meistens eine Frage, mit der sich auch Lernende auseinandersetzen, denn hier geht es immer auch um die eigene Entwicklungsgeschichte.

Der Vorteil des dreidimensionalen Curriculums liegt in der gemeinsamen Entwicklung von Themen und Fragestellungen. Die Studenten gestalten den Lehr-Lern-Prozess mit. Dadurch haben Sie als Dozent viel mehr Möglichkeiten, zu erfahren, was von Ihren Studenten wirklich gelernt wurde. Wenn die „Wendeltreppe" funktioniert, wird die Arbeitsgruppe sich die benötigten „harten Fakten" selbst beschaffen. Unserer Erfahrung nach verändert sich sogar das Problem der Zeitknappheit und Stofffülle zum Positiven. Nicht der Dozent beklagt sich am Semesterende, dass er mit dem Stoff kaum durchkommt, sondern die Studenten, die es bedauern, dass nicht mehr genug Zeit bleibt, alle auftauchenden Fragen und Probleme zu behandeln.

Das dreidimensionale Curriculum birgt die Schwierigkeit, dass der Lernprozess ganz viele Richtungen einschlagen kann, die Sie vorher nicht festlegen können. Als Dozent sollten Sie deshalb immer im Blick haben, ob sich der Ablauf an der Gestalt einer Wendeltreppe bzw. Spirale orientiert. Der „Lehr-Gang" führt vom Einfachen zum Komplexen in einer aufsteigenden und sich nach oben hin ausweitenden Spirale (Glöckel 2003, S. 195). Auf dieser fachspezifischen Wendeltreppe begegnen die Studenten den einzelnen Themen des Stoffgebiets mehrfach, aber aus verschiedenen Blickwinkeln, in größeren Komplexitäten und auf höheren Verständnisniveaus. Was Ihre Studenten beim ersten Durchgang noch nicht erfasst haben, können sie dadurch später nachholen. Den Studenten fällt dabei auf, dass sie ja schon etwas wissen und dass sie zu Experten werden – langsam, aber sicher.

Lehr-Gänge kombinieren

Ein gutes Curriculum ist ein Lehrkonzept mit einer klaren Grundidee. Aus ihr ergibt sich der thematische rote Faden. Damit haben Sie aber keine Garantie, dass nicht trotzdem etwas schief läuft. Jede Themenkette kann abreißen und jede Lehr-Spirale ins Uneinholbare mäandern. Gerade in solchen Fällen aber ist es für den Dozenten notwendig, die Grundidee des bestehenden Konzeptes immer wieder im Blick zu behalten. Sie ist ein Hilfsmittel im besten Wortsinne.

Alle drei oben beschriebenen Lehrgangs-Konzepte haben ihre Berechtigung innerhalb des Hochschulbetriebs. Durch ihre jeweiligen Stärken und Schwächen lassen sie sich gut kombinieren. Während das lineare Curriculum von allen drei Konzepten zwar am stärksten dozentenzentriert ist, bietet es andererseits aber auch die klarste Struktur. Die beiden anderen Formen sind offener, verlangen vom Dozenten aber auch ein höheres didaktisches Reflexionsvermögen und einen besseren Kontakt zu den Studenten. Statt ein Konzept über die gesamte Lehrveranstaltung zu stülpen, lohnt es sich, Lehrformen zu kombinieren. Wenn Studenten in Ihrem Seminar sehr schnell bestimmte Fähigkeiten erlangen müssen, etwa in Intensiv-Sprachkursen, Laboreinführungen oder Sport-Trainingskursen, sind Phasen linearer Curricula mit klarer thematischer Struktur sehr sinnvoll. Dann wiederum kann es innerhalb Ihrer Lehrveranstaltung Phasen geben, in denen Sie zu den anderen Konzepten wechseln. Bevor Sie also zu einem spiralförmigen Curriculum übergehen, könnten Sie zuvor die fachlichen Grundlagen in Gestalt eines linearen Curriculums vorgeben und durcharbeiten lassen. Erst im Anschluss wird die Gruppe dann aufgefordert, das Fachgebiet durch ausgewählte Fragestellungen auf eigene Faust zu erkunden. Wie sieht eigentlich die Grundidee *Ihres* Konzeptes aus?

4. Durchführung: Gestaltung einer Lehrveranstaltung

Jede Lehrveranstaltung ist ein Abenteuer. Auch wenn Sie sich für eine Lehrform entscheiden, die Ihnen liegt und das Curriculum gut durchstrukturieren, heißt das nicht, dass später alles nach Plan läuft. Bei der Durchführung werden Sie auf so manche Unwägbarkeit und Überraschung stoßen, mit der Sie nicht gerechnet hatten. Das Wechselspiel zwischen Lernprozess (→ 1. Teil) und Gruppenprozess (→ 3. Teil) gibt jedem Sitzungsverlauf seine eigentümliche Dynamik.

Im Schaubild unten haben wir dargestellt, wie der Veranstaltungsverlauf zwischen Lernprozess und Gruppenprozess oszilliert. Jede Lehrveranstaltung durchläuft drei Hauptphasen (*Anfangsphase, Arbeitsphase, Schlussphase*). Und jede dieser Phasen besteht aus bestimmten Schritten des Lernprozesses und des Gruppenprozesses. Von der Vorbereitung des Sitzungsraums bis zur Verabschiedung der Gruppe durchläuft die Veranstaltung auf diese Weise drei Phasen mit 9 Einzelschritten, die aber unterschiedlich lang dauern können. In der Anfangsphase der ersten Sitzung zum Beispiel wird das *Begrüßen und Kontaktaufnehmen* erfahrungsgemäß noch etwas mehr Zeit beanspruchen, während Sie in den weiteren Sitzungen dafür nur noch wenige Augenblicke benötigen.

Sie können jede Phase aktiv gestalten. Welche Möglichkeiten Ihnen dabei zur Verfügung stehen, beschreiben wir im nächsten Abschnitt. Jeder Einzelschritt enthält eine Checkliste, welche die Aufgaben des Dozenten beschreibt. Außerdem weisen wir auf methodische Varianten hin, mit denen Sie die jeweilige Phase abwechslungsreich gestalten können. Unsere Ideen verstehen wir als Anregungen, mit denen Sie Ihr Repertoire didaktischer Handlungsmöglichkeiten erweitern können.

Der Verlauf einer Lehrveranstaltung

Lernprozess		Gruppenprozess
Anfangsphase		
	1	Gute Rahmenbedingungen herstellen
	2	Begrüßen und Kontakt aufnehmen
Überblick geben und Vorwissen aktivieren	3	
Arbeitsphase		
Strukturieren	4	(gegebenenfalls Kleingruppen bilden)
	5	Die neue Arbeitsaufgabe abklären
Den Stoff durcharbeite	6	(Arbeit in den Kleingruppen)
Schlussphase		
	7	Ergebnisse zusammenfassen
Wiederholungsmöglichkeiten anbieten	8	
	9	Die Sitzung beenden und die Gruppe verabschieden
Nachbereitung, Vorbereitung, Aufgaben bearbeiten	Die Zeit zwischen den Sitzungen nutzen	Kommunikation über das Internet oder Treffen von Arbeitsgruppen

Anfangsphase

1. Gute Rahmenbedingungen herstellen

Ziel: Es entwickelt sich eine störungsfreie Kommunikation in der Gruppe, die zu erfolgreichen Lernprozessen führt.

Checkliste

☑ Sind der Zielgruppe Ort und Zeit der Veranstaltung bekannt?
☑ Ist der Raum
  – *zum Sitzungstermin frei?*
  – *groß genug?*
  – *geheizt?*
  – *hell?*
  – *sauber?*
  – *gelüftet?*
☑ Ist die benötigte technische Ausrüstung einsatzbereit?
☑ Welche Sitzordnung ist sinnvoll?
☑ Welchen Platz nehmen Sie ein?

Methodische Varianten

• *Kreis- oder Hufeisenform*: Diese Sitzordnungen passen gut zu Lehrgesprächen, da sich alle Teilnehmer beim Sprechen sehen können.
• *Tischgruppen oder Stuhlkreise*: ideal für Kleingruppenarbeit.
• *Einbeziehung der Teilnehmer:* Wenn Sie die Teilnehmer bei der Wahl der Sitzordnung und der Einrichtung des Raumes beteiligen, sparen Sie sich viel Arbeit beim Stellen der Tische und aktivieren außerdem noch die Gruppe.
• *Der Platz des Referenten und der Platz des Moderators:* Trägt ein Teilnehmer ein Referat vor, nehmen Sie den Platz des Moderators ein. Wenn Sie in der Sitzung selbst Inhalte referieren und anschließend ein Lehrgespräch moderieren, können Sie vom Platz des Referenten zum Platz des Moderators wechseln, um aus der Referentenrolle auszusteigen und nun die Diskussion zu moderieren. Würden Sie in der Referentenrolle bleiben, entstände keine Diskussion, sondern nur ein Frage-Antwort-Spiel mit dem Referenten.

2. Begrüßen und Kontakt aufnehmen

Ziel: Die Teilnehmer fühlen sich von Ihnen wahrgenommen und sind aufmerksam. Als Dozent können Sie feststellen, ob der Gruppenrahmen intakt und die Gruppe arbeitsfähig ist.

Checkliste

☑ Nehmen Sie Blickkontakt zu Ihren Studenten auf. Verstecken Sie sich nicht hinter Büchern, Materialien oder einem Bildschirm.

☑ Nehmen Sie sich Zeit, die Gruppe zu begrüßen.

☑ Geben Sie den Teilnehmern Gelegenheit, sich kennen zu lernen, falls sich die Gruppe zum ersten Mal trifft oder Sie in dieser Sitzung die erste Gruppenarbeit durchführen.

☑ Prüfen Sie, ob ein Verfahren zur Überprüfung der Anwesenheit (z. B. Anwesenheitsliste) gestartet werden sollte.

☑ Fehlen heute viele Teilnehmer? Woran könnte das liegen?

☑ Fehlt ein Teilnehmer, der in dieser Sitzung etwas einbringen wollte (Referat, Arbeitsergebnis, einen Fall o.ä.)?

☑ Nehmen Sie irgendwelche Besonderheiten in der Gruppe wahr? Gibt es aktuelle Ereignisse (an der Hochschule, in der Stadt, ...) die angesprochen werden müssten, um eine Anspannung zu lösen?

Methodische Varianten

• *Ungewöhnliche Anfänge*: Wenn Sie mit einer Überraschung beginnen, können Sie die damit erzielte Aufmerksamkeit auf das Seminarthema lenken. Eine Sitzung könnte z. B. damit anfangen, dass die Jalousien heruntergelassen werden und ein Film einsetzt. Genauso gut könnte auch ein Dialog, ein vorgetragener Text oder ein Bild direkt zum Thema führen. Wichtig bei einem solchen Einstieg ist nur, dass er aufmerksamkeitsstark ist und thematisch passt. Die Begrüßung sollte aber nie fehlen und auch nach einem Überraschungsanfang nachgeholt werden.

Methoden für das Kennenlernen

• *Vorstellungsrunde*: Nennen Sie zu Beginn ein paar Kriterien, unter denen sich die Teilnehmer in der Gruppe kurz vorstellen sollen (Name, Studienfach, Semesterzahl, ...). Wenn Sie mehr als drei Kriterien vorgeben, sollten Sie diese der Übersichtlichkeit halber für alle visualisieren. Es ist auch möglich, die Teilnehmer zu fragen, ob sie von den anderen etwas Bestimmtes wissen möchten. Ein oder zwei Kriterien können sich auch auf das Thema des Seminars beziehen, damit erfahren Sie schon etwas über das Vorwissen der Gruppe. Die entsprechenden Fragen könnten lauten: Wo ist Ihnen das Thema der Veranstaltung schon einmal begegnet? Oder: Für das Thema dieses Kurses bringe ich Folgendes mit … (Knoll 1993, S. 103).

- *Aufstellung*: Wenn es die Platzverhältnisse erlauben, bitten Sie die Teilnehmer aufzustehen. Stellen Sie nun einzelne Fragen, die Ihre Teilnehmer durch entsprechendes Aufstellen im Raum beantworten. Zum Beispiel: Stellen Sie sich nach Semesterzahl sortiert in Gruppen auf. Oder: Stellen Sie sich in einer Reihe auf, dem Alter nach. Oder: Dieser Stuhl hier ist die Hochschule. Bitte stellen Sie sich so auf, dass in etwa die verhältnismäßige geografische Entfernung zu dem Ort deutlich wird, an dem Sie Abitur gemacht haben. Dadurch beginnt natürlich ein intensiver Austausch in der Gruppe: Ist Stuttgart weiter von Köln entfernt als Magdeburg? Liegt Tiflis näher oder Vilnius? Durch das jeweilige Aufstellen im Raum bekommen alle einen guten Überblick über die Gruppe, über ihre Altersstruktur, ihre kulturelle Zusammensetzung und so weiter. Eine angeleitete Auswertung der Übungen ist in aller Regel nicht notwendig, da die Teilnehmer untereinander bereits im intensiven Austausch sind.

- *Steckbrief*: Diese Übung eignet sich dann, wenn eine intensivere Form des Kennenlernens notwendig ist, z. B. bei einer Arbeitsgruppe, die sich auf eine Exkursion ins Ausland oder auf ein mehrtägiges Blockseminar in einem Tagungshaus vorbereitet. Mit Laptop, Kamera und Drucker lassen sich Fotos von jedem Teilnehmer anfertigen, die dann auf eine Wandzeitung geklebt werden. In Partnerinterviews überlegen sich die Teilnehmer, welche persönlichen Daten sie der Gruppe mitteilen möchten. Die Gesprächspartner schreiben dann gegenseitig einen Kurzsteckbrief, der zu den Bildern gehängt wird. Falls die Arbeitsgruppe sich nicht regelmäßig sieht und häufig via Internet miteinander kommuniziert, können die fertigen Steckbriefe auch auf die Online-Plattform des Seminars gestellt werden.

- *Bilder*: Wenn Sie gleich zur Sache kommen und die Teilnehmer direkt herausfordern wollen, eignen sich Bilder gut dafür (Knoll 1993, S. 153). Sie benötigen Fotos, Grafiken, Postkarten, die im weitesten Sinne etwas mit dem Thema Ihrer Veranstaltung zu tun haben. Diese Bilder – etwas mehr als die Anzahl der Teilnehmer – legen Sie auf Tischen oder auf dem Boden aus. Jeder Teilnehmer wird nun gebeten, ein Bild auszuwählen. Wenn alle wieder am Platz sind, stellt sich jeder reihum mit einigen Worten vor, zeigt sein Bild und erläutert, warum er gerade dieses ausgewählt hat,

4. Teil: Lehren mit der passenden Methode

bzw. was es mit seiner Person zu tun hat. Alternativ ist es möglich, diese Übung statt mit Bildern auch mit Texten, Formeln, Zitaten, Jahreszahlen oder mit Gegenständen durchzuführen.

Methoden zur Feststellung der Arbeitsfähigkeit

- *Blitzlicht*: Wenn Sie sich nicht auf Ihr Gespür verlassen möchten, können Sie die Befindlichkeit in der Gruppe auch durch ein *Blitzlicht* in Erfahrung bringen (Knoll 1993, S. 184). Dazu sollte die Gruppe im Stuhlkreis zusammenkommen, sofern das möglich ist. Reihum sagt jeder Teilnehmer kurz in einem oder zwei Sätzen, was ihn gerade beschäftigt und mit welchen Gefühlen er heute an die Arbeit geht. Alternative Leitfragen: Was hat mich seit der letzten Sitzung noch beschäftigt? Was erwarte ich von der heutigen Sitzung? Ein *Blitzlicht* kann auch zum Schluss der Sitzung durchgeführt werden, dann liefert es ein wertvolles Feedback für den Leiter.
- *Gemeinsam bis 20 zählen*: Um die Arbeitsfähigkeit, den Gruppenzusammenhalt und die Aufmerksamkeit der Gruppe direkt zu testen, lassen Sie die Gruppe von 1 bis 20 zählen. Aber unter folgenden Bedingungen: Die Zahlen müssen nacheinander laut ausgesprochen werden, allerdings nicht von einem Teilnehmer alleine und nicht reihum, sondern ohne Absprache und ungeordnet. Wenn zwei Teilnehmer gleichzeitig die nächste Zahl nennen, muss die Gruppe wieder bei „1" beginnen. Erstaunlich ist, wie sensibel jeder Teilnehmer nach einer Weile auf die anderen achtet, um den richtigen Zeitpunkt zum Nennen einer Zahl zu erwischen. Wenn die Gruppe diese Aufgabe löst, wird sie an diesem Tag noch ganz andere Herausforderungen bewältigen können. Falls die Gruppe auch beim 4. oder 5. Anlauf das Ziel nicht erreicht, sollten Sie sie jedoch erlösen; vielleicht klappt es ja beim nächsten Mal besser. Der Sinn dieser Übung muss hinterher meistens nicht mehr thematisiert werden. Die Teilnehmer verstehen: Es geht um die Verständigung innerhalb der Gruppe, um ein Sich-Einlassen auf die anderen Mitglieder. Wenn sie funktioniert, macht auch die Zusammenarbeit mehr Spaß.

3. Überblick geben und Vorwissen aktivieren

Ziel: Durch den Rückblick auf die letzte Sitzung und den Ausblick auf die neuen Themen können sich die Studenten inhaltlich orientieren und sind dazu motiviert, Neuland zu betreten.

Checkliste

☑ Welche „Reste" aus der letzten Sitzung sind für die Gruppe noch offen geblieben (z.b. eine Frage, die nicht mehr beantwortet werden konnte oder Themen, die zurückgestellt wurden? Gibt es wichtige Aspekte, die ergänzt werden müssen?)?

☑ Sind heute Teilnehmer da, die beim letzten Mal gefehlt haben? Können Sie ihnen kurze Hinweise geben, wie sie Anschluss an das Thema finden?

☑ Wurden in der letzten Sitzung Aufgaben gestellt, die zwischenzeitlich bearbeitet werden sollten? Die Ergebnisse können an dieser Stelle besprochen werden.

☑ Hat ein Teilnehmer die letzte Sitzung protokolliert? Er könnte nun sein Protokoll verlesen.

☑ Möchten Sie selbst die Inhalte und den Verlauf der letzten Sitzung zusammenfassen?

☑ Erläutern Sie, wie der neue Stoff mit der bisherigen Lehrveranstaltung inhaltlich zusammenhängt.

☑ Laden Sie die Studenten zu einem kurzen „Rundflug" über den neuen Stoff ein. Dringen Sie dabei aber nicht zu tief in den fremden Luftraum ein, sondern zeigen Sie nur ein paar wichtige Orientierungspunkte.

☑ Benennen Sie mögliche Berührungspunkte zwischen den neuen Inhalten und der Alltagswelt bzw. der Lebenswelt der Studenten.

Methodische Varianten

Methode zur Abklärung der Erwartung am Beginn eines Semesters

• *Wunschzettel*: Auf halbierten DIN A5-Blättern notiert jeder Student einen Wunsch. Welche Kompetenz möchte er in dieser Veranstaltung erwerben? Was möchte er am Ende des Semesters „können"? Die Wunschzettel können anschließend in der Gruppe weitergereicht werden und jeder Teilnehmer liest die Wunschkarte vor, die er bekommen hat. Durch das Vorlesen hört jeder die Wünsche der anderen. Dadurch können sich die Einzelwünsche zu Wünschen der Gruppe entwickeln. Sammeln Sie die Zettel ein. Sie eignen sich gut für eine Bilanz im letzten Drittel des Semesters oder zur Erfolgskontrolle am Ende.

Methoden, mit denen Sie an die letzte Sitzung anschließen können

* *Einstiegspräsentationen*: Die Präsentation der Inhalte, Themen und Ergebnisse der vorangegangenen Sitzung dient dazu, dass die Anwesenden sich erinnern und an den Lernprozess anknüpfen können. Den Präsentationsmöglichkeiten sind keine Grenzen gesetzt: ob Vortrag mit und ohne Visualisierung, Thesenpapier zum Selbstlesen, Dialogvortrag in Frage-Antwortform – alles ist möglich. Wichtig ist nur, dass die Präsentation kurz (2-4 Minuten) und prägnant ist. Es geht ja nur um ein rasches Auffrischen, damit der nächste Schritt im Seminar erfolgen kann.

* *Hausaufgaben*: Wenn Sie den Teilnehmern in der vorangegangenen Sitzung Aufgaben zum Selbststudium mitgegeben haben, wäre der Anfang der neuen Sitzung ein guter Zeitpunkt, um die Ergebnisse zu besprechen. Für Ihre Studenten ist das wichtig, denn wer sich zu Hause schon mal hingesetzt und eine Aufgabe bearbeitet hat, möchte natürlich wissen, ob er mit seiner Lösung richtig liegt. Bei der Besprechung der Ergebnisse müssen Sie nicht unbedingt jede Lösung kontrollieren und diskutieren. Die Teilnehmer können das auch selbst tun, indem sie untereinander, zu zweit oder zu dritt, die Antworten vergleichen und sich gegenseitig auf Fehler aufmerksam machen oder auf noch elegantere Lösungswege hinweisen. Dadurch kommen sie automatisch auch mit dem Thema der letzten Sitzung in Kontakt. Lassen Sie es sich aber nicht nehmen, zu fragen, wer auf die richtige Lösung gekommen ist. So werden Erfolge gewürdigt und Sie erfahren, ob der Stoff einem größeren Teil der Gruppe noch Schwierigkeiten bereitet.

Methoden, mit denen Sie neue Themen vorstellen

* *Clustern:* Schreiben Sie das Hauptthema (z.B. den Titel der Lehrveranstaltung) in einem Wort in die Mitte Ihres Schaubilds und kreisen Sie es farblich ein. Finden Sie anschließend verschiedene Unterthemen (je ein Wort) und schreiben Sie sie um das Hauptthema herum. Kreisen Sie diese ebenfalls farblich ein. Dadurch entsteht ein Schaubild mit übersichtlichen Themenportionen oder „Klumpen" (engl.: Cluster). Die Cluster, die in einem Sinnzusammenhang stehen, werden nun mit Linien oder Pfeilen verbunden. Auf diese Weise können Sie ein komplexes Thema grafisch ansprechend darstellen. Diese „Landkarte" Ihrer Lehrveranstaltung können Sie immer dann präsentieren, wenn Sie den aktuellen

Lernstand der Gruppe aufzeigen möchten oder wenn Sie zeigen wollen, wo sie sich thematisch hin entwickeln soll. Ein solches Seminar-Cluster werden Ihre Studenten gerne aufgreifen und als Grundgerüst für ihr eigenes inneres Bild vom Thema übernehmen.

- *Trailer:* Nutzen Sie Filmszenen, Bilder, Gegenstände, Zitate, Geschichten, Witze, etc., die etwas mit dem neuen Thema zu tun haben. Je anschaulicher das Thema dadurch wird, desto einfacher fällt es den Studenten, Kontakt damit aufzunehmen.

Methoden, die das Vorwissen aktivieren und Erwartungen wecken

- *Zettelcluster:* Schreiben Sie das Thema und seine wichtigsten Aspekte auf einzelne Zettel, hängen Sie diese, geordnet nach Zusammenhängen, an eine Pinnwand. Die Studenten bekommen anschließend die Aufgabe, ihrerseits Zettel mit ihren Gedanken zum Thema, ihrem Vorwissen oder bereits vorhandenen Fragen zu schreiben und sie an die passende Stelle auf der Pinnwand zu heften. So entsteht ein Zettelcluster, das einen Überblick gibt, das Vorwissen Ihrer Studenten aktiviert und ihre Erwartungen weckt (vgl. Waldherr/Walter 2009, S. 8ff.).
- *Wie entscheiden Sie sich?* Die Aufstellungsmethode lässt sich nicht nur zum Kennenlernen (s.o.) nutzen, sie eignet sich auch als Einstieg in ein neues Thema. Bereiten Sie zwei Plakate mit der Aufschrift „Ich stimme zu" und „Ich stimme nicht zu" vor, die Sie in zwei Ecken des Raumes hängen. Nun stellen Sie eine These zum aktuellen Thema auf und bitten die Teilnehmer, sich für eine Position zu entscheiden. Jeder stellt sich in die entsprechende Raumecke. Sie können den beiden Gruppen jetzt etwas Zeit geben, damit sie sich über die Wahl der Positionen unterhalten. Nachdem alle wieder in die Raummitte gegangen sind, können sie eine weitere Entscheidungsfrage stellen. Auf diese Weise bekommen die Studenten einen guten Überblick darüber, welche Fragen für das neue Thema relevant sind und erfahren, dass sie Informationen brauchen, um zuverlässig die richtigen Antworten zu wählen. Die Auflösung kann entweder nach jeder Frage oder gebündelt am Ende erfolgen. Es eignen sich auch Fragen, zu denen es mehrere Positionen gibt. In diesem Fall werden die anderen Ecken des Raumes mit einbezogen (Macke/Hanke/Viehmann 2008, S. 172).
- *Einzel-Brainstorming:* Stellen Sie eine Frage bzw. benennen Sie ein Problem aus dem neuen Stoffgebiet. Bitten Sie danach die Studen-

ten, ganz spontan und zügig alles auf einem Blatt zu notieren, was ihnen dazu einfällt. Lassen Sie nach drei Minuten ein paar Studenten ihre Assoziationen vorlesen. Achten Sie dabei auf Schlüsselbegriffe des Themas und versuchen Sie zu erkennen, ob die Studierenden schon einen Zugang (oder wenigstens Berührungspunkte) zum neuen Thema haben.

• *Kugellager:* Was man über ein neues Thema bereits alles weiß, fällt einem häufig erst dann ein, wenn man mit jemandem darüber spricht. Deshalb teilt sich die Gruppe in einen Innen- und einen Außenkreis und jeder spricht über eine vorgegebene Fragestellung zum neuen Thema mit seinem Gegenüber aus dem anderen Kreis. Nach Ablauf einer vereinbarten Zeit (3 bis 5 Minuten) dreht sich der Außenkreis im Uhrzeigersinn um eine Position weiter und der Gesprächsaustausch kann mit neuen Partnern weiter gehen. Wie oft dabei gewechselt wird, entscheiden Sie als Dozent. Das Kugellager kann im Stehen oder im Sitzen durchgeführt werden. In einem Raum mit langen Tisch- und Stuhlreihen setzen sich die Gesprächspartner einander gegenüber und rücken beim Wechsel einen Platz weiter nach rechts (vgl. Waldherr/Walter 2009, S. 14).

Arbeitsphase

4. Strukturieren

Ziel: Die Studenten werden mit der Struktur des Themas und dem weiteren Verlauf der Veranstaltung bekannt gemacht. Dadurch wird es ihnen leichter fallen, sich zu orientieren und sich auf das Ziel des Lernprozesses einzulassen.

Checkliste

☑ Ist der neue Themenbereich inhaltlich gegliedert und liegt diese Struktur allen Teilnehmern auch schriftlich vor?

☑ Welche Form eignet sich am besten dazu, die Gliederung darzustellen?

☑ Ist Ihre Gliederung übersichtlich? Mehr als 5-7 Unterpunkte lassen sich vom Gedächtnis nicht aufnehmen.

☑ Wählen Sie möglichst eine dreigliedrige Struktur (z.B.: 1. These, 2. Antithese, 3. Synthese). Dreierschritte haben sich als sehr einprägsam erwiesen.

☑ Kennen Ihre Studenten den zeitlichen Verlauf der Sitzung? Welche Phasen gibt es in dieser Sitzung? Sind Pausen vorgesehen?

☑ Besprechen Sie mit den Studenten die Abfolge der Lehrformen, zum Beispiel den Wechsel zwischen Referaten und dem Austausch im Plenum. Die Teilnehmer wissen dann, worauf sie sich einstellen müssen. Und Sie brauchen später weniger zu intervenieren.

☑ Soll das Thema in Kleingruppen bearbeitet werden? Wäre jetzt der geeignete Zeitpunkt dafür, die Gruppen einzuteilen?

Methodische Varianten

Methoden für die Darstellung der Struktur

* *Schriftliche Darstellung*: Für die Darstellung des Ablaufs oder der inhaltlichen Struktur können Sie alle technischen Hilfsmittel verwenden: Beamer, Tafel, Flipchart, Overhead, Handout, Plakate, Onlinezugang mit Laptop. Wenn die Studenten einen ausgedruckten Ablauf oder eine Kopie auf ihrem Laptop haben, können sie im Verlauf der Lehrveranstaltung die abgearbeiteten Punkte abhaken, ergänzen oder kommentieren. Wenn sie dies tun, ist das ein Indiz dafür, dass sie versuchen, sich die Struktur anzueignen.

* *Roter Faden:* Bei Blockseminaren lohnt sich der Aufwand, tatsächlich eine rote Schnur durch den Seminarraum zu spannen. Daran werden Blätter mit den Seminarthemen festgeklammert. Wenn Sie Ihre eigenen Themenvorschläge gleich zu Beginn aufhängen, können Sie sie mit den Studenten besprechen. Es ist aber auch möglich, dass Sie die Themen zuerst im Plenum erarbeiten und dann von den Teilnehmern an der Schnur befestigen lassen. Der Vorteil dieser Methode ist, dass die Seminarstruktur für alle sichtbar im Raum hängt und, falls nötig, ganz einfach verändert werden kann. Ein farbiges Blatt, das an der roten Schnur wechselnde Positionen bekommt, zeigt an, wo die Gruppe sich innerhalb des Arbeitsprozesses gerade befindet (Weidenmann 2008, S. 157f.).

Methoden zur Bildung von Kleingruppen

* *Durchzählen.* Wenn Sie sehr stark auf die Zeit achten müssen und die Gruppenbildung schnell gehen soll, lassen Sie Ihre Teilnehmer abzählen. Je nachdem, wie viele Gruppen Sie bilden möchten,

müssen die Studenten durchzählen (z. B. bei 5 Gruppen von 1-5) und sich anschließend mit den Kommilitonen der gleichen Zahl in einer Raumecke zusammenfinden.

- *Bonbons:* Es geht auch genussvoll. Lassen Sie die Studenten aus einem Hut Bonbons ziehen, die in verschiedenfarbiges Papier eingewickelt sind. Anschließend fassen Sie die Teilnehmer mit der gleichen Farbe zu jeweils einer Gruppe zusammen.

- *Gemeinsamkeiten:* Wenn Ihnen etwas mehr Zeit zur Verfügung steht und die Gruppeneinteilung gleichzeitig dem besseren Kennenlernen dienen soll, lassen Sie alle Studenten sich im Raum verteilen. Geben Sie Ihnen anschließend die Anweisung, unter den Anwesenden eine Person zu finden, mit der sie eine bestimmte Gemeinsamkeit verbindet (gleiches Alter, gleiches Hobby, gleicher Wohnort, etc.). Aus dieser kommunikativen Methode entstehen Zweiergruppen. Sie können aber auch größere Gruppen damit bilden. Kündigen Sie vor Beginn der Übung die Gruppengröße an und geben Sie die Art der Gemeinsamkeit vor.

- *Postkarten:* Wenn Sie Zeit für etwas mehr Vorbereitung haben, können Sie Postkarten in Puzzlestücke schneiden. Die Anzahl der Karten richtet sich danach, wie viele Gruppen Sie brauchen. Die Anzahl der Puzzleteile einer jeden Postkarte entspricht der Mitgliederzahl der Kleingruppe. Jeder zieht dann ein Teil, sucht die anderen Teile und findet seine Partner (Knoll 1993, S. 180).

5. Die neue Arbeitsaufgabe abklären

Ziel: Aus der inhaltlichen Struktur des neuen Themas werden die Lehr- und Lernziele abgeleitet. Diese zu erreichen, ist die neue Aufgabe der Gruppe.

Checkliste

☑ Nennen Sie die Lehrziele, die Sie in dieser Sitzung erreichen möchten und diskutieren Sie sie mit den Teilnehmern. Auf diesem Weg können Lehrziele zu Lernzielen werden.

☑ Haben Sie in der ersten Sitzung des Semesters einen Lehr-Lern-Vertrag geschlossen? Weisen Sie mit seiner Hilfe auf die Relevanz der Stundenziele für die noch anstehenden Fernziele hin.

☑ Enthält Ihre Formulierung der Arbeitsaufgabe auch eine Beschreibung des Weges, auf dem die Ziele erreicht werden?

☑ Passt die neue Aufgabe dieser Sitzung zu dem bereits aktivierten Vorwissen und zu dem soeben präsentierten Überblick?

☑ Wissen die Teilnehmer, dass sie ihre Lernziele nur durch eigene Beteiligung erreichen?

Methodische Varianten

- *Lehr-Lern-Vertrag:* Wenn es sich um die erste Sitzung des Semesters handelt, sollte jetzt die Lernzielvereinbarung im Rahmen des Lehr-Lern-Vertrags geschlossen werden (→ S. 210).
- *Gruppenarbeit:* Wenn Sie Kleingruppenarbeit vorgesehen haben, erläutern Sie jetzt den Ablauf und die angestrebten Ziele.
- *Schriftlicher Arbeitsauftrag:* Falls die Kleingruppen eigenständig weiterarbeiten sollen, lohnt es sich, wenn Sie die Arbeitsaufgabe schriftlich an die Gruppen geben, sie anschreiben oder sie projizieren. So haben die Gruppen immer wieder die Gelegenheit, sich zu vergewissern, was ihre Arbeitsaufgabe ist.
- *Erwartete Ergebnisse*: Häufig sagt der Arbeitsauftrag (z. B.: *Entwickeln sie Lösungswege für das folgende Problem*) noch nichts über die konkrete Form aus, in der die Ergebnisse einer Gruppenarbeit später vorliegen sollen. Teilen Sie der Gruppe mit, ob die Resultate auf einem Plakat, in einer Tabelle oder in einer anderen Form präsentiert werden sollen. Wenn Sie die Fantasie und Kreativität der Teilnehmer nicht einschränken wollen, überlassen Sie es den Arbeitsgruppen, sich selbst für eine Präsentationsform zu entscheiden.

6. Den Stoff durcharbeiten

Ziel: Die Studenten lernen das neue Thema kennen. Sie verstehen den neuen Lernstoff und verknüpfen ihn mit ihrem Vorwissen.

Checkliste

☑ Arbeiten jetzt wirklich nur Ihre Studenten oder sind insgeheim Sie der einzige Aktive?

☑ Haben Sie das Tempo immer im Blick? Wenn Sie etwas darstellen, sollten Sie nicht zu schnell vorgehen, damit alle mit der Verarbeitung des Stoffes nachkommen. Sie sollten aber auch nicht zu langsam sein, damit die Aufmerksamkeit nicht nachlässt.

☑ Bekommen Ihre Studenten ausreichend Gelegenheiten für Feedback? Nur so erfahren Sie, ob sie wirklich arbeiten und bei der Sache sind.

☑ Sind Sie in der Lage, die Arbeitsgruppen während dieser Phase wirklich sich selbst zu überlassen? Wenn die Studenten in den Gruppen arbeiten, haben Sie Pause, bis die Ergebnisse vorliegen. Oder bis eine Frage an Sie gerichtet wird.

☑ Sind Ihre Studenten mit den Arbeitstechniken vertraut, die sie für die Bearbeitung des Materials benötigen?

☑ Sind Ihren Studenten die Ergebnisse zu den Aufgaben und Fragen, die Sie ihnen stellen, vielleicht schon bekannt? Achtung: Aufgaben verlieren ihren Reiz, wenn die entsprechenden Lösungen im Lehrbuch oder im Skript schon vorgegeben sind.

Methodische Varianten

Die Lehrmethoden dieser Phase lassen sich in fünf Grundformen zusammenfassen (vgl. Aebli 2006):

1. *Referieren und Vorlesen:* Bei dieser Standard-Lehrmethode drückt der Dozent seine Erfahrungen mit dem Thema in Worten aus, während es Aufgabe der Zuhörer ist, seinen Gedanken zu folgen. Gelingt es ihnen, dann nehmen sie Teil an den Erfahrungen des Referenten und erweitern auf diese Weise ihr eigenes Wissen.

2. *Zeigen und Vorführen:* Nicht nur der Skilehrer und der Übungsleiter beim Turnen greifen zu diesem Lehrmittel, sondern auch der Matheprofessor, der einen Beweis an die Tafel schreibt. Das tut er nicht nur, weil der Lösungsweg im Tafelbild besser aussieht als im Lehrbuch. Er greift zu diesem Mittel, weil er weiß, dass seine Studenten durch das Beobachten von Handlungsabläufen besser lernen. Indem sie den Aufbau der Beweisführung *nach*vollziehen, lernen sie zu verstehen und entwickeln die Fähigkeit, selbst diese Handlung ausführen zu können. Wann immer es möglich ist, sollte in Lehrveranstaltungen nicht nur über Methoden und Verfahren gesprochen werden, sondern sie sollten auch direkt zur Durchführung kommen. Am besten von allen und nicht nur vom Dozenten.

3. *Beobachten und Analysieren:* Was ich selbst gesehen habe, davon kann ich mir schneller ein eigenes Bild machen. Verlieren Sie nicht viele Worte, holen Sie die „Außenwelt" einfach in Ihre Lehrveranstaltung hinein. So kann jeder sehen, was gemeint ist und versteht es unmittelbar. Exponate, Versuche, Bilder, Filme, Audiomaterial

– die medialen Möglichkeiten erweisen sich hier als echter Segen. Laden Sie Gäste ein: Fachleute, Experten aus der Praxis, Zielgruppenvertreter, etc. Als Dozent, der sich für diese Lehrform entscheidet, ist es Ihre Aufgabe, die Studenten bei ihren Beobachtungen anzuleiten, den Fokus vorzugeben und geeignete Analyseverfahren zur Verfügung zu stellen.

4. *Lesen mit den Studenten:* Es ist bei einem Referat für alle Seiten eine willkommene Abwechselung, wenn ein Zitat nicht einfach vorgetragen, sondern großflächig an die Wand projiziert wird und so von allen Studenten selbst gelesen werden kann. Ein günstiger Nebeneffekt des Lesens in der Lehrveranstaltung ist, dass Ihre Studenten auf diese Weise den unmittelbaren Umgang mit der Fachliteratur üben. Unterbrechen Sie Ihren Vortrag, um einen wichtigen Abschnitt aus einem Buch mit den Studenten gemeinsam zu lesen. Wenn ein Teilnehmer laut vorliest, ist auch der Hörsinn beteiligt. Anschließend spricht jeder Student mit seinem Tischnachbar über den Text. Danach wird der Text im Plenum behandelt. Das wissenschaftliche Lesen (von Werder 1995b) mündet in die Leseverwertung: Die neuen Gedanken werden fixiert auf der Tafel, in einem gemeinsamen Mindmap oder persönlich in einem *Schreibstopp* (jeder notiert die für ihn wichtigsten Aspekte).

   – *Archäologenkongress:* Sie kopieren für jede Kleingruppe den kompletten Text und schneiden ihn in so viele Einzelteile (maximal 6-8), dass jeder in der Gruppe ein Fragment bekommt. Nachdem jeder seinen Textteil gelesen hat, treffen sich die Gruppen zum Kongress, auf dem sie versuchen müssen, den passenden Textverlauf zu finden und seinen Sinngehalt zu entschlüsseln. Am Ende des Kongresses müssen entweder die Gliederung des Gesamttextes oder zentrale Thesen daraus präsentiert werden.

5. *Zum Schreiben anleiten:* Eifrige Studenten schreiben fast ständig. Sie wollen alles, was sie gehört haben, festhalten. Das Schreiben an Hochschulen wird meistens zum Konservieren gebraucht. Aber nur ganz selten wird später wieder auf diese Konserve zurückgegriffen. Erst bei Hausarbeiten und Abschlussarbeiten entdecken Studenten, dass man durch das Schreiben denken kann. Eine Begründung logisch hieb- und stichfest zu machen oder ein treffendes Argumentationsmuster zu entwerfen, gelingt häufig erst mit Hilfe des Schreibens. Die wissenschaftliche Schreibforschung hat ein breites Angebot an Schreibmethoden und Schreibstimuli für

den Bereich der Hochschulen entwickelt, die auch in den Lehrveranstaltungen zur Bearbeitung des Stoffes eingesetzt werden können (von Werder 1995a, Meueler 2001). Hierzu einige Beispiele:

- *Schnellschreiben*: Lassen Sie nach dem Lesen eines Fachtextes
  Ihre Teilnehmer sieben Minuten lang ganz ungefiltert alle Einfälle niederschreiben. Anschließend geben Sie ihnen die Aufgabe, die wichtigsten Einfälle farbig zu markieren.
- *Thesen formulieren*: Hier bekommen die Studenten die Aufgabe, die Hauptthese eines Textes zu formulieren oder wahlwei-
  se 1–5 Thesen zum Thema niederzuschreiben. Thesen sind
  kurze, prägnante Aussagen. Sie werden im Plenum gesammelt
  und bewertet. In einem weiteren Schritt können sie dann
  mündlich oder schriftlich begründet und diskutiert werden.
- *Reihumtext*: Jeder Student schreibt einen Satz zum Thema auf
  ein leeres Blatt und gibt es an den rechten Nachbarn weiter.
  Das Blatt, das er jetzt von links erhält, ergänzt er wieder um
  einen Satz. Dabei kann er frei entscheiden, ob er Bezug auf
  den Satz des Vorgängers nehmen möchte. Diese Übung wird
  so lange fortgesetzt, bis jeder „sein" Blatt wieder vor sich hat.
  Nun schreibt er noch einen Schlusssatz darunter. Einige Ergebnisse werden vorgelesen. Sie werden staunen, welche bisher unentdeckten Facetten noch alle zum Thema gehören.
- *Wandernde Fragen*: Genau wie beim *Reihumtext* schreibt jeder
  Teilnehmer eine Frage zum Thema auf ein Blatt und gibt es an
  seinen rechten Nachbarn weiter. Dieser hat nun die Wahl, ob
  er einen Hinweis, eine Meinung oder eine Antwort auf das
  Blatt schreibt. In dieser Übung muss dass Blatt nicht durch die
  gesamte Gruppe gehen. Nachdem zwei oder drei Studenten
  die Frage kommentiert haben, kann es dem Fragesteller wieder zurückgegeben werden (Weidenmann 2008, S. 91f.). Es ist
  auch möglich, dass Sie selbst Fragen zum Lernstoff auf die
  Blätter schreiben und sie nach dieser Methode in der Gruppe
  beantworten lassen.
- *Sätze fertig schreiben*: Wenn Sie eine thematische Einheit abgeschlossen haben, wechseln Sie die Methode und projizieren Sie
  den Anfang eines Satzes an die Wand. Dabei kann es sich um
  den Beginn eines Zitats zum behandelten Thema oder um einen erfundenen Satzanfang handeln (zum Beispiel: *Aus de-
  konstruktivistischer Sicht ist die quantitative Sozialforschung …*).
  Die Studenten schreiben auf, wie sie den Satz ergänzen wür-

den. Die Ergebnisse können in Partnerarbeit oder Dreiergruppen besprochen und anschließend stichprobenartig im Plenum präsentiert werden.

– *Fiktiver Dialog:* Mit Hilfe literarischer Formen werden verschiedene Positionen, Meinungen und Standpunkte ausgetragen. Die Studenten bekommen die Aufgabe, einen fiktiven Briefwechsel (oder Mailverkehr) zwischen Wissenschaftlern verschiedener Schulen zu verfassen. Zum Beispiel schreibt Jean-Jacques Rousseau an Thomas Hobbes, was er an dessen Freiheitsbegriff auszusetzen hat, worauf ihm Hobbes eine Antwort gibt, die sich rhetorisch gewaschen hat. Auch bei dieser Übung sind Varianten möglich: Entweder nimmt jeder Student beide Positionen ein, oder jeweils zwei Studenten teilen sich die Positionen auf. Die interessantesten Briefwechsel werden im Plenum vorgetragen.

– *Alle Lügen und alle Wahrheiten*: Die Teilnehmer bekommen die Aufgabe, alle Falschaussagen und alle zutreffenden Aussagen über das Thema niederzuschreiben. Entscheiden Sie, ob Sie diese Methode lieber in Einzelarbeit oder in Kleingruppen durchführen möchten. Im abschließenden Plenum werden alle Lügen und alle Wahrheiten auf einer *Wandzeitung* (s.u.) zusammengetragen und besprochen.

– *Summary, Klappentext, Anzeigentext:* Geben Sie Ihren Studenten die Aufgabe, einen kurzen, aber überzeugenden Text im Stil der genannten Formate zu schreiben, der die Kommilitonen dazu motiviert, einen bestimmten Artikel oder ein spezielles Buch zu lesen oder sich einer bestimmten Meinung anzuschließen. Die Studenten lernen dabei, in knappen, klaren Worten Stellung zu beziehen.

– *Wandzeitung*: Die Entwicklung des Themas lässt sich auf einem großen Papier an der Wand des Seminarraums dokumentieren. Schreiben Sie zunächst nur das Thema in die Mitte des Blattes. Im Laufe des Semesters haben die Studenten nun die Aufgabe, um dieses Thema herum Kommentare, Erkenntnisse, Ergebnisse, Positionen oder Fragen zu schreiben. Jeder Teilnehmer kann zu jeder Zeit an dieser Themen-Entwicklung weiter schreiben, mit Symbolen und Pfeilen Verknüpfungen herstellen oder bereits Geschriebenes kommentieren. Eine Wandzeitung mit vielen Einträgen gibt Ihnen als Dozent einen guten Überblick über die Entwicklung des Themas.

– *Zettellawine:* Zettel sind ein sehr praktisches Lehrmittel. Und ein sehr kleines. Sie regen dazu an, etwas aufzuschreiben und sich damit einzubringen. Weil sie klein sind, muss man sich beim Schreiben kurzfassen. Zettel können dabei helfen, Fragen im Plenum zu sammeln. Eine regelrechte *Zettellawine* kommt meistens dann zu Stande, wenn die Gruppe sehr groß ist und aus engagierten Teilnehmern besteht, die alle einen guten Kontakt zum Thema haben. Zettel mit Einfällen und Meinungen sollten Sie einsammeln und auf Pinnwände kleben lassen. Sortieren Sie die Zettel nach Kriterien, die sie vorher in der Gruppe besprochen haben oder die sich beim Durchlesen von selbst ergeben. Sie werden staunen, wie viele verwertbare Einfälle in einer Zettellawine stecken.

– *Collage:* Bei dieser Technik geht es darum, ein Bild zum Thema zu erstellen, indem man Ausschnitte aus bereits existierenden Bildern oder Texten neu zusammenbastelt. Dafür suchen die Studenten in Zeitschriften oder im Internet nach geeignetem Material. Die Montage des neuen Bildes kann mit Schere und Kleber oder mit einem Grafikprogramm erfolgen. Mit dieser Methode lernen die Studenten das Thema aus einer neuen Perspektive kennen. Sie entdecken beim Zusammenzufügen der Fragmente neue Bedeutungen.

– *Glossar:* Wild durcheinander wirbelnde Fremd- und Fachbegriffe erschweren die Orientierung im Studium. Ein Glossar zähmt sie. Fachbegriffe sind wie Vokabeln, die man sammelt und übersetzt, um sie anschließend lernen zu können. Beim Erstellen eines Glossars kann die Seminargruppe helfen: Mit einem Gruppenbrainstorming werden zuerst zentrale Begriffe des Fachgebiets an der Tafel gesammelt. Der Dozent ergänzt dann die Liste mit einigen weiteren Fachbegriffen. Diese Liste wird dann auf der E-Learning-Plattform veröffentlicht und dort von den Teilnehmern des Seminars nach und nach mit Definitionen versehen. Jeder Fachbegriff soll dabei eine möglichst treffende und verständliche Erklärung oder Beschreibung erhalten. Im weiteren Verlauf der Lehrveranstaltung wird die Liste mit neuen Fachbegriffen erweitert. Am Ende des Semesters existiert ein von der Lerngruppe erarbeitetes Glossar der wichtigsten Fachbegriffe, das auch für die Prüfungsvorbereitung hilfreich ist.

– *Wissenschaftliches Journal:* Viele Forscher arbeiten mit dem wissenschaftlichen Journal, in das sie Ihre Ideen, ihre Fortschritte und Zwischenergebnisse eintragen. Es ist der schriftliche Niederschlag ihres Forschungsprozesses. Im Gegensatz zu einer losen Blattsammlung, die nach und nach mit Schwund zu kämpfen hat, bietet eine fest gebundene Kladde enorme Vorteile. Als Buch mit leeren Seiten verändert sie das Schreiben. Sie macht den eigenen Text wertvoller und gewichtiger. Das wissenschaftliche Journal lässt sich auch in der Lehre einsetzen. Sind die Studenten mit einer Kladde ausgestattet, können sie nicht nur die Vorlesungen eines Faches mitschreiben, sondern auch die Ergebnisse der Gruppenarbeit sowie Aufgaben und ihre Fragen. Dadurch wird aus dem wissenschaftlichen Journal ein Niederschlag des persönlichen Lernprozesses in diesem Fach.

Schlussphase

7. Ergebnisse zusammenfassen

Ziel: Die Gruppe entwickelt ein Gespür dafür, wo sie im Arbeitsprozess steht, welche neuen Erkenntnisse sie gewonnen und welche Arbeitsaufgaben sie erfolgreich erfüllt hat.

Checkliste

☑ Planen Sie 10 bis 15 Minuten Zeit für die Schlussphasen ein.
☑ Achten Sie darauf, dass die Arbeitsergebnisse dokumentiert und gesichert werden.
☑ Können Sie es den Studenten überlassen, die Ergebnisse der Arbeitsphase zusammenzufassen?
☑ Lassen Sie sich ein Feedback zu den Lehrformen und den Arbeitsmethoden geben.
☑ Welche Methode wäre jetzt am besten geeignet, die Studenten zu einer Reflexion ihres persönlichen Lernerfolgs zu bewegen? Wenden Sie sie an.
☑ Reicht die verbleibende Zeit für eine Ergebnispräsentation aus den Kleingruppen? Klären Sie, ob noch in dieser Sitzung damit angefangen werden kann oder der Start aufs nächste Treffen verschoben wird.

☑ Was geschieht mit den sichtbaren Arbeitsergebnissen? Sollen Plakate, Wandzeitungen, Zettel usw. abfotografiert und an die Teilnehmer verschickt werden?

☑ Lassen sich die Ergebnisunterlagen für den Einstieg in die nächste Sitzung nutzen? Oder für spätere Wiederholungsphasen?

Methodische Varianten

• *Postergalerie*: Geben Sie Ihren Kleingruppen den Auftrag, ihre Arbeitsergebnisse auf einem Poster in der Größe eines Flipcharts festzuhalten (schreiben, malen oder kleben). Diese Poster werden dann im Seminarraum aufgehängt und von allen begutachtet. Wie bei einer Vernissage werden ausgewählte oder alle Werke kommentiert und besprochen (Macke/Hanke/Viehmann 2008, S. 213).

• *Blitzlichtrunde mit Bilanz-Fragen*: Reihum bezieht jeder Teilnehmer Stellung zu einer vorher festgelegten Frage wie: „Heute nehme ich mit: ...." oder „Ich habe heute gelernt: ...". Dadurch wird den Teilnehmern bewusst, was ihr Gewinn in dieser Stunde war. Die Antworten können auch auf einer *Wandzeitung* gesammelt werden oder gleich per Computer in den virtuellen Zettelkasten des Seminars geworfen werden. Sehr aufschlussreich für Dozenten ist auch eine Antwortrunde auf die Frage: „Was war mühsam und ist mir heute schwer gefallen?" (Knoll 1993, S. 187). Wenn Sie befürchten, Vielredner in der Gruppe zu haben, können Sie bei der Blitzlichtrunde eine Schachtel Streichhölzer und eine feuerfeste Schale mitgeben: Jeder redet so lange, wie das Streichholz brennt – oder seine Finger standhalten (Weidenmann 2008, S. 116).

• *Lern-Insel:* Diese bildliche Darstellung der Lernerfolge ist nicht nur für Künstler spannend. Jeder Teilnehmer malt für sich auf einem Blatt Papier eine Insel, die von Meer umgeben ist. Auf die Mitte der Insel notiert er alles, was er im Seminar sicher gelernt hat. Der Randbereich der Insel (Strand) bietet Platz für alle Themen, die er noch nicht gleich anwenden kann und denen das Schicksal droht, vielleicht schon bald wieder zurück ins Meer gespült zu werden. In das Meer schreibt jeder alle seine offenen Fragen und alles noch Unverarbeitete, das zwar „erkannt", aber noch nicht so richtig verstanden worden ist. Diese ausführliche Form der Ergebnissicherung eignet sich für das Ende eines Semesters (Dummann u.a. 2007, S. 121). Sie fördert das Bewusstsein der Studenten für ihre fachlichen Stärken und Schwächen.

8. Wiederholungsmöglichkeiten anbieten

Ziel: Durch viele Gelegenheiten zur Wiederholung des Stoffs verankert sich das neue Wissen im Gedächtnis. Die Studenten können es deshalb besser abrufen.

Checkliste

☑ Auf welchem Weg können die Studenten das Gelernte vertiefen? Nennen Sie außer Fachliteratur auch Internetseiten, Veranstaltungen, Vorträge, Museen, Filme, etc.

☑ Wenn noch Zeit übrig ist: Stellen Sie Ihren Studenten Fragen zum Thema, die sie in der verbleibenden Zeit beantworten können.

☑ Verteilen Sie kleine *Hausaufgaben*, die bis zur nächsten Sitzung erledigt werden.

☑ Ist der Arbeitsaufwand für die *Hausaufgaben* auch nicht zu groß? Entspricht er der „Workload" für Einzelarbeit, die in der Studienordnung beschrieben ist? Sie sollten nicht aus dem Blick verlieren, dass auch noch andere Dozenten den Studenten Aufgaben stellen werden.

☑ Beachten Sie, dass die gestellten Hausaufgaben möglichst in der nächsten Sitzung besprochen werden müssen.

Methodische Varianten

- *Hausaufgaben:* sind sinnlos, wenn niemand sie macht. Sie sind aber auch dann sinnlos, wenn sie zwar gemacht wurden, sich aber kein Dozent mehr dafür interessiert, ob und wie. Hausaufgaben sind kein überflüssiger Appendix der Lehrveranstaltung, sondern Teil des Lehrkonzepts und können deshalb natürlich auch im Lehr-Lern-Vertrag mit den Studenten vereinbart werden.

- *Fragebogen zum Leseerfolg*: Wenn Ihre Studenten zur Vorbereitung auf die nächste Sitzung bestimmte Texte lesen sollen, erleichtern Sie ihnen den Einstieg ins Thema mit einem Fragebogen. Er fragt nach den wichtigsten Textinhalten und gibt den Studenten Rückmeldung über ihren „Leseerfolg". Mit dieser Übung soll nicht der Fleiß der Studenten kontrolliert oder gar beurteilt werden. Sie zielt auf eine thematische Einstimmung in das Seminar.

- *Gutachter*: Erklären Sie Ihre Studenten ab sofort zu Fachexperten. Wenn Sie eine Aufgabe stellen (z. B. aus einer alten Klausur), teilen Sie gleich auch mehrere Lösungswege aus. Ein paar davon sind falsch. Werden die Studenten sie finden? Und werden sie den besten Lösungsweg erkennen? In geisteswissenschaftlichen Fächern können Sie eine alte Klausur (anonymisiert) verteilen und die Studenten auffordern, ein kurzes Gutachten zu schreiben und eine Note zu vergeben.

9. Die Sitzung beenden und die Gruppe verabschieden

Ziel: Ein gelungener Abschluss einer Sitzung fasst den Inhalt zusammen und verweist auf das nächste Treffen.

Checkliste

☑ Brechen Sie die Sitzung nicht einfach ab, sondern entscheiden Sie sich für eine angemessene Form der Verabschiedung. Möchten Sie sich in einer Abschlussrunde ausführlicher verabschieden oder ist die Gruppe so groß, dass eine freundliche Abschiedsformel reicht?

☑ Geben Sie einen Ausblick auf die nächste Sitzung: Wann trifft sich die Gruppe das nächste Mal und um welches Thema wird es dann gehen? Der Prozess geht weiter.

☑ Teilen Sie anstehende Veränderungen des Rahmens mit (Raum, Zeit). Brauchen die Studenten in der nächsten Sitzung besondere Materialien? Machen Sie sie darauf aufmerksam.

☑ Am Ende des Semesters darf die Verabschiedung mehr Raum einnehmen. Vielleicht geben Sie einen Ausblick auf weitere Veranstaltungen und Begegnungsmöglichkeiten?

☑ Wenn Sie nach Ende der Sitzung merken, dass einzelne Personen noch mit Ihnen sprechen wollen, überlegen Sie sich, wie viel Zeit Sie investieren können.

☑ Bieten Sie Studenten, für die Sie jetzt keine Zeit mehr haben, Sprechstundentermine an.

Methodische Varianten

• *Cliffhanger*: Fernsehserien haben manchmal ein offenes Ende, das sich erst in der nächsten Folge auflöst. Bis dahin bleibt eine Spannung zurück. Gibt es ein Zitat, ein Bild oder eine Formel, die in der nächsten Sitzung eine Rolle spielen werden? Beenden Sie damit die heutige Sitzung und sorgen Sie für eine kleine Spannung.

- *Das Unterstützer-Netz*: Mit einem klug gewählten Ritual geben Sie dem Abschied eine passende Symbolgestalt. Als wichtiges Utensil für die Abschlussrunde kann Ihnen dabei ein Wollknäuel dienen. Stellen Sie die Abschlussrunde unter eine bestimmte Fragestellung und geben Sie dem ersten, der sich zu Wort meldet den Faden in die eine und das Wollknäuel in die andere Hand. Nach seinem Wortbeitrag wirft er das Knäuel zur nächsten Person weiter. Nach und nach sind alle miteinander vernetzt. Das Netz ist das letzte Bild der Gruppe. Bestimmt fällt Ihnen als Dozent dazu noch ein guter Abschlusssatz ein (Weidenmann 2008, S. 154).
- *Wunschzettel*: Breiten Sie auf einem Tisch die Zettel aus, auf denen die Teilnehmer zu Semesterbeginn (→ S. 176) ihre Wünsche notiert hatten. Jeder Teilnehmer fahndet nun nach seinem eigenen Zettel und erhält die Gelegenheit, auf der Rückseite einen besonderen Vorsatz zu schreiben, mit dessen Hilfe er seinen noch nicht erfüllten Wunsch vielleicht doch noch realisieren kann.

10. Die Zeit zwischen den Sitzungen nutzen

Ziel: Auch nach der Sitzung läuft der Lernprozess weiter. Das Durcheinander der vielen neuen Informationen klärt sich allmählich. Werden die Lerninhalte noch einmal aufgerufen, können sie sich besser im neuronalen Netz verfestigen.

Checkliste

☑ Bieten Sie den Teilnehmern die Möglichkeit, sich zwischen den Sitzungen auf einer Lernplattform im Internet auszutauschen. Muss dazu erst noch eine Plattform errichtet werden?

☑ Stellen Sie zusätzliche Aufgaben und Informationen zum Thema ins Netz.

☑ Wenn es zwischenzeitlich Online-Aktivitäten der Lerngruppe gibt, planen Sie feste Zeiten ein, zu denen Sie sich daran beteiligen. Geben Sie diese Zeiten auch in Ihrem Seminar bekannt.

☑ Planen Sie in Ihrem Wochenplan besondere Zeiten ein, in denen Sie E-Mails aus der Lerngruppe beantworten.

☑ Wissen Ihre Studenten, mit welchen Fragen sie zu Ihnen in die Sprechstunde kommen können?

Methodische Varianten

- *Sprechstunden:* Ihr Kontaktangebot zwischen den Sitzungen und in der vorlesungsfreien Zeit sollte so verbindlich sein, wie auch in der Lehrveranstaltung. Sprechstunden dienen dem individuellen Lernprozess der Studenten. Ihre Besonderheit besteht darin, dass der einzelne Student mit Ihnen ohne Anwesenheit der Gruppe sprechen kann. Es wird ihm leichter fallen, zuzugeben, dass er noch Verständnisschwierigkeiten hat. Umgekehrt erhalten auch Sie ein Feedback zum Lernprozess eines Gruppenteilnehmers. Sie erfahren von ihm, was er noch nicht verstanden hat und können sich in der nächsten Sitzung erkundigen, ob es anderen ähnlich geht.
- *Gruppensprechstunden:* Manchmal ist es hilfreich, wenn Sie einzelne Arbeitsgruppen zwischen den Sitzungen beraten. Das erspart Ihnen Zeit (den Studenten auch). Wenn es Ihnen um Zeitersparnis geht, könnten Sie alle Studenten eines Seminars, die eine Hausarbeit bei Ihnen schreiben wollen, zu einem gemeinsamen Vorgespräch in die Gruppensprechstunde einladen.

5. Reflexion: Sicherung des Erfolgs

„Na, wie läuft denn Ihr Seminar?" Was soll der neue Dozent für Elektrotechnik dem freundlichen Kollegen antworten? Wie kann er beurteilen, ob sein Seminar „läuft"? Wie kann man feststellen, ob die Studenten zufrieden sind und ob sie genug lernen? Darüber kann man ja wohl erst am Ende des Semesters Auskunft geben, wenn die Klausur ausgewertet ist oder wenn die Evaluation gut ausgefallen ist. „Ganz gut, eigentlich", antwortet er und ist froh, dass der Kollege nicht weiter nachhakt.

Wann läuft eine Vorlesung oder ein Seminar erfolgreich? Gibt es Signale aus dem Verlauf der Veranstaltung, die mir als Dozent mehr Selbstbewusstsein geben könnten? Umgekehrt wäre es genauso wünschenswert, wenn Studenten schon während des Semesters ganz selbstbewusst verkünden würden, dass der Besuch der Lehrveranstaltung für sie ein Gewinn ist. Und wenn sie dadurch am Ende viel sicherer in die Klausur gingen. Dozenten, die klare Anhaltspunkte dafür haben, dass ihre Lehre im laufenden Semester erfolgreich verläuft, sind später von den Evaluationsergebnissen nur selten überrascht.

A   Eine Feedbackkultur entwickeln

Lehre hat dann Erfolg, wenn sie auch zu erfolgreichen Lernprozessen führt. Und genau die sollen ja in Prüfungen dokumentiert werden. So gesehen ist es sehr bedauerlich, dass Prüfungen häufig erst am Ende des Semesters anstehen – dann aber geballt auf die Studenten zukommen. Dadurch kann niemand Ihrer Seminarteilnehmer bis zum Semesterende ganz sicher einschätzen, ob das ganze Lernen und Arbeiten erfolgreich gewesen ist. Und mit dieser Unsicherheit gehen sie dann schließlich in die Prüfungen. Optimal wäre es, wenn Ihre Studenten schon im laufenden Semester Rückmeldung über ihre konkreten Lernerfolge und ihre blinden Flecken bekommen könnten. Durch Feedbackgeben unterstützen Sie Lernprozesse und helfen ihnen dabei, ihre Prüfungsängste abzubauen.

Feedback in Lehrveranstaltungen

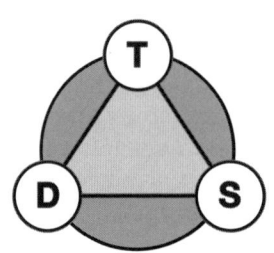

Das Erteilen von *Feedback* wirkt sich auf alle Beziehungsverhältnisse im Lehr-Lern-Dreieck positiv aus. Der Student, der sich um einen Zugang zum Thema bemüht (Beziehung S – T), bekommt vom Dozenten oder von Kommilitonen Rückmeldung, Anerkennung und gegebenenfalls Hinweise, wie er ein Problem und seine Lösungsmöglichkeiten noch klarer sehen kann. Der Dozent, der seine Sicht des Themas vorstellt (Beziehung D – T), bekommt von der Gruppe signalisiert, ob seine Ausführungen hilfreich waren, ob er verstanden wurde oder ob er das Thema noch einmal auf anderem Wege einbringen muss. Nicht zuletzt kann auch die personale Beziehung zwischen Dozent und Studenten (D – S) anhand von Feedback geklärt werden. Das wäre dann nötig, wenn etwa ein Student sich vom Dozenten missverstanden fühlt oder wenn der Dozent nicht nachvollziehen kann, warum die Teilnehmer die von ihm gestellten Aufgaben nicht erfüllen. Sind Sie dazu vielleicht noch nicht in der Lage? Regelmäßige Rückmeldungen von beiden Seiten sorgen für mehr Offenheit und Vertrauen. Sie fördern das Entstehen eines Klimas, in dem gemeinsames Lernen möglich wird. Feedback erteilen ist eine Form des gegenseitigen Spiegelns: Es zielt darauf, dass alle am Lernprozess Beteiligten die Fremdwahrnehmung (wie andere mich sehen bzw. mich verstehen) mit der Selbstwahrnehmung (wie ich mich sehe und was ich ausdrücken will) systematisch vergleichen und auf einander abstimmen.

Feedbackprozesse steuern

Wenn sich in Ihrem Seminar eine Feedbackkultur entwickelt, lernen die Studenten allmählich, sich auch gegenseitig konstruktives Feedback zu geben, ohne dass der Dozent dazu erst Anregungen geben müsste. Bis diese Rückmeldungsprozesse im Lernbetrieb allerdings zu einer alltäglichen Form werden, bedarf es des Trainings. Und der Trainer sind Sie.

Das *Szenische Verstehen*, das wir im Kontext der Gruppenleitung vorgestellt haben, wird Ihnen bei der Arbeit mit Feedback in der Lerngruppe von großem Nutzen sein. Denn häufig wird Feedback auch unbewusst und ohne Worte gegeben (Antons 1992, S. 108). Da brechen Teilnehmer beispielsweise ganz spontan in Beifall aus oder jemand verlässt demonstrativ den Raum. Für eine Gruppe, die im Feedbackgeben noch ungeübt ist, lohnt sich am Anfang die Durchführung einer *formalen Feedbackrunde*, in der jeder Teilnehmer eingeladen wird, eine Rückmeldung zu einem bestimmten Thema zu geben. Feedbackthemen, die sich gut eignen, wären z. B. ein soeben gehörtes Referat oder eine von Studenten entwickelte Hypothese. Vielleicht interessiert Sie aber auch, wie Ihre Teilnehmer die bisherige Gruppenarbeit beurteilen?

In Feedbackrunden spielen persönliche Einschätzungen eine große Rolle, deshalb geht es hier oft sehr emotional zu. Aber nur ganz selten erhitzen sich die Gemüter bis zum Siedepunkt, an dem der Leiter einschreiten muss. Zur Entwicklung einer Feedbackkultur gehört es, dass der Dozent mit der Gruppe konkrete Regeln für das Feedback vereinbart. Im Seminarverlauf achtet er streng auf ihre Einhaltung. Feedback sollte immer umkehrbar sein: Wer Rückmeldung gibt, muss selbst auch offen für Feedback sein.

Allgemeine Feedback-Regeln

Für den Feedbackgeber gilt (Antons 1992, Marmet 1988):

* Seien Sie offen und ehrlich.
* Beschreiben Sie Ihre Wahrnehmung anhand konkreter Einzelheiten.
* Sprechen Sie in der Ich-Form von Ihren Wahrnehmungen und verzichten Sie auf die vorwurfsvolle Du-Anrede.

- Äußern Sie sich auf eine Art und Weise, die angemessen, nützlich und hilfreich ist.
- Sprechen Sie nicht nur negative Kritik aus, sondern nennen Sie auch Positives.
- Räumen Sie ein, dass Sie sich auch irren können und bieten Sie an, dass Ihre Beobachtungen nachgeprüft werden.

Für den Feedbackempfänger gilt:

- Hören Sie zu. Sie brauchen sich nicht zu rechtfertigen oder zu verteidigen.
- Lassen Sie dem anderen Zeit zum Ausreden und stellen Sie dann Verständnisfragen.
- Überlegen Sie, was an der Rückmeldung zutrifft und was es in Ihnen auslöst.
- Wenn Sie Ihre Empfindungen dem Feedbackgeber und der Gruppe mitteilen, können Sie weitere Hinweise und Hilfen einfordern.
- Bedanken Sie sich für die Rückmeldung.

Methodische Varianten

- *Die Feedback-Kurzformel:* Rückmeldung zu geben und sie auch annehmen zu können, ist oft eine zwiespältige Angelegenheit. Gerade am Anfang der Entwicklung einer Feedbackkultur können viele Teilnehmer nicht so recht zwischen der Sach- und der Beziehungsebene einer Rückmeldung unterscheiden. Fachliche Kritik wird dann schnell als Kritik an der eigenen Person ausgelegt und beeinflusst sogar das Gruppenklima. Gerade an Hochschulen, die sich ja in aller Regel einem kritischen Geist verschrieben haben, muss die Rückmeldung von Anerkennung, Erfolgen, Stärken und Schwächen noch eingeübt werden. Dazu empfehlen wir die Verwendung der Feedback-Kurzformel:

  Feedback = X hat mir gut gefallen + Y wünschte ich mir noch

  Das Lob und die Anerkennung stehen hier an erster Stelle. Danach ist der Empfänger gerne bereit, auch noch eine Rückmeldung über das noch nicht Gelungene anzuhören. Allerdings sollte diese Kritik in Form eines persönlichen Wunsches dem Kritisierten entgegengebracht werden, damit er das Feedback auch wirklich annehmen kann. Als Dozent müssen Sie jetzt vor allem darauf achten, dass nicht doch wieder jemand sein Feedback mit den Worten beginnt: „Nicht gefallen hat mir ....."

- *Feedback des Leiters:* In den Gesprächen einer Lehrveranstaltung kommt der Dozent sehr häufig in die Rolle des Feedbackgebers. Fast jede Frage und jeder Einwand eines Studenten zielt auf die Begutachtung und die Rückmeldung des Dozenten. „Stimmt es, dass …? Ist das richtig oder falsch? Was denken Sie über …?" Es schmeichelt zwar, als Fachautorität angesehen zu werden. Mit einer direkten Antwort auf diese Fragen würden Sie jedoch viele Lernprozesse einfach kappen. Lernfreundlicher ist es, wenn Sie indirekt antworten, indem Sie die Frage an die Gruppe weiterleiten: „Das ist ein interessanter Aspekt, was denken denn die anderen darüber?" Viele Studenten beschäftigen sich insgeheim mit Fragen eher persönlicher Natur: „Was hält der Professor von mir? Bin ich fachlich kompetent und traut er mir zu, dass ich meine Ziele erreiche?" – Lassen Sie sich nicht als Wahrsager missbrauchen. Wenn Ihnen aber diese Fragen in einer Sprechstunde tatsächlich mal gestellt werden, empfehlen wir, ehrlich zu antworten. Solange Sie sich mit Ihrer Antwort auf Ihre fachliche Einschätzung berufen können, ist ein persönliches Feedback sicher nicht schädlich. Feedback beinhaltet natürlich auch Kritik. Damit ist aber eine Form von Kritik gemeint, die sich an den studentischen Ressourcen orientiert. Sie bleibt nicht bei Äußerungen stehen wie: „Das sehen sie falsch", oder: „Da machen sie einen Fehler". Wertvoll wird Kritik dann, wenn sie einen Weg zu einem neuen Verständnis weist.
- *Feedback in großen Gruppen:* Wenn die Gruppe dafür zu groß ist, dass jeder ein ausführliches Feedback gibt, können Sie vorher eine bestimmte Anzahl von Feedbacks festgelegen: „Ich schlage vor, dass wir fünf Feedbacks aus der Gruppe dazu hören". Geben Sie Ihr Leiter-Feedback am Schluss. Ihr Feedback ist vielleicht nicht besser als das der anderen, es wird ihm aber mehr Gewicht zugemessen. Und es lenkt die anderen Teilnehmer von ihren eigenen Beobachtungen und Gedanken ab. Nachdem die Gruppe und der Dozent ihr Feedback gegeben haben, sollte nun auch der Empfänger die Gelegenheit bekommen, auf das Gehörte zu reagieren. Am Ende einer Feedbackrunde können Sie als Dozent die neu gewonnenen Erkenntnisse zusammenfassen.
- *Tischtuchprotokoll:* Viele wichtige Aspekte eines Themas kommen erst gar nicht auf den Tisch, weil sie sich lieber in den Köpfen der Teilnehmer versteckt halten. Locken Sie sie heraus. Legen Sie dazu die Tische mit Papier aus und fordern Sie die Teilnehmer auf,

nach Herzenslust zu kritzeln. Alle Kommentare zum Thema, die ihnen während des Kolloquiums oder des Seminars durch den Kopf gehen, sollen sie direkt aufschreiben. In den Pausen können die Kunstwerke dann von allen besichtigt werden. Als Dozent werden Sie sich wahrscheinlich am meisten darüber wundern (und hoffentlich freuen), was Ihr Thema in den Köpfen der Studenten ausgelöst hat (Weidenmann 2008, S. 84).

- *Rückenpost:* Wenn Studenten längere Zeit im Seminar miteinander gearbeitet haben, ist ein persönliches Feedback untereinander sehr bereichernd. Offener wird die Rückmeldung dann, wenn sie nicht direkt ins Gesicht gesagt wird. Hier hilft die *Rückenpost:* jedem Teilnehmer wird ein großes Blatt Papier auf den Rücken geheftet, auf dem die anderen ihm etwas mitteilen, z.B.: „Die Zusammenarbeit mit dir hat mir gut gefallen, weil … Du warst wichtig in der Arbeitsgruppe, weil …" (Weidenmann 2008, S 73f.).

- *Feedback für den Leiter:* Ein Leiter bekommt nur selten Feedback. Schade, denn auch er kann Rückmeldung gut gebrauchen. Woher weiß er sonst, wie die neue Übung oder das erstmals durchgeführte Experiment bei den Studenten ankam? Die meisten Dozenten trauen sich nicht, ihre Studenten um ein Feedback zu bitten, weil sie damit ja vorübergehend aus der Rolle des Lehrenden heraustreten. Jetzt will der Dozent ja etwas hören, verstehen und selbst lernen. Und weil er sein Beurteilungsmonopol aufgibt, sind die Studenten zunächst etwas irritiert. Sie spüren aber auch, dass sie ernst genommen werden und zu einem offenen Austausch eingeladen sind. Weil die Studenten nun aber ansprechen, was beim Lernen stört und sie erleben, dass der Dozent etwas verändert und sich ihnen anpasst, lernen sie um so motivierter und sind allgemein zufriedener. Eine gute Feedbackkultur kann wechselseitige Wirkungen erzeugen. Die Qualität der Lehrveranstaltung nimmt zu und die Atmosphäre in der Lerngruppe ist entspannter. Das erhöht natürlich auch die Zufriedenheit des Hochschullehrers mit seiner Tätigkeit.

B   Erfolge sichern mit Noten

Prüfungen sind Bewertungssituationen und können enormen Stress verursachen. Auch bei den Prüfern. Deshalb werden sie sowohl von Studenten als auch von den Dozenten gerne so lange ausgeblendet, wie es eben geht. Schade, denn Prüfungen haben ja innerhalb des Lehr-Lern-Dreiecks eine besondere Bedeutung: Sie sind Feedbackgeber. Wer sich einer Prüfung unterzieht, hat die Chance, eine Rückmeldung über seine erreichten Lernziele und die neuen Kompetenzen zu erhalten. Das kann sehr motivieren. Im Kontakt-Modell allerdings kann man erkennen, dass nicht nur die Ebene Dozent – Student in Prüfungen eine Rolle spielt. Bei Klausuren, Hausarbeiten und mündlichen Prüfungen kommt auch noch der Umfeld-Faktor *Hochschule* dazu. Er wird die Prüfungskommunikation stark beeinflussen. Spätestens jetzt kann der empathische Dozent nicht mehr sagen: „Strengen Sie sich ein bisschen an, dann kriegen Sie eine anständige Note". Jetzt geht es nicht mehr nur um die individuelle Beziehungsebene, sondern um den offiziellen Abschluss, eine möglichst gute, aber leistungsgerechte Note, vielleicht sogar um den zukünftigen Beruf.

Die Funktion der Prüfung

Nicht nur die Institution Hochschule, auch die Gesellschaft hat Interesse an Prüfungen. Noten werden als hinreichende Entscheidungskriterien zur Rekrutierung auf dem Arbeitsmarkt betrachtet und sogar als Herrschafts- und Sozialisierungsinstrumente genutzt. Das Prädikatsexamen ist nun mal in einigen Fächern die Eintrittskarte für den Staatsdienst. Und von Hochschullehrern wird erwartet, dass sie den Bachelor- oder Masterstatus nicht an jeden vergeben – schon gar nicht ohne entsprechenden Leistungsnachweis. Prüfungen markieren den Übergang in ein neues Semester oder ins Berufsleben. Anhand von Prüfungsergebnissen wird ausgewählt und den Erfolgreichen am Ende ein neuer Status verliehen (Böss-Ostendorf, Senft 2005, S. 18). Wird dadurch aus dem Dozent gleich ein Torwächter oder sogar ein Scharfrichter? Verträgt sich dieser „Sortierungsauftrag" (Weidenmann 2008) überhaupt mit dem Bildungsauftrag der Hochschullehre?

Prüfer werden – in eine ungeliebte Rolle schlüpfen

Durch Ihren Lehrauftrag übernehmen Sie in den allermeisten Fällen ganz automatisch auch die Pflicht, Prüfungen durchzuführen. Und hier ist Ihre Fähigkeit zum Rollenwechsel gefragt. Bisher haben Sie den Lernprozess ihrer Studenten unterstützt und Ihre Schützlinge vielleicht sogar auf die Prüfungen vorbereitet. In der Prüfung aber (oder bei der Bewertung der Klausur) stehen Sie den Studenten nun in einer anderen Funktion gegenüber. Sie müssen ihre Leistung bewerten. Spätestens jetzt wird deutlich, dass der Student immer selbst verantwortlich für seine Lernprozesse ist. Der Dozent konnte ihm durch die Lehre zwar Anregungen und Hilfestellungen geben. Dennoch bleibt das Lernen ein autonomer Akt. In der Prüfung wird das deutlich. Sie prüfen ja als Dozent nicht, was Sie dem Studenten alles beigebracht haben, sondern Sie beurteilen seine Auseinandersetzung – seine Verarbeitung und seine Verknüpfung des Lernstoffs. Darauf erhält er jetzt ein qualifiziertes Feedback. Destilliert zu einer Note.

Wenn Studenten bei ihren Abschlussprüfungen freie Hand bei der Wahl ihres Prüfers und ihrer Themen bekommen, verändert sich häufig ihre Sicht auf die Prüfung. Hatten sie bisher die Professoren als Akteure erlebt, die von ihnen bestimmte Prüfungsleistungen verlangen, so müssen sie nun selbst aktiv werden. Es liegt plötzlich an ihnen, einen „Dienstleister" zu finden, der sich für ihr Thema interessiert und den sie als Prüfer gewinnen können. Nur so werden sie ihr Abschlusszertifikat bekommen. Ihre Perspektive auf das Thema Prüfung verändert sich.

Prüfungen – dem Lernen ein Ziel geben

Aus studentischer Sicht haben Prüfungen immerhin einen positiven Effekt. Sie helfen, das eigene Lernen zu steuern. Mit einem klaren Ziel vor Augen und mit dem Wissen um die zu erwartenden Anforderungen im Kopf, lässt es sich leichter auf ein Thema konzentrieren. Außerdem entwickeln die Studenten ein gutes Gespür für die Zeit, die ihnen zum Lernen zur Verfügung steht. Deshalb halten wir Prüfungen auch für ein sehr effektives didaktisches Mittel. Diese Einschätzung teilen natürlich nur die wenigsten Studenten und sogar viele Dozenten tun sich mit dieser Sichtweise schwer. Für beide geht es meistens nur darum, die unangenehme Bewertungssituation irgendwie hinter sich zu bringen, wenn sie sich schon nicht vermeiden lässt. Dabei ist es doch schade, dass kaum ein Student die Einstellung entwickelt, dass Prüfungen eine Dienstleistung für ihn sind. So zynisch das zunächst klingen mag: Von der anstehenden Klausur, der nächsten mündlichen Prüfung oder noch abzuarbeitenden Hausarbeit kann er doch zur Abwechslung auch mal ein motivierendes Feedback erwarten. Oder nicht?

Feedback durch Noten?

Wenn Noten ins Spiel kommen, wird es häufig kompliziert. Zwischen einer 1 und einer 5 liegen natürlich Welten. Und viele Emotionen. Selbst wenn ein Dozent sich bei der Begutachtung der Hausarbeit viel Mühe gibt, schaut der Student trotzdem zuerst auf die Zahl, die am Ende der Seite steht. Und da kann eine 2,1 durchaus ein Grund für Tränen sein ... Spätestens dann, wenn das passiert und ein besonderer Ehrgeiz mit ins Spiel kommt, wird deutlich: Prüfungen haben nicht nur eine didaktische Funktion (Winteler 2004, S. 110). Sie sind auch Ausdruck eines gesellschaftlichen Konkurrenzkampfes.

Noten mit Nebenwirkung

Von Prüfungen wird allgemein erwartet, dass sie sich auf objektiv messbare Leistungsstände beziehen (Dummann u.a. 2007, S. 37) und diese einheitlich beurteilen. Die Noten sollen also aussagekräftig und vergleichbar sein, auch für Außenstehende, zum Beispiel für Personalchefs in der freien Wirtschaft. Deshalb wird oft gefordert, dass Dozenten das ganze Notenspektrum auszunutzen sollen und nicht mehr als 15 % der Studierenden die Bestnote geben dürfen. Werden Studenten zu gut bewertet? Verlieren die Noten ihren Aussagewert, wenn in den Fächern Biologie, Physik, Psychologie und Mathematik der Durchschnitt der Prüfungsnoten besser als 1,5 (Sueddeutsche.de 21.02.2007) beträgt? Wie können Personalverantwortliche dann noch Qualitätsunterschiede unter den Absolventen erfassen?

Heimliche und unheimliche Aufträge

Manche Fachbereiche reagieren auf diese Forderung und folgen den Empfehlungen, sich bei der Notenvergabe an die „Gauß-Verteilung" des ECTS-Ranking-Systems zu halten (Schermutzki 2007, S. 27). Das Prinzip dieser Notenvergabe basiert auf der Annahme, dass sich die Prüfungsleistungen in der Kurvenform einer Glocke um einen starken Mittelwert gruppieren: 30% gut (mit einigen grundlegenden Fehlern). Davon ausgehend, nimmt die Verteilung nach oben hin ab: 25 % sehr gut (mit einigen Fehlern) und 15 % hervorragend. Ebenso nimmt die Verteilung nach unten hin ab: 25 % befriedigend (mit deutlichen

Mängeln), und 10 % ausreichend (Mindestanforderungen erreicht). Diese Kurvenform wird nun unabhängig von der Qualität und Leistungsstärke einer Lerngruppe aufrechterhalten. Ein solcher Verteilungsvorgang an den Fachbereichen wirkt sich automatisch auf die Funktion der Hochschullehrer aus. De facto geben sie ihren Bildungsauftrag zu Gunsten eines Sortierungsauftrags auf. Die Förderung von Lernprozessen bildet nicht mehr die Grundlage ihrer Arbeit. Ihre Aufgabe besteht nun im Selektieren. Mit der Folge, dass der Einzelne besser benotet wird, wenn der Kurs ein schlechtes Leistungsniveau hat. Das wiederum hat Auswirkungen auf die Gruppenarbeit und das Lernklima eines Seminars. Warum sollten die Seminarteilnehmer denn noch zusammenarbeiten und sich im Lernen gegenseitig fördern (Stelzer-Rothe 2005, S. 334)? Das wäre geradezu unklug, denn dadurch würde sich das Niveau der Gruppe anheben, was am Ende des Semesters paradoxerweise zur Senkung des Gesamtschnitts führen und die eigene Leistung herabsetzen würde. Zusammenarbeit ist kontraproduktiv – auf diese Formel lässt sich der Lerneffekt aus einer solchen Notenvergabe bringen. Lernfortschritte jedenfalls vermag sie den Studenten nicht mehr aufzuzeigen. Streng genommen ist sie überhaupt nicht auf die Bewertung von Lernprozessen anwendbar. Denn das Modell der „Gaußschen Glocke" beschreibt die Häufigkeiten *natürlicher Merkmale*, wie zum Beispiel die zufällige Verteilung von großer Muskelmasse oder hohem Lungenvolumen in der Gesellschaft. Noten sind aber kein Ausdruck natürlicher Merkmale. Wer erwartet denn eine Normalverteilung von großen Muskeln und Lungen in einem Kader von Leistungsschwimmern?

Dozenten in der Klemme

Das Dilemma der Notenvergabe bleibt bestehen. Wenn die Klausurergebnisse über die Vergabe von Laborplätzen entscheiden oder wenn die Endnote im Staatsexamen festlegt, wer zum wissenschaftlichen Nachwuchs gehören darf und wer nicht, verlieren Prüfungen ihre motivierende Feedbackfunktion. Dann sind sie nur mehr statische Messinstrumente, die über die Zukunft von Menschen entscheiden. Trotzdem bleibt die Frage: Wer wendet die Instrumente an? Wenn die genannten Maßstäbe der Notenvergabe von einer staatlichen Prüfungskommission, von der Hochschule oder vom Fachbereich festgelegt werden, haben Sie als Hochschullehrer zum Glück ja immer noch die

Freiheit der Umsetzung. Sie können auch weiterhin auf der Seite der Lernenden stehen und es als Ihre Aufgabe betrachten, den Studenten Hilfen für ihr Wachstum zu geben, damit sie ihr Ziel erreichen. Was spricht dagegen, dass Sie das Selektieren anderen überlassen? Als Hochschullehrer haben Sie in erster Linie einen Bildungsauftrag.

Notenvergabe als Bildungsauftrag

Dem Bildungsauftrag gemäß müssen Noten nicht unbedingt breit gestreut sein. Sie müssen auch nicht schlechte Noten vergeben, wenn Sie gerade mit einem sehr guten Kurs arbeiten. Wir wünschen Ihnen, dass Sie Ihre Lehrpraxis an der Perspektive von motivierten Studenten ausrichten. Dann kann es durchaus mal zu überdurchschnittlichen Noten kommen. Das heißt ja nicht, dass Ihre Kurse immer so gut laufen werden. Vielleicht lassen sich Ihre Studenten schon im nächsten Semester nur ganz schlecht motivieren – mit der unmittelbaren Folge eines mäßigen Notendurchschnitts. Sie brauchen auch keinen Run auf Ihre Veranstaltungen zu befürchten, sobald Sie bessere Noten verteilen als Ihre Kollegen und sich das an der Hochschule herumgesprochen hat. Es wird sich nämlich genauso unter den Studenten herumsprechen, dass Sie in Ihrer Veranstaltung viel fordern und Mitarbeit verlangen und dass es gute Noten nur für gute Leistung gibt.

Checkliste Prüfung

☑ Richten Sie die Prüfungen samt Bewertungskriterien an den Lernzielen Ihrer Veranstaltung aus.

☑ Entwickeln Sie die Prüfungsfragen nach messbaren Kriterien, die sich objektiv und schlüssig beurteilen lassen.

☑ Widmen Sie sich sorgfältig der Vorbereitung, Durchführung und Nachbereitung von Prüfungen (Prüfungsleitfaden: Macke 2008, S. 122ff.). Machen Sie diese Sorgfalt gegenüber Ihren Studenten transparent. Je genauer Sie sind, desto mehr Vertrauen werden Ihre Studenten in Sie als Prüfer haben. Das erleichtert auch den Rollenwechsel für beide Seiten.

☑ Stimmen Sie die Prüfungen mit der Prüfungsordnung und den im Fachbereich geltenden Voraussetzungen ab.

☑ Sprechen Sie mit den Studenten schon zu Beginn des Lernprozesses über die Funktion, die Methoden und die Anforderungen der geplanten Prüfungen.

☑ Klären Sie die Rahmenbedingungen ab, unter denen die Prüfungen stattfinden werden. Sorgen Sie für eine störungs- und weitgehend angstfreie Prüfungsatmosphäre.

☑ Achten Sie auf persönliche Faktoren, die sich auf Ihre Einschätzung der studentischen Leistungen auswirken können (z.B. Sympathie, Vorwissen, Vorurteile und Müdigkeit).

☑ Beurteilen Sie Ihre Notenvergabe in jedem Einzelfall kritisch. Fallen Ihnen Bewertungsmuster auf, die mit der einzelnen Prüfungsleistung nichts mehr zu tun haben? (z. B.: der erste oder letzte Eindruck einer Einzelprüfung wiegt in Ihrer Wahrnehmung schwerer; Prüfungsleistungen, die am Beginn oder am Ende eines Prüfungstages liegen, werden von Ihnen milder bewertet; Sie vergeben Ihre Noten periodisch und nicht mehr leistungsabhängig, etc.)

☑ Vergeben Sie Ihre Noten nach den zuvor veröffentlichten Kriterien.

☑ Wenn Sie einen Studenten durchfallen lassen müssen, weil Sie keinen Lernerfolg erkennen können, versuchen Sie ihm zu vermitteln, dass ein zweiter Anlauf auch eine neue Chance ist, den Stoff zu verstehen und zu lernen. Können Sie eine Lernmethode empfehlen, die dem Studenten hilft, mit dem Stoff besser zurecht zu kommen?

☑ Ermöglichen Sie Ihren Studenten nach der Klausur die Einsichtnahme in die Prüfungsunterlagen. Nutzen Sie Prüfungsnachbesprechungen dazu, den Studenten ein ausführliches Feedback zu den erreichten Lernzielen zu geben.

Variationen und Methoden

• *Mehrere Prüfungen innerhalb des Lernprozesses:* Prüfungen können in verschiedenen Phasen des Lernprozesses eingesetzt werden. Wenn Sie nach jedem behandelten Themenabschnitt eine Prüfung durchführen, gliedern Sie dadurch für alle gut sichtbar den Lernprozess. Dadurch erhalten die Studenten auch zwischendurch Rückmeldung über ihren Leistungsstand. Sie wissen nun, ob sie mit der gleichen Energie weitermachen können oder beim Lernen noch einen Gang höherschalten müssen.

• *Prüfungsportfolio:* Wenn Sie den Studenten die Möglichkeit geben, während des Semesters einzelne Prüfungsnachweise zu sammeln, können diese am Ende in eine Gesamtnote einfließen. Sie sparen sich dadurch viele Stunden Korrekturarbeit oder Konversation mit verunsicherten und schwitzenden Kandidaten. Vielleicht entsteht während des Semesters auch ein *Prüfungsportfolio,* eine „Sammelmappe" von Leistungsnachweisen: Protokolle, Lösungen von Aufgaben, Ergebnisse aus der Gruppenarbeit, Referate, Thesenpapiere, usw., die zur Grundlage für die Gesamtbenotung werden.

- *Prüfungsfragen gemeinsam entwickeln:* In einer Prüfung hängt fast alles vom Hochschullehrer ab. Nicht zuletzt deshalb, weil er die Fragehoheit hat. „Hoffentlich stellt er die richtigen Fragen", bangen viele Prüflinge. Die „falschen" Fragen können eine Prüfung sinnlos machen. „Richtige" Fragen geben Studenten die Möglichkeit, sich das Gelernte ins Gedächtnis zu rufen und es wiederzugeben oder anzuwenden. Wie genau muss eine Frage oder Aufgabe formuliert sein, damit sie sich für einen konstruktiven Leistungsabruf eignet? Das ist für Dozenten gar nicht so leicht herauszufinden. Hier können Sie sich Anregungen von den Studenten selbst holen. Beteiligen Sie sie am Entwicklungsprozess und fordern Sie sie dazu auf, selbst geeignete Prüfungsfragen zu erstellen (Winteler 2004, S. 114). Wenn Sie dazu ein paar Wochen vor der Prüfung eine Sitzung reservieren, können die Studenten den Semesterstoff in kleinen Gruppen noch einmal durchgehen und Fragen zu den einzelnen Themengebieten entwickeln. Dadurch entsteht eine Sammlung von Fragen, aus der Sie sich für die Klausur versorgen können. Ein anderer Weg, wie Sie einen solchen Fragenkatalog entwickeln können, besteht darin, dass Sie nach jeder Sitzung die Studenten bitten, auf einem Zettel zu notieren, was sie verstanden haben. Sie lassen die Zettel einsammeln und formulieren zu den Antworten die entsprechenden Fragen. Diese Fragen können Sie natürlich auch ergänzen und für die Prüfungsvorbereitung verteilen.

C Erfolgssicherung durch Evaluation

Was für die Studenten am Ende des Semesters die Prüfungen sind, ist für die Dozenten die *Semester-Evaluation.* Sie löst bei Dozenten sehr unterschiedliche Reaktionen aus. Sie reichen von „lästig" über „notwendig" bis „spannend". Evaluation kann für den Lehr-Lern-Prozess eine wichtige Bedeutung haben – wenn sie in ihrer Feedbackfunktion für die Lehre genutzt wird. Erst die Evaluation bringt ans Tageslicht, ob die angestrebten Ziele erreicht wurden oder ob es Faktoren gab, die das verhindert haben.

Na, wie war ich?

Wie bei den Prüfungen, so spielt auch bei der Evaluation die Institution Hochschule eine große Rolle. An den Hochschulen besteht ein großes Interesse daran, zu erfahren, wie es um die Qualität ihrer Dienstleistungen – also auch Ihrer Lehrveranstaltung – bestellt ist. Vielleicht erhofft sich die Hochschulleitung durch eine Qualitätssteigerung der Lehre auch einen besseren Platz im landes- oder weltweiten Hochschul-Ranking? Oder der neue Studiengang evaluiert seine Lehrveranstaltungen, um sich innerhalb der Hochschule zu etablieren? So, wie die Ziele der Evaluation (Stelzer-Rothe 2005, S. 347) sehr vielseitig sein können, trifft das auch auf den Gegenstand der jeweiligen Evaluation zu: Wird eine einzelne Veranstaltung oder der ganze Fachbereich evaluiert? Kommt es nur zur Evaluation der Rahmenbedingungen oder wird doch die gesamte Hochschule in den Blick genommen? (Dummann u.a. 2007, S. 149) Das wiederum wirkt sich auf die Form der Evaluation aus: Bekommt eine externe Firma einen Evaluationsauftrag und wird sie Interviewer schicken? Wird die gesamte Evaluation vom Präsidium aus im Internet durchgeführt oder ist jeder Dozent für die Durchführung und Auswertung selbst verantwortlich?

Egal wie und durch wen die Studenten befragt werden, die Antworten haben auch immer eine Bedeutung für Ihre Lehre. Die Studenten äußern sich ja zur Lerngruppe, zum Leiter und zu den gemeinsamen Erfahrungen während des Semesters. Ein Dozent, dem es vollkommen gleichgültig ist, was die Studenten über seine Lehrveranstaltung sagen, vermeidet die Kontaktaufnahme innerhalb des Lehr-Lern-Dreiecks. Er möchte gar nicht wissen, was sie über sein Lehren denken. Oder aber er weiß bereits, was die Studenten von der Lehrveranstaltung halten, weil er eine Feedbackkultur entwickelt hat und im guten Austausch mit ihnen steht.

Die blinden Flecken der Evaluation

Nicht jede Form von Evaluation ist hilfreich für den Lehr-Lern-Prozess. Wenn Sie mal den Evaluationsbogen überfliegen, der in Ihrem Fachbereich üblicherweise zur Anwendung kommt, werden Sie schnell merken, dass hinter dem Aufbau und der Art der Fragen ein ganz bestimmtes Lehr-Verständnis steckt. Viele Fragebögen werden nach wie vor aus einer dozenten- oder stoffzentrierten Perspektive verfasst. Sie enthalten zwar Fragen, die sich danach erkundigen, ob die Lehrveranstaltung in den Augen der Studenten gut strukturiert war, ob der Dozent gut erklären konnte und ob der Stoff zu anspruchsvoll war. Was jedoch ganz häufig fehlt, sind Fragen zum Lernprozess, zur Kommunikation in der Lerngruppe und zum Rahmen der Lehrveranstaltung. Genauso selten enthalten sind Fragen zum Vorwissen, zum aktiven Umgang mit der neuen Information und zur Prüfungsvorbereitung. Gruppenarbeit wird so gut wie nie erfragt. Deshalb kann auch das Arbeitsklima in den Gruppen nicht als wichtiger Faktor erfasst werden. Für fast alle Evaluationsfragebögen ist es selbstverständlich, dass die Seminarräume perfekt sind. Und dass Lernziele und Lehrziele sich unterscheiden können – das ist wohl nur eine überflüssige Spitzfindigkeit.

Dozenten, welche die Evaluation ernst nehmen, werden vermutlich nicht darum herumkommen, sich selbst Fragen auszudenken. Passende Fragen. Nichts ist verheerender für die Kommunikation mit den Studenten und für die Evaluationsergebnisse als sinnlose Fragen im Evaluationsbogen. Wenn Sie in Ihrem Seminar hauptsächlich Gruppenarbeit durchführen und deshalb auch niemals einen Beamer einschalten, hat die Frage: „Halten Sie den Dozenten im Umgang mit Medien für kompetent?" im Evaluationsbogen nichts zu suchen. Es sei denn, es macht Ihnen Spaß, einen Stapel mit Evaluationsbögen durchzublättern, auf dem die Studenten durchgehend „eher nicht" angekreuzt haben.

Dozenten auf dem Prüfstand

Wie gut kommen Sie als Dozent im Fragebogen weg? Sind sie ansprechbar, hilfsbereit, freundlich und aufgeschlossen? Lehren Sie verständlich und anregend? Sind Sie fachlich kompetent, immer gut vorbereitet und zeigen Sie Interesse am Lernerfolg der Studenten? Kennen Sie sich mit Medien aus und sorgen Sie für eine angenehme Arbeitsatmosphäre? Diese beispielhaften Fragen aus Evaluationsbögen verschiedener Hochschulen machen deutlich, dass es um die genaue Bewertung von Persönlichkeitsmerkmalen geht. Jetzt stehen Sie als Dozent *und* als Mensch auf dem Prüfstand.

Hochschullehrer, die in ihren Lehrveranstaltungen eine Feedbackkultur gepflegt haben, brauchen sich nicht vor Evaluation zu fürchten. Sie wissen aus vielen Rückmeldungen, was die Studenten von ihnen halten. Außerdem kennen sie ihre eigenen Schwächen und Stärken.

Die Ergebnisse der Evaluation sind für sie abschätzbar. Wenn Sie sich trotzdem unsicher fühlen, werden Sie vielleicht durch eine Zwischenevaluation ruhiger. Lassen Sie dazu einfach den Fragebogen schon mal in der Semestermitte ausfüllen. Wenn es heimliche, aber berechtigte Kritik innerhalb des Kurses an Ihrem Lehrverhalten gibt, werden Sie das dadurch erfahren.

Eine verunglückte Evaluation, bei der die Ergebnisse ungenau oder unsorgfältig erhoben wurden, ist für alle Seiten ärgerlich und kann auch die Atmosphäre in der Gruppe vergiften. Außerdem ist auf Dauer nicht mal der abgebrühteste Dozent so cool, dass eine schlechte Rückmeldung einfach an ihm abperlt. Deshalb möchten wir Ihnen an dieser Stelle noch einige Ideen mitgeben, wie Sie mit Evaluationen umgehen können.

Checkliste Evaluation

☑ Wenn Sie mit Ihren Lehrveranstaltungen noch nie an einer Evaluation teilgenommen haben, erkundigen Sie sich schon zu Beginn des Semesters über das Evaluationssystem, das an Ihrer Hochschule praktiziert wird. Analysieren Sie die vorhandenen Fragebögen und passen Sie sie Ihren eigenen Erfordernissen an. Notfalls sollten Sie einen ganz eigenen Fragebogen entwerfen.

☑ Streichen Sie sachlich falsche Fragen.

☑ Eine Übung oder ein Seminar mit Gruppenarbeit lassen sich schlecht mit einem Fragebogen evaluieren, der sich auf Vorlesungen bezieht. Wenn Fragebögen so ausgearbeitet sind, dass sie alle Lehrformen berücksichtigen, sind die Fragen meistens oberflächlicher formuliert. Sie sind dann auch weniger aussagekräftig.

☑ Vielleicht möchten Sie eine Zwischenevaluation durchführen, um mehr Rückmeldungen von den Studenten zu bekommen?

☑ Führen Sie keine Evaluation zwischen Tür und Angel durch! Kündigen Sie die Befragung vorher an. Geben Sie Ihren Studenten ausreichend Zeit, damit sie ein wohlüberlegtes Feedback geben können.

☑ Klären Sie die Studenten über die Zielsetzung der Evaluation auf.

☑ Geben Sie ihren Studenten vor einer schriftlichen Evaluation eine Gelegenheit zum mündlichen Austausch. Damit bereiten Sie in der Gruppe eine sachliche Auseinandersetzung mit der Evaluation vor. Sie werden außerdem Rückmeldungen bekommen, die über das hinausgehen, was später im Evaluationsbogen erfragt wird.

Methodische Varianten

* *Gesprächsrunde vor der schriftlichen Evaluation:* In einer *Blitzlichtrunde* (→ S. 247) bekommen die Studenten Gelegenheit, dem Leiter ihre bisher zurückgehaltenen Kritikpunkte direkt mitzuteilen. Durch die freie Meinungsäußerung kann sich jeder Einzelne in den Äußerungen wiederfinden und seine eigene Kritik gegebenenfalls relativieren. Ein Vorteil des mündlichen Feedbacks: Wenn Kritiker schon mal Gelegenheit bekommen haben, mündlich Dampf abzulassen, wird die Kritik sachlicher. Damit sinkt auch das Risiko, dass jemand den Fragebogen als Racheinstrument missbraucht. Die mündliche Feedbackrunde löst ein Nachdenken über das *gesamte* Semester aus. Die Studenten werden nicht nur die Eindrücke der letzten Sitzungen in der Evaluation verarbeiten, sondern sich auf den gesamten Kursverlauf beziehen.
* *Diskussion der Evaluationsergebnisse:* Wenn Sie die Fragebögen zu Ihrer Lehre in der vorletzten Sitzung des Semesters ausfüllen lassen, können Sie in der letzten Sitzung die Evaluationsergebnisse mit den Studenten diskutieren. Wie in einer formalen Feedbackrunde haben auch Sie dann die Möglichkeit, auf das Feedback zu reagieren. Von dieser Auswertung der Auswertung profitieren aber auch die Studenten, denn es geht in den Bögen um ihre Lernprozesse, welche sie tatsächlich durchlaufen haben. Auf einmal tauchen Fragen auf, die sonst nie gestellt werden: Was mache ich als Student, wenn ich merke, dass mein Vorwissen für diese Veranstaltung nicht ausreicht? Oder: Wie gestalte ich meinen Lernprozess, wenn der Dozent von einer Nachbereitungszeit von 2 Stunden ausgeht, ich als Student aber im Durchschnitt nur 32 Minuten aufwenden kann?

D Erfolgssicherung durch Reflexion des Lehrverhaltens

Das Einholen von Feedback ist nur dann sinnvoll, wenn es zu Konsequenzen führt. Welche Konsequenzen die Studenten aus der Semesterevaluation oder den Prüfungen ziehen, bleibt Dozenten meistens verborgen. Nur ganz selten werden Sie einen Seminarteilnehmer treffen, der Ihnen berichtet, was er aus dem Seminar „mitgenommen" und ob er etwas an seinem Lernverhalten verändert hat. Was aber verändern Sie nach einer Lehrveranstaltung? Muss der Ausschreibungstext überarbeitet werden? Sollten Sie andere Lehrformen wählen? Müssen Sie ein anderes Curriculum ausarbeiten? Oder reicht es aus, wenn Sie den Ablauf einzelner Sitzungen ändern?

Am Ende eines Semesters sollten Sie sich Zeit nehmen, um Ihr eigenes Lehrkonzept und Ihr Lehrverhalten kritisch zu hinterfragen. An einigen Hochschulen gibt es dafür spezielle Evaluationsbögen für Dozenten. Sie können natürlich auch ohne vorgefertigte Fragen Bilanz ziehen. Gehen Sie gedanklich oder anhand Ihres Materials das gesamte Semester noch einmal durch und beurteilen Sie, was gut gewesen ist und was besser hätte laufen können. Beim Reflektieren werden Ihnen Dinge auffallen, die sich leicht verändern lassen, wie zum Beispiel die Umstellung einzelner Themen oder das Einfügen neuer Beispiele und Aufgaben. Manchmal tauchen aber auch Punkte auf, die man nicht mehr alleine verändern kann. Wenn Sie sich in diesen Feldern weiter entwickeln wollen, ist das nur noch mit Weiterbildung und Unterstützung durch andere möglich.

Wenn Lehrer in die Lehre gehen

Vielleicht stoßen Sie bei Ihrer Reflexion auf Themen, an denen Sie persönlich „arbeiten" wollen. Möglich, dass Sie bestimmte Fähigkeiten, wie zum Beispiel Rhetorik, Stimmbildung, Gruppenleitung, Verhandlungsführung, Methodenkompetenz, Umgang mit Medien, Prüfungsverhalten und E-Teaching ausbauen möchten. Diese Schlüsselqualifikationen des Lehrens können in hochschuldidaktischen Kursen und in Trainings der Erwachsenenbildung erworben werden. Die Teilnahme an Weiterbildungskursen hat für Dozenten sogar einen doppelten Gewinn: Sie lernen ja nicht nur neue thematische Zusammenhänge. Sie begeben sich darüber hinaus auch mal wieder in die Lage der Studenten. Das heißt, Sie lernen wieder neu, die Lehre aus einer Lernperspektive zu betrachten.

Gerade als Einsteiger in einen Lehrberuf empfehlen wir Ihnen, dass Sie den Austausch mit Gleichgesinnten suchen. Vielleicht können Sie an Ihrer Hochschule eine Gruppe installieren, mit der Sie kollegiale Beratung durchführen? Wenn eine solche Gruppe noch nicht existiert und Sie auch keine Mitstreiter finden, können Sie sich auch auf die Suche nach einem Lehr-Coaching machen. Im Einzelgespräch mit einem Coach, der auf dem Feld der Hochschullehre Erfahrung hat, besprechen Sie dann ihre Berufspraxis.

Vielleicht stolpern Sie bei der Reflexion aber auch über veränderungswürdige Punkte, die in Ihrer eigenen Persönlichkeit liegen. Sie möchten vielleicht sicherer auftreten, Ihre Konfliktfähigkeit stärken, beim Lehren mehr aus sich herausgehen. Oder Sie fragen sich, wie Sie überhaupt bei den Studenten ankommen und ob Sie in bestimmten Situationen falsch reagieren. Für solche Fragen ist ein kollegiales Feedback sehr hilfreich. Es ist aber leider an den Hochschulen ganz selten zu bekommen. Was hinter den Türen der Seminarräume geschieht, ist für Kollegen tabu. Dabei wäre es ja so interessant, zu erfahren, was die anderen Kollegen dort so machen. Aber was spricht eigentlich dagegen, dass Sie Ihre Kollegen einmal dazu einladen, Ihre Vorlesung oder ihr Seminar zu besuchen? Anschließend kommen Sie mit Ihnen darüber ins Gespräch: Wie haben die anderen Sie erlebt, wie war Ihr Kontakt zum Thema und zu den Studenten? Das ist keine Zeitvergeudung, sondern eine kostbare Investition in Ihre Lehre. Spätestens dann, wenn Sie eine Gegeneinladung in die Veranstaltung Ihrer Kollegen erhalten, werden Sie merken, dass niemand perfekt ist. Mit der Zeit entwickeln Sie einen Expertenblick, der Ihnen auch im eigenen Seminar weiterhelfen wird.

Eine Methode für die kollegiale Reflektion

Natürlich können Sie das Instrument der kollegialen Reflexion auch ohne gegenseitige Seminarbesuche nutzen. Besonders interessant wird es, wenn Sie bei der Gruppenzusammensetzung darauf achten, dass Dozenten aus unterschiedlichen Fachgebieten zusammenkommen. Mit dem folgenden Ablauf einer kollegialen Beratung haben wir sehr gute Erfahrungen gemacht.

- *Der Rahmen:* 3 bis 6 Dozenten treffen sich regelmäßig (zum Beispiel 14-tägig) für 1,5 Stunden in einem passenden Gruppenraum zur kollegialen Reflexion. Zu Beginn des Semesters legt die Gruppe die Themen fest, über die sie im Laufe des Semesters sprechen möchte (zum Beispiel: Das Lernverhalten der Studenten, Umgang mit dem Lehr-Lern-Vertrag, Methoden für die Gruppenarbeit, neue Lehrformen, Konflikte in den Lerngruppen, Nutzen der Evaluation). Zu Beginn jeder Sitzung wird besprochen, welches Thema diesmal im Vordergrund stehen soll. Und es wird geklärt, wer die Moderation übernimmt.

- *Suche nach einem Fall:* Der Moderator lädt die Teilnehmer dazu ein, sich an eine konkrete Szene aus einer Lehrveranstaltung zu erinnern, die ihnen zum aktuellen Thema einfällt. Dabei müssen sie sich nicht sklavisch am vorgegebenen Thema orientieren. Wichtiger ist es, dass sie sich an eine Begebenheit gut erinnern können und diese Szene auch gerne in die Gruppe einbringen wollen. Jeder Teilnehmer stellt seinen Fall nun mit einem Satz kurz vor. Oder gibt ihm einen Filmtitel: „Der Mann, der zu viel wusste", o.ä. Anschließend entscheidet die Gruppe, welcher Fall zuerst besprochen werden soll. Nun folgen drei Schritte, die unbedingt eingehalten werden sollten:
- *1. Schritt: Vorstellung des Falls.* Der Kollege, dessen Fall ausgewählt wurde, stellt seine Szene möglichst anschaulich dar. Die anderen hören nur zu. Es sind keine Zwischenfragen erlaubt! Diese Phase sollte nicht länger als 8 Minuten dauern.
- *2. Schritt: Rückmeldung der Zuhörer:* Jeder Teilnehmer sagt, was er gehört und an was er beim Zuhören gedacht hat. Der Falleinbringer hört jetzt seinerseits nur zu und beantwortet auch keine Fragen. Wenn ein Teilnehmer etwas nicht verstanden hat, teilt er das mit, bekommt von den anderen aber keine direkte Antwort darauf. Eine mögliche Deutung: Hier war der Protagonist wahrscheinlich in seinen Aussagen unklar. Je nach Teilnehmerzahl dauert diese Phase 10–20 Minuten.
- *3. Schritt: Antwort des Falleinbringers:* Nun erzählt der Kollege, der den Fall eingebracht hatte, was ihm an den Rückmeldungen wichtig war. Was hat gestimmt? Welcher Aspekt war neu für ihn? Welchen Eindruck möchte er zurückweisen? Dafür braucht er 5-10 Minuten.
- *Diskussion:* Nun können die Teilnehmer die Falldiskussion erweitern und eigene Beispiele aus ihrer Praxis beisteuern. Wichtig ist, dass vorher festgelegt wird, wie lange die Diskussion dauern soll (zum Beispiel 15 Minuten). Wenn die Gruppe sich auf einen kurzen Austausch verständigt, kann der Moderator nach dem Abschluss des Falls wieder zum ersten Schritt überleiten. Dann ist ein anderer Kollege mit der Vorstellung seines Falls an der Reihe.

Lehren will gelernt sein.
Statt eines Schlusswortes

Lehren ist lernbar. Diese frohe Botschaft zu vermitteln und Wege zu zeigen, *wie* das Lehren gelernt werden kann, war das Ziel unseres *Didaktik-Coachs*. Vielleicht ist Ihnen beim Lesen deutlich geworden, wie sehr die Entwicklung der eigenen Lehr-Kompetenz von der praktischen Erfahrung abhängt. Denn bereits in Ihrer nächsten Lehrveranstaltung wird sich zeigen, ob Sie die Lernperspektive der Studenten einnehmen können (→ 1. Teil), ob es Ihnen gelingt, Kontakt zu den Studenten *und* zum Thema aufzunehmen (→ 2. Teil), inwieweit Sie schon die Fertigkeit entwickelt haben, beim Lehren die Gruppe für sich zu nutzen (→ 3. Teil) und ob Sie über die Erfahrung und das Gespür verfügen, genau die Methoden zu wählen, die zur Präsentation Ihres Themas passen (→ 4. Teil).

Sicherheit kann es beim Lehren nicht geben. Auch ein erfahrener Dozent wird immer wieder in Situationen geraten, die ihn verunsichern, vielleicht sogar überfordern. Aber gerade das macht für viele Hochschullehrer den Reiz des Lehrens aus. Jede Sitzung ist anders, jedes Seminar ist neu. Aus dem Gefühl der Verunsicherung aber entwickelt sich auch der Impuls für Veränderung. Der Wunsch, etwas Neues auszuprobieren, signalisiert ja schon, dass man auch als Dozent wieder offen ist für neue Erfahrungen und Herausforderungen.

Als Hochschullehrer sollten Sie sich aber nicht nur auf die Begleitung der studentischen Lernprozesse konzentrieren. Behalten Sie auch Ihren eigenen Entwicklungsprozess im Blick. Nehmen Sie wahr, wenn alles gut verläuft, wenn die Studenten ganz bei der Sache sind, wenn alle Anwesenden neue Aspekte eines Themas entdecken und – wenn Sie selbst sich wohl fühlen. Über den Erfolg Ihrer Arbeit – und Lehren ist manchmal sehr harte Arbeit – dürfen Sie sich wirklich freuen. Weil wir wissen, dass die meisten Dozenten ihren persönlichen Erfolgen nicht so recht trauen, möchten wir Ihnen empfehlen, für die Dauer eines Semesters eine *Selbsteinschätzungsskala* zu führen (Dummann u.a.

2007, S. 157). Bereiten Sie eine Tabelle vor, in der Sie nach jeder Sitzung den Erfolg ihrer Lehrveranstaltung selbst eintragen. Ganz subjektiv und ohne Rücksprache. Geben Sie sich für Ihre Leistung Punkte auf einer Skala von 1 (Topp!) bis 10 (Katastrophe!). Viele Dozenten, die eine solche Skala bis zum Schluss geführt haben, beobachten eine Entwicklung bei sich selbst. Sie sind davon überzeugt dass sie am Semesterende besser lehren als zu Beginn. Ein praktischer Nebeneffekt dieser Übung: Weil den Dozenten beim Lehren bewusst war, dass sie ihr Tun anschließend anhand der Skala einschätzen würden, waren sie mehr bei der Sache, haben sich mehr auf den Lehr-Prozess eingelassen als sonst und haben darüber hinaus ständig nach besseren Lehrformen und Handlungsmöglichkeiten gesucht.

Nicht der Blick auf die Defizite ist für Ihre Weiterentwicklung von Bedeutung. Lernen Sie, Ihre Erfolge zu erkennen, sie ganz bewusst wahrzunehmen und sie auch zu suchen. Schon eine gelungene Vorlesung enthält so viele Erfolgsfaktoren, dass sich ein genauer Blick lohnt. Wie können Sie diese auch auf Ihre anderen Lehrveranstaltungen übertragen? So bleiben Sie selbst immer im Lernprozess und werden als Dozent immer besser. Ihre Studenten werden Sie lieben.

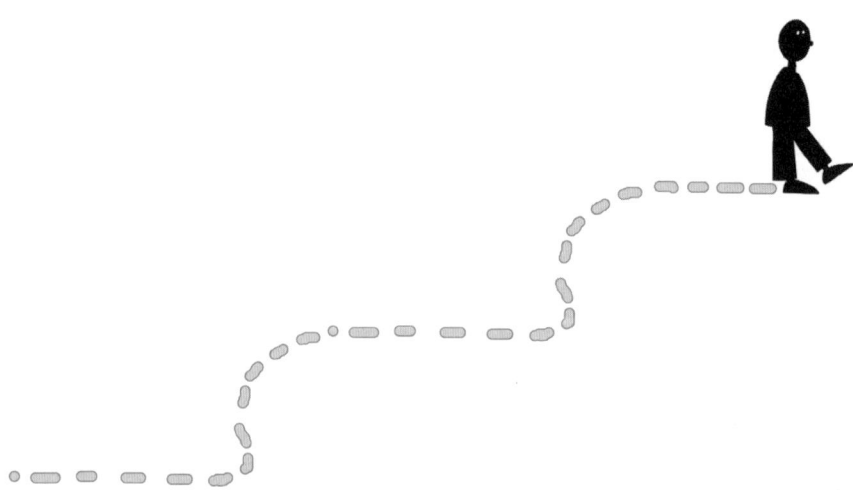

Literatur

Aebli, Hans: Zwölf Grundformen des Lehrens, Eine allgemeine Didaktik auf psychologischer Grundlage, Stuttgart 2006

Antons, Klaus: Praxis der Gruppendynamik, Übungen und Techniken, Göttingen 1992

Bandura, Albert: Lernen am Modell, Stuttgart 1976

Böss-Ostendorf, Andreas; Senft, Holger: beat it! Der Prüfungscoach für Studium und Karriere, Frankfurt am Main 2005

Bauer, Joachim: Spiegelneurone, in: Ralf Caspary 2006

Beck, Herbert: Neurodidaktik oder: Wie lernen wir?, in: Erziehungswissenschaft und Beruf: EWuB; Vierteljahresschrift für Unterrichtspraxis u. Lehrerbildung, Rinteln Heft 3/2003, S. 323-330

Bion, Wilfred R.: Erfahrungen in Gruppen und andere Schriften, Stuttgart 2001

Bredenkamp, Jürgen: Lernen, Erinnern, Vergessen, München 1998

Bremer, Claudia: Chats im eLearning, in: Michael Beißwengen, Angelika Storrer (Hrsg.): Chat-Kommunikation in Beruf, Bildung und Medien, Stuttgart 2005

Bremer , Claudia: Qualität in der Lehre durch eLearning – Qualität im eLearning, in: Christoph auf der Horst, Holger Ehlert (Hrsg.): eLearning nach Bologna, Düsseldorf 2007

Bülow-Schramm, Margret; Gerlof, Karsten; Schneider, Ludwig: „Zeit zu leben" Lebensweltliche Rekonstruktionen von Studierenden, http://www1.uni-hamburg.de/QUEST/Pdf/artikelgruppendynamik.pdf, abgerufen am 16.03.2009

Caspary, Ralf (Hrsg.): Lernen und Gehirn, Der Weg zu einer neuen Pädagogik, Freiburg/Basel/Wien, 2006

Cohn, Ruth C.: Es geht ums Anteilnehmen, Freiburg i. Br. 1989

Dietrich, Stephan; Fuchs-Brüninghoff, Elisabeth u. a.: Selbstgesteuertes Lernen, Auf dem Weg zu einer neuen Lernkultur, DIE Materialien für die Erwachsenenbildung 18, 1999, URL: http://www.die-bonn.de/esprid/dokumente/doc-1999/dietrich99_01.pdf, abgerufen am 26.09.2008

Dohmen, Günther: Weiterbildungsinstitutionen, Medien, Lernumwelten, Rahmenbedingungen und Entwicklungshilfen für das selbstgesteuerte Lernen, Bonn 1999 (hrsg. v.: Bundesministerium für Bildung und Forschung)

Dummann, Kathrin; Jung, Karsten; Lexa, Susanne; Niekrenz, Yvonne: Einsteigerhandbuch Hochschullehre, Aus der Praxis für die Praxis, Darmstadt 2007

Eckstein, Brigitte: Einmaleins der Hochschullehre, Praktische Einführung in die Grundlagen und Methoden, München 1978

Eco, Umberto: Wie man eine wissenschaftliche Abschlussarbeit schreibt, Heidelberg 1988

Erd, Rainer: Adorno, Das Unwahre und der Liebeskummer, Frankfurter Rundschau vom 09.01.2008, URL: http://www.fr-online.de/frankfurt_und_hessen/nachrichten/frankfurt/?em_cnt=1268920, abgerufen am 23.01.2008

EU GD Bildung und Kultur, ECTS-Grundsätze 21.12.2007, http://ec.europa.eu/education/lifelong-learning-policy/doc/ectskey_de.pdf, abgerufen am 03.03.2010

Foulkes, Siegmund H.: Praxis der gruppenanalytischen Psychotherapie, München 1978

Foulkes, Siegmund H.: Gruppenanalytische Psychotherapie, München 1992

Foulkes, Siegmund H.: Dynamische Prozesse in der gruppenanalytischen Situation, in: Annelise Heigl-Evers: Psychoanalyse und Gruppe, Göttingen 1971

Freud, Sigmund: Der Witz und seine Beziehung zum Unbewussten (1905), Studienausgabe Bd. IV, Frankfurt am Main 2000

Glöckel, Hans: Vom Unterricht, Bad Heilbrunn 2003

Goethe Universität Frankfurt, Pressemitteilung vom 14.12.2007, Abstimmung im Hörsaal, URL: http://www.uni-frankfurt.de/org/ltg/admin/muk/pm/pm2007/1207/212/index.html, abgerufen am 12.09.2008

Goffman, Erving: Interaktion und Geschlecht, Frankfurt am Main 1994

Goffman, Erving: Wir alle spielen Theater. Die Selbstdarstellung im Alltag, München 2002

Grzega, Joachim: LDL in universitären Kursen, Ein hochschuldidaktischer Weg zur Vorbereitung auf die Wissensgesellschaft, 2003, URL: http://www.ldl.de/material/berichte/uni/ldl.pdf, abgerufen am 28.09.2008

Haubl, Rolf: Gruppenleitung, in Rolf Haubl, Franziska Lamott (Hrsg.), Handbuch Gruppenanalyse, Eschborn 2007.

Hetzel, Rudolf: Was heißt Leitung heute?, in: gruppenanalyse 2/2001, Heidelberg

Heublein, Ulrich: Schwundfördernde Faktoren im Ausländerstudium, Vortrag bei der Tagung zum Programm zur Förderung der Internationalisierung an den deutschen Hochschulen, Bonn, 25. September 2006. Abgerufen am 25.09.2008 von http://www.daad.de/imperia/md/content/hochschulen/profis/veranstaltungen/bilanztagung2006/pras_heublein.pdf.

Hostie, Raymond: Training zur Sensibilisierung für menschliche Beziehungen, Salzburg 1975

HRK, 2006, Learning Outcomes und Kompetenzen, ECTS als Motor einer qualitativen Studienreform, Tagung an der Fachhochschule Aachen, 13./14.

Februar 2006, abgerufen am 22.09.2008: http://www.hrk.de/bologna/de/download/dateien/ECTS_Schermutzki.pdf

Klafki, Wolfgang: Neue Studien zur Bildungstheorie und Didaktik, Zeitgemäße Allgemeinbildung und kritisch-konstruktive Didaktik, Weinheim 1996

Knoll, Jörg: Kurs und Seminarmethoden, Ein Trainingsbuch zur Gestaltung von Kursen und Seminaren, Arbeits- und Gesprächskreisen, Weinheim 1993

König, Oliver: Karl Schattenhofer, Einführung in die Gruppendynamik, Heidelberg ³2008

Kreitz, Robert: Vom biografischen Sinn des Studierens, Die Herausbildung fachlicher Identität im Studium der Biologie, Opladen 2000

Langmaack, Barbara: Einführung in die Themenzentrierte Interaktion TZI, Weinheim/Basel 2001

Lemche, Erwin: Dresden, Der gestalttheoretische Aspekt und sein Einfluss auf die Interventionsweise bei S. H. Foulkes, Homepage der Internationalen Arbeitsgemeinschaft für Gruppenanalyse, undatiert, abgerufen am 22.09.2008: http://www.gruppenanalyse.info/artikel/lemche/2fouges.htm.

Leuzinger-Bohleber, Marianne; Mahler, Eugen (Hrsg.): Phantasie und Realität in der Spätadoleszenz, Opladen 1993

Löhmer, Cornelia; Standhardt, Rüdiger (Hrsg.): TZI. Pädagogisch-therapeutische Gruppenarbeit nach Ruth C. Cohn, Stuttgart 1992

Luft, Joe; Ingham, Harry: The Johari Window, a graphic model for interpersonal relations. Western Training Laboratory in Group Development, University of California at Los Angeles, Extension Office 1955

Macke, Gerd; Hanke, Ulrike; Viehmann, Pauline: Hochschuldidaktik, Lehren, vortragen, prüfen, Weinheim/Basel 2008

Markowitsch, Hans-Joachim: Dem Gedächtnis auf der Spur, Darmstadt 2002

Marmet, Otto: Ich und Du und so weiter, Kleine Einführung in die Sozialpsychologie, München 1992

McLuhan, Marshall: Das Medium ist die Botschaft = The medium ist the message, Dresden 2001

McLuhan, Marshal: Die magischen Kanäle, Understanding Media, Frankfurt am Main 1970

Meueler, Erhard: Lob des Scheiterns: Methoden- und Geschichtenbuch zur Erwachsenenbildung an der Universität, Hohengehren 2001

Meyer, Hilbert: Schulpädagogik Band 1: Für Anfänger, Berlin 1997

Mersch, Dieter: Medientheorien, zur Einführung, Hamburg 2006

Mittelstraß, Jürgen: Wissen und Grenzen, Frankfurt, 2001

Mittelstraß, Jürgen: Die deutsche Universität verliert ihre Seele, FR Dokumentation, 26.06.2003.

Owen, Harrison: Open Space Technology. Ein Leitfaden für die Praxis, Stuttgart 2001

Pabst-Weinschenk, Marita: Reden im Studium, Ein Trainingsprogramm, Frankfurt am Main 1995

Palfrey, John; Gasser, Urs: Generation Internet. Die Digital Natives: Wie sie leben - Was sie denken - Wie sie arbeiten. München 2008

Platon: Protagoras, in: Die großen Dialoge, Bibliothek der Antike, München 1991

Schacter, Daniel L.: Wir sind Erinnerung, Gedächtnis und Persönlichkeit, Hamburg 2001

Schermutzki, Margret: Lernergebnisse – Begriffe, Zusammenhänge, Umsetzung und Erfolgsermittlung: Lernergebnisse und Kompetenzvermittlung als elementare Orientierungen des Bologna-Prozesses, 2007, URL: http://opus.bibliothek.fh-aachen.de/opus/volltexte/2007/232/, abgerufen am 23.12.2008

Spitzer, Manfred: Lernen – Gehirnforschung und die Schule des Lebens, Heidelberg/Berlin 2002

Spitzer, Manfred: Geist im Netz, Modelle für Lernen, Denken und Handeln, Heidelberg/Berlin 2000

Spitzer, Manfred: Medizin für die Schule, in: Ralf Caspary 2006

Stelzer-Rothe, Thomas (Hrsg.): Kompetenzen in der Hochschullehre, Rüstzeug für gutes Lehren und Lernen an Hochschulen, Rinteln 2005

Sueddeutsche.de, Noten-Roulett bei Uni-Prüfungen, 21.02.2007, URL: http://www.sueddeutsche.de/jobkarriere/berufstudium/artikel/802/99703/, abgerufen am 22.09.2008

Ulrich, Susanne; Hartung, Martin (Hrsg.): Besser zuhören, Übungen und Hintergrundwissen zur Förderung der Zuhörfähigkeit, München 2006

Waldherr, Franz; Walter, Claudia: didaktisch und praktisch, Ideen und Methoden für die Hochschullehre, Stuttgart 2009

Weidenmann, Bernd: Die Angst vor guten Noten, Frankfurter Rundschau, 17.08.2008, URL http://www.fr-online.de/in_und_ausland/wissen_und_bildung/aktuell/?em_cnt=1546311&, abgerufen am 25.08.2008

Weidenmann, Bernd: Handbuch Active Training, Weinheim/Basel 2008

Werder, Lutz von: Grundkurs wissenschaftliches Schreiben, Berlin 1995a

Werder, Lutz von: Grundkurs des wissenschaftlichen Lesens, Berlin 1995b

Winkler, Hartmut: Mediendefinition, in: Medienwissenschaft, Marburg 1/2004

Winteler, Adi: Professionell lehren und lernen, Ein Praxisbuch, Darmstadt 2004

Yalom, Irvin D.: Theorie und Praxis der Gruppenpsychotherapie, Stuttgart 2007

Angaben zu den Autoren und der Grafikerin

Andreas Böss-Ostendorf
Diplompädagoge, Diplomtheologe, Gruppenanalytiker.
Seit 1993 berät er als Studentenseelsorger der Katholischen Hochschulgemeinde Frankfurt Studierende aller Fachbereiche in Fragen des Studiums und der Lernorganisation. Er ist Trainer für Studientechniken und Lehrbeauftragter an der Fachhochschule Frankfurt a.M. Schwerpunkte seiner Arbeit sind Prüfungscoaching und Promotionscoaching. Seit 1997 bietet der Gruppenanalytiker Trainings zum Thema Gruppenleitung an Hochschulen und hochschuldidaktische Workshops für DozentInnen an.

Holger Senft
Germanist (M.A.), Werbetexter sowie Schulungsleiter und Trainer für berufsbezogene Schlüsselkompetenzen. Er ist personzentrierter Berater, Coach und Supervisor. Seit 2004 berät er ExamenskandidatInnen im Prüfungscoaching. Publikationen: Beat it, Der Prüfungscoach für Studium und Karriere, Campus-Verlag 2005.

Mit Illustration von LGX Lillian Mousli
Die Amerikanerin arbeitet seit 1983 in Berlin als Illustratorin, Cartoonistin, Comic-Zeichnerin und Malerin. www.mousli.com

Die Homepage zum Buch:
www.didaktikcoach.de
Die Autoren freuen sich über Ihre Anregungen und Rückmeldungen.

Eigene Notizen

Unverzichtbar für das Studium:
Einführungskurs Erziehungswissenschaft